내 아이
진로설계

부모가 먼저 세상을 읽어라

내 아이 진로 설계
부모가 먼저 세상을 읽어라

초판 1쇄 인쇄 2010년 5월 13일
초판 1쇄 발행 2010년 5월 17일
재판 1쇄 발행 2014년 6월 1일

지은이 오호영
펴낸이 최현혜
마케팅 김규찬
편집 김명진
일러스트 장덕현
북디자인 거북이북스

펴낸곳 ㈜아리수에듀
출판신고 2008년 2월21일 제20008-000010호

바로세움은 (주)아리수에듀의 출판브랜드 입니다.

주소 서울시 금천구 디지털로9길 56, 310호(코오롱테크노밸리)
전화 02)878-4391
팩스 02)878-4392
홈페이지 www.arisuedu.co.kr

ISBN 978-89-93307-79-5

국립중앙도서관 출판시도서목록(CIP)

내 아이 진로설계 : 부모가 먼저 세상을 읽어라 / 오호영 지음
서울 : 아리수에듀 : 한바탕, 2014
　　p. ; 　cm

ISBN 978-89-93307-79-5 03300 : ₩13000

진로[進路]
직업[職業]

321.55-KDC5
331.259-DDC21　　　　　　　　CIP2014015892

이 도서의 국립중앙도서관 출판시도서목록(CIP)은 서지정보유통지원시스템
홈페이지(http://seoji.nl.go.kr)와 국가자료공동목록시스템(http://www.nl.go.kr/kolisnet)에서
이용하실 수 있습니다.(CIP제어번호: CIP2014015892)

내 아이
진로설계

부모가 먼저 세상을 읽어라

바로세움

시대의 화두는
직업, 진로, 능력개발이다

　내가 국무총리실 산하 국책연구소인 한국직업능력개발원에서 우리 시대의 화두라 할 수 있는 진로, 직업, 일자리 창출, 청년층 취업난 등을 연구한 지도 벌써 6년째다. 우리 기관은 1997년에 설립된 연구소로, 다른 국책 연구기관에 비하면 비교적 역사가 짧다.

　가끔 '왜 하필 직업능력개발원이라는 연구소가 그 당시에 설립되었을까?'라고 나 자신에게 질문을 던져본다. 경제개발이 화두였던 1970년대에는 한국개발연구원(1971년)이 생겼고, 노사관계가 심각했던 1980년대에는 한국노동연구원(1988년)이 설립됐다. 그 시대에 새로 떠오르는 국가적 과제를 해결하기 위해 생긴 셈이다. 그렇다면, 이 시대의 화두는 직업, 진로, 능력개발이 아닐까?

　이 분야의 연구를 하면서 공무원, 교사, 교수, 회사원, 기자 등 다양한 분야의 사람들을 만난다. 명함을 교환하고 직업능력개발원에 다닌다고 인사를 나누면 많은 분에게서 공통으로 받는 질문들이 있다. "애들에게 앞으로 유망한 직업이 무엇입니까?", "전직을 해야 하는데 어떤 준비가 필요합니까?", "유망한 자격증은 무엇입니까?"라는 것들이다. 특히, 초중고생 자녀를 둔 부모님들의 관심은 매우 뜨겁다.

　대다수 부모님이 직업에 대해 관심이 높고 많이 안다고들 생각하지만,

뜻밖에도 피상적인 이해와 그릇된 고정관념에 사로잡힌 분들이 적지 않다. 가장 흔한 것이 부모세대의 유망직업이 자녀세대에게도 여전히 유망하리라는 생각이다. 금융, 정보통신, 녹색산업, 여가, 방송 등 새롭게 등장하는 시대의 총아가 있지만, 이에 대해서는 관심이 없다. 대신에 의대, 공무원, 공사, 대기업 등이 부모님들이 가진 직업, 진로의 핵심어들이다.

또 하나의 오류는 무슨 과가 됐든지 일단 명문대학에만 입학하면 취업은 걱정 안 해도 되지 않느냐는 고정관념이다. 명문대학 졸업장을 그 어렵다는 취업장벽을 여는 만능열쇠쯤으로 보는 모양이다. 하지만, 명문대학에 진학하면 대기업 입사가 보장되던 경로에는 서서히 금이 가고 있다.

'공부만 잘하는 평범한 범생이보다 끼와 개성이 있는 별종이 낫다.'라는 식으로 인재상이 바뀌는 것이 대표적 징후다. 이 말은 삼성전자 윤종용 상임고문이 밝힌 것이니 믿어도 좋다. 또, 과거에는 서울대에서 취업박람회를 하면 뉴스거리가 되었지만, 이제는 당연시될 정도가 되었다. 교육과학기술부에 따르면 2009년 서울대의 정규직 취업률은 50% 미만에 불과했다.

그러나 이런 변화에 부모님들은 그리 민감하지 않은 편이었다. 내가 이 책을 쓰게 된 가장 직접적인 동기는 중학생 딸을 둔 아빠로서의 자성이다. '꼬리가 몸통을 흔든다.'라는 증시의 격언처럼 아이의 '장래희망'이라는 몸통은 망각하고 '공부'라는 꼬리만 붙들고 씨름하게 하지 않았나 하는 것이다. 내 아이가 '장래희망', '미래직업'이라는 삶의 목표를 세우지 않았다면, 공부에 의미를 부여하는 것이 과연 가능하기나 한 것일까? 혹시 아이는 '장래희망'이라는 목적지도 정하지 않았는데, 부모인 나는 아이에게 무조건 공부라는 노만 열심히 저으라고 윽박지르는 것은 아닐까?

집필에 앞서 나는 시중에 나와 있는 진로서적들을 살펴보았다. 많은 책이 진로설계의 방법이나 유망직업에 초점을 맞추었지만, 경제사회의 변화추세와 직업변동을 함께 조망한 책은 매우 드물었다. 한 마디로 유망직업은 많이 소개되어 있지만, 그것이 왜 유망한가에 대한 대답은 없는 경우가 많았다. 이 책에서는 이에 대한 해답을 제공해줌으로써 좀 더 폭넓은 시각에서 자녀의 미래를 설계할 수 있도록 돕고자 한다.

이 책은 크게 세 부분으로 구성되어 있다. 1부에서는 현재 대학생들이 직면한 취업난의 현황을 적나라하게 보여줌으로써 초중고 시기부터 장래희망, 진로설계를 구체화할 필요성을 강조한다. 2부에서는 직업세계에서 나타날 앞으로 10년간의 주요 트렌드와 유망직업을 정리하여 제시한다. 3

부에서는 진로설계 시 염두에 둬야 할 10가지 원칙을 진로설계의 구체적인 방법으로 정리하여 제시한다.

이 책이 나오기까지 많은 분의 도움이 있었다. 한국직업능력개발원 송창용 박사, 손유미 박사, 진미석 박사, 이정배 팀장은 책을 구상하고 집필하는 모든 과정에서 참신한 아이디어와 유익한 관점을 제공해주었다. 도서출판 한바탕의 노경훈 사장, 김명진 위원은 초고를 꼼꼼히 읽어주고 편집체계와 원고를 다듬는데 결정적인 도움을 주었다. 책을 쓴다는 핑계로 자주 찾아뵙지 못한 불효자식을 너그럽게 넘겨주신 부모님, 장인·장모님께 감사드리며, 특히 병석에 누워 계시는 어머님의 쾌유를 기원한다. 사랑하는 아내 이정수와 딸 오진성은 책을 집필할 수 있도록 헌신적으로 지원해주었고 성원을 아끼지 않았다.

앞으로 21세기를 주도할 우리의 소중한 자녀가 좀 더 장기적인 안목을 갖고 자신의 인생을 보람되고 가치 있게 꾸려가는 데 이 책이 조금이라도 이바지할 수 있기를 희망한다.

2010. 5
청담동 연구실에서 우봉(愚峯) **오호영**

1부

대학입시보다 더 큰 문제,
취업

초중고생을 둔 부모와 그 자녀가 이루고자 하는 커다란 현실적인 목표는 주로 대학진학이다. 그러나 대학입학이라는 관문 뒤에 취업이라는 더 큰 난관이 기다리고 있다. 한마디로 대학입시는 정거장에 불과할 뿐이고, 최종 종착지는 취업이라는 이야기이다. 따라서, 대학입시라는 근시안적 목표에 집착하기보다는 취업이라는 장기적 목표를 염두에 두고 자녀의 장래희망을 구체화하는 일이 중요하다.

고졸자의 85% 이상이 대학에 진학하고, 4년제 대졸자 중 정규직 취업비율은 40%에 지나지 않으며, 100만 명이 넘는 청년 백수가 취업난을 겪고 있다. 더욱이 청년취업난은 '고용 없는 성장(jobless growth)'과 맞물려 우리 경제의 고질병으로 자리 잡을 전망이다. '대학입시보다 취업이 더 큰 문제'라는 것은 내 자녀가 곧 맞이할 현실이다.

이 극심한 취업난을 정부나 대학이 해결해 주길 기대하기도 어렵다. 오로지 자녀와 부모가 어릴 때부터 무릎을 맞대고 함께 준비해야 한다. 자녀가 꿈꾸는 '장래희망'에서 장래직업으로 구체적인 목표를 찾아 차근차근 준비하는 것만이 유일한 해답이다.

대학입시 ➜ 취업 ➜ 중년이후
수영 ➜ 사이클 ➜ 마라톤

우리 아이의 인생이 철인3종경기 같은 것이라면
아이에게 수영만 강조하겠습니까?

자녀의 '장래희망'이 중요한 이유

▌너는 커서 뭐가 될래?

▌어느 날 딸이 불쑥 이런 질문을 해 왔다. "아빠, 아빠는 어릴 때 장래희망이 뭐였어요?" 순간 당혹해하며 뭐라 얼른 답을 하지 못했다. 나의 어릴 적 장래희망이 뭐였더라? 내 꿈은 뭐였더라? 저 멀리 묻어뒀던 과거를 아무리 들춰봐도 기억은 가물가물하기만 하다.

흔히 어른들은 어린 학생들에게 "너는 커서 뭐가 될래?"하고 물으며 그 학생이 무엇을 잘하고 어디에 관심 있는지 알고 싶어한다. 지금의 부모세대도 어릴 적에는 대개 한두 번 그런 질문을 받았다. 그때의 아이들은 대부분 뻔한 대답을 했다. 남자라면 대통령, 장군, 과학자 등을 말했고, 여자라면 선생님, 스튜어디스, 간호사를 꿈꾼다고 했다. 부모 세대가 어렸을 때만 하더라도 지금처럼 직업이 세분화되지 않았고 구체적으로 장래희망에 대해 부모님이나 선생님으로부터 지도받은 적도 없었기 때문에 대답이 대체로 비슷했다.

그리고 그 장래희망대로 꿈을 이루고자 노력하는 사람은 매우 드물었다. 어릴 적 장래희망은 그야말로 '희망사항'인 경우가 대부분이었던 것이다. 진지한 고민 없이 무조건 거창한 희망을 늘어놓거나, 친구를 따라 답하는 경우가 많았으니까. 또 대답을 해놓고도 그 희망사항에 대해 그 누구와도 진지하게 의논해보지도 않았고 그 꿈을 이루려면 무엇을 해야 하는지를 고민하지 않았다. 그냥 열심히 공부하고 대학에 무난히 진학하면 다 된다고 여겼다. 대개가 그랬다.

　　'장래희망'이라는 단어는 아마 초등학교까지만 유효했다고 기억한다. 중학교에 가는 순간부터 신기하게도 아무도 더는 이 질문을 하지 않았다. 대신 '공부는 잘하니?', '반에서 몇 등이나 하니?' 등과 같은 질문으로 바뀌었다. 그렇게 시간이 흘러 고등학교에 가면 문과, 이과를 놓고 고민했다. 그러나 그 고민도 그리 심각하지는 않았다. 대개 수학을 잘하면 이과, 못하면 문과를 선택했으니까. 대학에 진학할 때도 몇몇 특수한 경우를 빼면 큰 고민은 필요가 없었다. 학력고사, 수능 점수에 맞춰 학교, 학과가 신기하리만큼 정교하게 정해졌기 때문이다. 서울대를 정점으로 맨 밑까지 점수별로 갈 수 있는 대학과 학과가 학원에서 발표하는 배치고사표 안에서 결정됐다.

　　그리고 대학에 입학하고 나서는 소수의 고시, 유학 준비생을 제외한 대다수는 그냥 당구나 치고 술 마시며 놀았다. 물론 데모를 열심히 한 학생들도 있었지만. 그렇게 해서 졸업을 하면 대부분은 회사에 쉽게 취직했다. 요즘처럼 비정규직이다, 인턴이다 하는 것들도 없었다. 인기 있는 직장도 있었지만 약삭빠른 몇몇을 빼면 직장에 대해 잘 알지도 못한 채 그냥 친구 따라 강남 가는 식으로 대충 입사했다. 월급이나 근무여건이 회사에 따라 편차가 있긴 했어도 요즘처럼 크지는 않았으니 별 차이도 없었다. 또, 구조조정이다, 인력감축이다 해서 월급쟁이의 가슴을 철렁 내려앉게 하는 일도 당시에는 거의 없었다.

초중고 자녀를 둔 40대, 50대 부모세대가 장래희망과 목표에 대해 고민하고 준비하지 않았던 것을 뼈저리도록 후회하게 한 사건은 1997년 말의 외환위기였다. 소위 잘 나간다는 삼성이나, 현대조차 망할지도 모른다는 위기감이 팽배했던 시절이었고, 아무런 대책 없이 하루아침에 회사에서 잘려 거리에 나앉은 사람이 수백만에 달했다. 당장 생계가 막막한 이들에게 대학에서 배운 지식은 그다지 도움이 되지 못했다.

당시 해고되지 않고 회사에 다니던 사람들도 불안감을 느끼기는 마찬가지였다. 남의 일로 느껴지던 퇴직이 코앞에 닥쳤고, 정년을 보장해주는 회사는 거의 다 사라졌다. '회사를 그만두면 뭐해 먹고 살아야 하나?'라는 질문이 샐러리맨의 화두로 떠올랐다. 그리고 그때 많은 이들이 가장 후회했던 것은 무조건 서열이 높은 유명대학만을 고집한 탓에 직업과 무관한 전공을 선택한 일이었다. 나이가 젊은 몇몇은 회사를 그만두고 한의학과에 다시 들어가 한의사가 되거나, 약대에 진학해 약사가 되기도 했다. 주부, 샐러리맨, 퇴직자들에게 공인중개사 시험이 큰 인기를 끌기 시작한 것도 이 무렵이다.

대학과 전공을 선택하면서 자기가 평생 해야 할 일을 고려한 사람과 그렇지 않은 사람의 인생은 크게 다를 수밖에 없다. 진로, 직업에 대해 심각하게 고민하고 철저히 준비해보지 않았다면, 나이 들어 현재의 갑갑한 처지를 한탄해봐야 아무런 소용이 없다. 한 번 살다 가는 인생에서 자기가 하고 싶은 일을 하는 것은 행복한 삶을 위한 필수조건이다. 승진에서 빠지고, 연봉이 깎이고, 거래처에 비굴할 수밖에 없는 것이 평범한 샐러리맨의 비애다. 아무 생각 없이 고등학교, 대학교에 진학하고 사회에 내 던져진 다음에 후회하면 때는 이미 늦다.

자녀에게 공부해라, 학원가라 하고 잔소리하는 부모의 마음은 "내 아이만은 내가 밟아온 전철을 밟지 않고 좀 더 나은 삶을 살았으면…"하는 것이리라. 그러나 지나치게 마음만 앞서 자녀에게 강요하는 식으로는 부모의 소망처럼 되기 어렵다. 자녀의 장래희망을 구체적인 장기목표로 명확히 정립하고, 매일 매일의 공부가 이를 성취하기 위한 도구이자 계단 하나를 오르는 일이 되도록 의미를 부여할 필요가 있다.

자녀의 장래희망, 진로설계의 첫 단계

2010년 겨울올림픽에서 금메달을 목에 건 김연아는 스케이트 부츠를 처음 신은 7살 때부터 세계 최고의 선수가 되겠다는 목표를 가졌다고 한다. 차가운 얼음판 위에서 수없이 엉덩방아를 찧으면서도 부모님과 코치가 제발 그만 하라고 말릴 정도로 연습에 몰두하였던 것은 뚜렷한 목표가 있었기 때문이다.

하지만, 많은 학생은 부모의 눈치나 슬금슬금 보다가 틈만 나면 휴대전화, 텔레비전, 컴퓨터로 다가간다. 공부는 부모가 강요하니까 어쩔 수 없이 하는 것이라는 식이다. 이 악순환의 고리를 끊고 스스로 공부하고 꿈을 향해 집중하게 하려면 어떻게 해야 할 것인가?

무엇보다 급선무는 자녀에게 자신이 원하는 목표를 갖게 하는 것이다. 자녀가 이루고자 하는 장래희망, 꿈을 인생목표로 삼아 그것을 통해 자기 삶을 스스로 헤쳐 가며 살아가도록 해줘야 한다. 부모가 자녀에게 줄 수 있는 최고의 선물은 희망하는 목표를 이루도록 도와

주고 지도해주는 것, 바로 '진로설계'이다. 그리고 진로설계의 첫 단계는 진로목표를 세우는 것이며, 이는 대개 어릴 때 꿈꾸는 '장래희망'에서 출발한다.

그렇다면, 장래희망, 희망직업과 같은 진로목표를 수립하는 것이 왜 중요할까?

첫째, 자녀가 정말 원하는 목표를 정립하는 것은 노력의 동기를 부여하고 학습에 엄청난 자극제가 된다. 내 친구 중에 만화책을 좋아하고 그림에도 소질이 있어 만화가가 되길 희망하는 초등학생 아들을 둔 이가 있다. 친구는 일본이 만화강국이며, 아들이 보는 만화 중 상당수가 일본에서 나왔다는 사실, 그리고 일본으로 유학 가서 만화를 공부할 수 있다는 점을 아이에게 말해주었다. 그랬더니, 아이는 당장 일본어를 배우고 싶다며 일본어 공부를 시작했고 또 외국어를 잘하려면 국어도 잘해야 한다고 했더니 공부에 꽤 의욕을 보였다고 한다.

이처럼 똑같이 수학공부, 영어공부를 하더라도 아이의 장래희망, 직업을 성취하는 데 필요한 과정이라는 의미가 부여될 때는 자녀의 자발적 동의가 가능하다. 그리고 공부를 잘해서 훌륭한 사람이 되겠다는 추상적 목표보다는 구체적이고 현실적인 목표가 동기유발에는 더 중요하다. 어쩌면 수학공식, 영어단어를 암기하라고 채근하는 것보다 자녀의 장래희망, 꿈을 잊지 않게 하는 것이 자녀로 하여금 스스로 절제된 생활을 하고 단기목표를 차근차근 달성하는데 더 효과적일 수 있다. 자녀가 하는 공부가 자신의 장래희망을 이루기 위한 과정이라는 의미부여가 무엇보다 중요하다.

둘째, 좀 더 긴 안목에서 보자면 이 시대의 과제인 청년층 취업난을 헤쳐나가는 데 필요하다. 지금 학교를 졸업하고도 일자리를 구하지 못한 청년 백수가 100만 명이 넘는다. 경제가 성장하더라도 고용은 늘지 않는 '고용 없는 성장'이 피할 수 없는 현실이 되고 있다. 오늘날은 서울대 출신이라도 기업에서 필요한 전공이나 역량을 쌓지 못하면 취업이 어렵다. 이제 일류대학에만 입학하면 모든 것이 잘 풀릴 것이라는 안이한 생각은 버리자. 입시에만 집중해서 명문대학, 인기학과라는 막연한 목표를 가져서는 취업난의 직격탄을 맞을 수 있다. 철저하게 취업을 염두에 두고 대학, 학과를 선택하며 초중고 시절부터 차근차근 그에 맞는 준비를 할 필요가 있다.

셋째, 장기적인 관점에서 직업세계의 변동에 대처하려면 자기 직업의 유연성을 보장할 기초소양을 학교에서 길러야 한다. 행복한 인생에 꼭 필요한 세 가지 요소로서 가족, 친구, 직업을 꼽는다. 가족과 친구는 살아가는 과정에서 자연스럽게 형성된다고 볼 수 있지만, 직업은 다르다. 특히 21세기에는 사회변동이 급격하게 이루어질 전망이다. 지식의 변화속도도 빠르다. 직업의 부침, 회사의 성쇠가 유례없이 가속화될 전망이다. 이에 따라 하나의 직장에서 정년을 맞이하는 '평생직장시대'는 흘러간 옛이야기가 되었다. 예를 들어, 올해 삼성전자에 입사한 신입사원이 60세에 같은 회사에서 정년을 맞이하리라고는 누구도 생각지 않는다. 아니 꿈조차 꾸지 않는다. 이를 반영한 듯 신문지상에는 '평생직장시대는 가고 평생직업시대가 도래했다.'라는 표현이 자주 등장한다. 직장생활을 하면서 이 회사, 저 회사로 옮기는 일은 몇 차례 있겠지만, 직업은 바뀌지 않고 그대로 유지한다는 것이다.

하지만, 지금의 초중고생이 사회생활을 할 미래에는 '평생직업시대'마저 종말을 고하고 '평생취업시대'를 걱정해야 할 상황이 되고 있다. 사람이 일생을 살면서 직장뿐만 아니라 직업 역시도 몇 차례 바꿔야 하는 시대가 오는 것이다. 물론, 그렇다고 해서 엔지니어가 엉뚱하게 회계사가 된다거나 마케팅을 담당해야 한다는 뜻은 아니다. 어떤 직업에 종사하다가 예기치 않은 환경변화가 발생하면, 해당 직업에서 익힌 역량과 인적 네트워크를 활용할 수 있는 유사직업군으로 옮겨 가야 한다는 뜻이다. 예를 들어, 20대 후반에 기자생활을 시작해서 활동하다가 40대 중반이 되면 기업의 홍보담당으로 전직해서 50대 초반까지 다닌다. 그리고 60세까지 출판업계에서 프리랜서로 출판편집자로 활동하는 것을 예상해 볼 수 있다. 일부 직업전문가들은 앞으로 일생을 살아가면서 적어도 7~8개의 직업에 종사해야 할 시대가 다가올 것으로 전망한다.

자녀가 성장하여 사회에 진출할 나이가 되었을 때, 어떤 변화가 나타나고 취업을 위해 어떤 능력이 필요할지 정확히 예측하기는 현실적으로 힘들다. 또, 직장생활을 시작한 이후에 어떤 직업들을 전전해야 할지도 불투명하다. 하지만, 자신이 하고자 하는 일들의 큰 테두리를 정하는 것은 그리 어렵지 않다. 진로설계는 바로 변화의 큰 흐름 속에서 자기가 희망하는 일의 큰 테두리와 줄기를 명확히 잡아가는 것이라고 볼 수 있다. 글쓰기에 관심이 많아 수필가가 되기로 했다면, 나중에 실제로 커서 소설가, 기자, 국어교사, 출판사, 홍보 등 유사직종에 종사하더라도 그리 큰 문제가 될 것은 없기 때문이다. 따라서 진로의 큰 줄기를 분명하게 잡았다면, 학교에서는 사회에 진출했을 때 직면하게 될 다양한 작은 변화들에 능동적으로 대처할 수 있는 기초를 든든히 다져야 한다. 앞서 든 예라면, 글쓰기를 위한 어휘, 문법, 표현, 동서양의 다양한 역사, 문학, 철학 등의 기초를 탄탄히 익혀 놓는다면, 기자를 하든, 작가를 하든, 홍보를 하든 큰 어려움을 겪지 않을 수 있기 때문이다. 따라서, 학교에서는 당장 사회가 요구하는 능력을 키우는 것과 동시에 어떤 상황이 닥치더라도 헤쳐나갈 수 있는 기본기를 착실히 다져둘 필요가 있다.

자녀진로의 큰 줄기를 잡으려면 자녀에 대한 이해가 필수적이다. 자녀의 소질, 재능, 적성을 부모만큼 잘 아는 사람이 누가 있겠는가! 우리 자녀를 제2, 제3의 김연아로 키우려면, 자녀의 머릿속에서 잠자는 '장래희망'에 생명을 불어넣는 일이 중요하다. 자신의 인생목표를 명확히 수립한다면 부모가 아무리 말려도 스스로 목표를 추구하는 아이로 거듭날 것이기 때문이다. '천재도 노력하는 자는 당할 수 없고, 노력하는 자는 즐기는 자를 이길 수 없다.'라는 말도 있지 않은가!

청년취업난, 당분간 지속된다

지금 대학을 졸업하고 사회에 첫발을 내딛는 청년 중 정규직 취업에 성공하는 경우는 40퍼센트 정도에 불과하다. 학교를 졸업하고도 이렇다 할 직장이 없는 청년 백수는 약 110만 명에 달한다. 문제는 이러한 청년취업난이 당분간 계속되리라는 점이다. 그 징후를 살펴보면 다음과 같다.

첫째, 선진국으로 접근하면서 경제성장률은 낮아지고 있다. 일자리가 만들어지려면 경제가 성장해야 하는데, 과거 10% 정도 성장했던 우리 경제가 이제는 5%도 성장하지 못하고 있다. 앞으로는 이마저도 3~4%로 더 낮아지리라고 전망된다.

둘째, 경제가 1% 성장했을 때 만들어지는 일자리 수가 줄어드는 점이다. 예전에는 경제성장률이 1% 높아지면 고용은 8~9만 명 창출되었다고 한다. 그러나 요즘에는 3~4만 명 수준에 그쳐 경제성장의 고용창출 효과가 감소하고 있다. 매년 학교를 졸업하고 노동시장에 들어오는 청년층은 대략 50만 명 내외인데 이들을 모두 수용하기에는 일자리 수가 절대적으로 부족하다.

셋째, 비정규직이 확대되고 청년층이 선호하는 일자리는 줄어드는 점이다. 교육과학기술부에 따르면 2009년 4년제 대졸자 10명 중 4명만이 정규직 취업에 성공했고, 3명은 비정규직이라고 한다. 외환위기 이후 노동의 유연화가 급진전하면서 비정규근로자가 크게 확대되었고 이는 청년층에 집중되고 있다. 이와 더불어 대졸자가 주로 취업하기를 원하는 30대 대기업집단이나 공기업, 금융관련 기업 등과 같은 '괜찮은 일자리'는 매우 줄어들고 있다. 한국개발연구원의 연구결과에 따르면, 1997~2002년간 32만 6천 개의 '괜찮은 일자리'가 줄어들었다.

넷째, 민간기업의 채용 관행은 점차 경력직 중심으로 변하고 있다. 경력직 위주의 채용 관행도 처음 일자리를 구하는 청년들에게는 불리하다. 특히 30대 재벌기업, 공기업, 금융산업 등 주요 기업은 경력자 채용 비중을 급격히 확대하여 1996년의 34.8%에서 2002년에는 81.8%까지 끌어올렸다. 지식과 기술의 급속한 변화를 특징으로 하는 지식기반경제로 옮겨가면서 경제의 불확실성이 높아가고 한편으로는 노동이동이 빈번해지게 된다. 노동이동이 빈번해지면 기업은 신입직원을 뽑아 재교육하기보다는 외부에서 경력직 근로자를 채용하는 경향이 강화된다. 교육을 해봐야 다른 회사로 이직할 것이 뻔하기 때문이다. 경력직 채용 관행은 앞으로도 더욱 강해진다고 볼 수 있다.

2장

대학에 대한 지나친 기대는 버려라

대학캠퍼스, 5학년이 넘쳐난다.

오늘날은 극소수를 빼고 모두가 전문대학 혹은 대학에 진학하는 시대다. 고등학교 졸업생 10명 중 8명 이상이 2년제 또는 4년제 대학에 진학한다. 이같이 높은 대학진학률은 세계적으로도 찾아보기 어려운 수치이다. 지금의 부모세대 중 20%만이 대학에 진학하고 80%가 대학 문턱도 밟아보지 못했던 것과 비교하면 엄청난 변화다.

한국의 높은 교육열은 미국 오바마 대통령이 틈만 나면 칭찬을 아끼지 않는 우리의 미덕이다. 1960년대에는 '부모는 굶주리더라도 자식만은 가르치겠다.'라는 식으로, 오늘날에는 '외식비는 줄이더라도 학원비는 절대 못 줄인다.'라는 식으로 나타난다. 세계경기가 급격히 위축되었던 2009년에도 가정에서 다른 소비지출은 모두 줄였지만, 사교육비만은 건드리지 않았다.

하지만, 높은 교육열이 반드시 좋기만 한 것은 아니다. 부작용도 있기 때문이다. 모두가 명문대학 진학을 목표로 하니 대학입시가 과열된다. 또, 명문대학에 진학하는 2% 미만만이 대학입시의 승리자가 되고 절대다수는 어린 나이에 패배감을 맛본다. 부모는 자녀의 대학 진학을 위해 초등학교 때부터 사교육에 모든 것을 쏟다시피 하고, 대학진학 후에도 취업을 위해 또다시 학원에 보내는 등 과중한 교육비 부담에 허덕인다. 한창 뛰놀아야 할 청소년기부터 30세가 다될 때까지 낮에는 학교에서, 밤에는 학원에서 청춘을 불사른다. 가히 주경야독(晝耕夜讀)이 아니라 주교야원(晝校夜院)인 셈이다.

그러나 대학에만 진학하면 '고통 끝, 행복 시작'일 것이라는 환상은 치열한 취업전쟁 앞에서 무참히 깨진다. 소위 말하는 '취업 스펙(취업하는 데 필요한 자격, 경력, 능력)'을 쌓으려고 해외어학연수, 학점관리, 인턴, 각종 자격증 취득 등을 체계적으로 준비해야 하기 때문이다. 이를 위해 휴학을 하고 졸업도 늦춰보지만, 번듯한 직장에 취업하기는 하늘의 별 따기다.

사정이 이렇다 보니, 대학 교정에는 졸업 후 실업자로 전락하는 게 두려워 학교라는 보호막에 숨는 학생 백수들이 계속해서 늘어난다. 대학캠퍼스에는 정상적인 졸업시기를 넘겨버린 5학년, 6학년이 부지기수고, 4년에 졸업해야 할 대학을 이제는 평균 5년3개월이 걸려서야 졸업한다. 대졸자 10명 중 4명꼴로 휴학 경험이 있는데 학교를 쉬는 동안 취업 및 자격시험 준비(17.2%) 또는 어학연수 및 인턴 등 현장경험(13.1%)을 거치는 등 취업 스펙을 갖추기 위한 휴학이 늘어나는 추세이다.

이렇게 해서 막상 대학문을 나서더라도 결과는 신통치 않다. 졸업을 한 뒤 첫 일자리를 잡기까지 평균 11개월이 걸리고, 첫 직장 근속

기간은 평균 20개월에 불과하다. 그나마 대학을 졸업한 신입직원이 첫 직장에 2년 이상을 다니는 경우는 극소수이다. 취업은 어렵고 나이는 먹고 급한 마음에 일단 취업을 하지만, 현재 다니는 직장이 마음에 들지 않아서 혹은 더 좋은 직장을 찾아서 방황하는 것이 청춘의 현주소다.

청년 백수 백만 명 시대, 생존전략을 세워라

오늘날의 이십 대는 단군 이래 가장 똑똑하고 많이 배운 세대다. 초등학교 때부터 고3까지 좋은 대학에 진학하기 위해 이른 아침부터 밤늦도록 학교와 학원을 오갔으며, 대학에 진학해서조차 마음 편히 놀지도 못한 채 취업준비에 몰두한 세대다.

영어를 가장 잘하는 세대, 가장 오랜 시간 동안 공부에 몰두한 세대, 취업을 위한 조건을 가장 잘 갖춘 세대가 이들이다. 그러나 실력은 어느 세대보다 탁월하지만, 아이러니하게도 그들에게 주어진 취업 기회는 그야말로 최악이다. 기성세대가 정규직 알짜배기 일자리는 다 차지해 버리고, 이들에게는 고작 인턴, 비정규직과 같은 주변부 일자리만 주어질 뿐이다.

공부를 많이 한 세대니만큼 일자리에 대한 이들의 눈높이는 남다르다. 더럽고, 위험하고, 힘든 일은 당연히 꺼리고 대기업, 공기업, 서울에 있는 일자리에만 욕심을 낸다. 한마디로 남들이 알아주는 모양나는 일자리가 아니면 지원조차 하지 않는다.

이들을 지칭하는 대표적인 말이 청년층 장기 미취업자를 의미하는 '장미족(장기 미취업자)'이다. 이들은 구직할 때 중장년층 재취업자보다 이런저런 조건을 더 많이 따진다. 급여와 직종은 물론 회사 위치와 건물 외관, 회사의 인지도 등 직접적인 근로 조건과 다소 거리가 있는 사항들을 따지는 경우가 많다. 서울 강남지역에 있는 회사를 더 선호한다든가, 자생력을 갖춘 중견기업보다는 인력파견회사라 하더라도 대기업 협력사를 더 선호하는 모습을 보이기도 한다. 노동부 고용지원센터라도 찾아와 상담하면 눈높이를 조정할 수도 있을 텐데 무턱대고 까다로운 조건만 제시하고 '장미족'으로 남는다. 대기업이나 공공부문이 아니면 아예 알아보려고도 하지 않는다.

교육과학기술부에 따르면, 2009년 4년제 대졸자 중 정규직으로 취업하는 데 성공한 비율은 전체적으로 40%에 불과했다. 이 같은 수치는 전체 4년제 대졸자 중 취업이 불가능한 군 입대자, 진학자, 해외유학생 등을 제외하고 계산되었으므로, 전체 대졸자 중 정규직 취업비중은 40%보다 훨씬 떨어진다고 볼 수 있다.

또한, 15~29세 대한민국 청년층은 약 980만 명인데, 이중 약 110만 명이 특정한 소속이 없는 청년 백수다. 그중에서 실업자가 35만 명이고, 취업준비, 진학준비 등으로 학교에도 다니지 않고 취업도 하지 않은 이른바 니트족(NEET: Not in Education, Employment or Training)이 약 80만 명이다. 이것은 청년인구의 11.5%가 학교나 직장 어디에도 소속되어 있지 않음을 의미한다.

〈청년 백수〉

(단위 : 천명)

구 분		15~19세	20~24세	25~29세	합계
청년인구		3,282	2,649	3,850	9,782
청년백수		125	448	554	1,128
	니트족	87	328	362	778
	실업자	37	119	192	349

자료 : 통계청 2009년 6월 경제활동인구조사에서 작성

구매한 제품이 제대로 작동하지 않으면, 판매자는 수리해 주거나 교환 또는 환불해주는 것이 상식이다. 상당수의 대학생이 졸업 후에 원하는 직장에 취업하지 못하니, 대학이 리콜을 해주거나 애프터서비스를 해줄 법도 하다. 그러나 대학들은 취업하지 못한 졸업생에 대해 아무런 관심조차 없다.

일부 대학에서 리콜 성격으로, 졸업생이 전공학과가 아닌 다른 과로 진학하면 전액 장학금을 지급하거나, 졸업생 경쟁력 강화 및 재취업 지원을 위한 재교육 등을 실시하고 있지만 얼마나 효과가 있는지는 미지수다. 정말 책임감을 느끼고 취업에 성공할 때까지 학생들을 책임지겠다는 대학의 각성이 필요하다. 또한, 대학은 기업의 인재상에 맞춰 교육프로그램, 커리큘럼을 바꾸고, 교육내용도 탄력적으로 조정하는 데에 소극적이다. 취업률이 낮은 학과를 구조조정하기란 학내사정 때문에 여간 어려운 일이 아니다.

대학의 실정이 이렇다면 우리 부모들이 자구책을 세우는 수밖에 없다. 취업이 임박해서 자녀가 이력서, 자기소개서 쓰는 방법 및 기술을 배우려고 학원을 전전하도록 할 것이 아니라 무엇을 쓸 것인가를 염두에 두고 쓸 내용을 미리미리 준비시켜야 한다. 초중등 학생을 둔 학부모는 '대학입시라는 발등의 불을 끄기도 급급한데 무슨 한가한 소리냐?'라고 비판할지도 모른다. 그러나 지금 대학생들이 직면하는 취업난은 따지고 보면 초중등 시기에 대학입시만 신경 쓰고 취업에는 무관심했던 탓이 크다. 어렵게 공부해서 취업도 안 되는 대학, 학과에 진학하고 난 후 취업이 되지 않는다고 땅을 치고 후회한들 무슨 소용이 있겠는가!

무엇보다 시급한 것은 초등학교, 중학교 때부터 부모가 함께 학생의 진로목표 수립, 진로설계 등을 고민하는 것이다. 내 아이가 어떤 소질과 재능을 가졌는지, 무엇을 추구하는지, 싫어하는 것은 무엇인지 세심하게 관찰하고, 아이와 대화할 필요가 있다. 또한, 아이 스스로 이러한 고민을 좀 더 구체적으로 할 수 있도록 지도할 필요도 있다. 무엇에 흥미를 느꼈는지, 어떤 인생을 살고 싶은지, 무슨 직업에 종사하고 싶은지 생각하고 고민하게 하여야 한다.

인생에 대한 설계, 계획, 장래희망은 그것을 실천으로 옮겨 비록 성취하지 못하더라도 그것 자체로서 의미가 있다. 왜냐하면, 삶의 목표가 뚜렷해지면 자신의 행동에 의미부여가 가능해지고 동기유발이 이루어지기 때문이다. 왜 공부해야 하는지, 진로계획을 성취하려면 무엇을 해야 하는지 등과 같이 좀 더 근본적이고 본질적인 가치관과 태도형성을 가능하게 한다. 이를 내면화한 자녀라면 어떤 불가피한 사정으로 진로를 바꿔야 할 때에도 방황이나 두려움이 적을 것이다.

부모는 자녀가 자신의 가치관과 인생관, 직업적성, 재능에 적합한 직업을 찾을 수 있도록 끊임없이 대화하고 도와주어야 한다. 그리고 대학입시도 될 수 있는 대로 이러한 연장선에서 학교와 학과를 선택할 필요가 있다. 대학입시 따로, 취업 따로 하는 구태의연한 방식으로는 오늘날의 취업난을 비켜가기 어렵다. 학부모와 학생들이 마치 대학만 들어가면 모든 문제가 해결될 것처럼 정신이 팔린 사이 대졸자의 값어치는 끝없이 추락하고 있다. 대학 4년간 캠퍼스의 달콤한 환상에만 빠져있다가는 졸업과 동시에 냉혹한 현실에 내동댕이쳐지는 대한민국의 현실을 직시해야 한다.

대학, 이제는 까다롭게 고르는 시대다

지금도 대학을 갓 졸업한 학생들이 취업시장의 찬바람을 온몸으로 맞고 있다. 물론 대졸자의 신세가 바닥에 떨어진 것이 모두 대학의 탓만은 아니다. 1997년 외환위기를 전후로 엄청나게 달라진 산업계의 상황이 가장 크게 작용했다. 앞서 언급했듯이 기업의 투자 위축, 경력직 위주의 채용, 자동화·컴퓨터화에 따른 인력절감, 그리고 상시적인 인력구조조정 등으로 일자리가 대폭 줄었고, 대졸자들이 선호하는 대기업이나 공기업이 채용규모를 축소하기도 했다.

이유야 어찌 됐든, 20대 청년 대부분은 졸업 후 '88만 원 세대'로 편입된다. '88만 원 세대'는 1988년을 전후해서 태어난 현재의 20대 중 95%가 비정규직으로 일하고, 이들의 평균 월수입이 88만 원에 불과하다는 데서 유래한 말이다. 외국에서도 우리의 '88만 원 세대'와 비슷한 현상이 사회문제가 되고 있다.

유럽에서는 한 달에 1,000유로를 번다고 해서 등장한 '1,000유로(140만원) 세대'라는 용어가 최근에는 '700유로(100만원) 세대'에 자리를 내줬다. 프랑스에서는 이들을 '제네라시옹 프레케르(불안한 세대)'나 2차대전 후의 베이비 부머에 대비되는 '베이비 루저(baby looser)'로 지칭한다. 영국에서는 불안정하고(Insecure) 압력에 시달리며(Pressured) 과중한 세금(Overtaxed)과 부채에 허덕인다는 (Debt-ridden) 의미에서 '아이팟(IPOD) 세대'라고 부른다. 일본에서는 거품 경제의 직격탄을 맞았다 하여 이들을 '버블 세대'라 칭한다.

최근에는 '인턴세대'라는 신조어도 등장했다. 청년층의 취업난을 일시적으로 해결하기 위해 도입된 청년 인턴 제도가 거쳐야 할 하나의 관문처럼 자리 잡은 것을 풍자한 말이다. 또, 인턴을 마치고도 정규직 취업이 되지 않아 계속해서 다른 인턴자리에 의존하는 청년층이 증가하고 있다.

그러나 사정이 이렇게 된 데는 우리나라 부모와 학생들이 대학을 맹신한 탓도 크다. 대학에만 들어가면 훌륭한 교수님이 '모든 것을 알아서 잘 가르쳐 주겠지!' 하고 착각하는 것이다. '까다로운 소비자가 좋은 제품을 만든다.'라는 말은 대학교육에도 똑같이 적용된다. 대학에 진학할 때부터 어떤 학교가 얼마나 잘 가르치는지, 어떤 전공이 유망한지, 학비는 적정한지, 졸업생들은 취업이 잘되는지 등 꼼꼼하게 따지고 확인해 봐야 한다.

또, 대학에 진학해서는 강의가 충실히 이루어지는지, 학생지도는 성실히 되고 있는지, 취업지원 서비스는 충분한지, 면학분위기가 좋은지 등을 교수와 대학당국에 끊임없이 확인하고, 요구할 것은 요구해야 한다. 소비자가 까다롭지 않으면, 대학의 변화는 그만큼 더뎌지고 그 피해는 고스란히 학생이 떠안아야 한다.

우리 국민의 지나치다 싶은 교육열이 대학당국과 교수는 뒷짐 지고 있고 학생들끼리만 경쟁하게 하는 이상한 풍토를 만들고 있다. 국민 대부분이 '그래도 대학은 나와야 하지 않을까?'라는 생각에 빠진 사이에 대학들은 마구잡이로 등록금을 올리는 횡포를 부리면서도 정작 교육의 질은 그다지 개선하지 않고 있다. 학생들의 창의력을 높이려고 대학과 교수들이 서로 치열한 경쟁을 벌이지 않으면 대학교육의 질을 높이기란 사실상 불가능하다. 입학만 하면 졸업장을 보장해 줄 정도로 느슨하게 학사관리를 하고, 낮은 학점을 높이려고 몇 학기를 더 다닐 수 있도록 공공연하게 학점장사를 하는 대학에서 높은 교육성과를 기대하기는 애초부터 무리다. 일부 대학의 사례이기는 하지만, 졸업생의 취업률을 조작해서 정부의 보조금을 더 타내려는 불미스러운 사건조차 발생하기도 한다.

정부에서도 학자금대출을 통해 무조건 대학진학을 부추길 일이 아니다. 정부가 앞장서서 학자금을 대출해줘 학생들이 대학문을 나서자마자 수천만 원의 빚을 떠안고 자칫 신용불량자로 전락하도록 유도해서야 되겠는가? 차라리 열심히 공부하는 학생들에게 무료 장학금 혜택을 늘리는 편이 무분별한 대학진학을 예방할 수 있다는 점에서 더 효과적이다. 국민도 이제는 대학진학을 냉정하게 따져 봐야 한다. 대학교육은 필수가 아니라 선택일 뿐이라는 인식의 전환이 필요하다. 취업에 보탬이 되지도 않는 대학, 학과에 진학해서 수천만 원의 빚을 지고 사회에 진출하는 것이 무슨 소용이 있겠는가. 남의 눈을 의식해서, 남들이 가니까 하는 식의 사고도 이제는 다시 근본적으로 따져보자.

대학은 더 이상 상아탑이 아니다

우리나라에서는 아직도 대학을 속세에서 벗어나 현실도피적인 학문탐구의 전당, 즉 상아탑으로 보는 경향이 강하다. 고풍스러운 교정에서 밤을 밝혀 절차탁마(切磋琢磨 : 학문이나 덕행 등을 배우고 닦음)하는 지성의 전당, 이것이 대학에 대한 전통적 이미지이다. 이러한 생각은 10% 남짓의 엘리트만이 대학교육의 혜택을 입었던 1970년대 이전의 대학에나 적용될 수 있는 얘기다. 고졸자의 85%가 대학에 진학하고 그들의 대다수가 곧바로 취업하는 오늘날에는 더 이상은 성립되기 어려운 사고방식이다.

전통적으로 대학은 한 사회의 최고 두뇌를 학자, 관료, 과학자, 경영인 등 사회의 지도층으로 양성하는 역할을 담당해왔다. 이 때문에 교육내용도 역사, 철학, 문학 등의 인문학적 소양을 키우고 실무능력보다는 이론중심의 논리적 훈련을 중시했다. 하지만, 대학교육이 대중화, 보편화되면서 대다수 학생은 졸업 후 기업에 취업한다.

그리하여 순수학문 못지않게 실제 취업하는 데 필요한 기술, 지식, 기능 등을 익힐 수 있도록 직업교육의 요소를 좀 더 확대, 강화할 필요가 커지게 되었다. 예컨대, 노동경제학의 경우, 교과서를 가지고 이론만 강의할 것이 아니라 실제현장에서 보탬이 되는 노동법, 노동제도, 인사실무 등을 경제학 원리와 함께 가르쳐 현장적응력을 높여야 한다는 말이다.

선진국에서는 이미 대학이 주도적으로 학생의 취업을 지원하기 위해 다양한 노력을 기울이고 있다. 학생이 대학을 졸업하고 나서 학문을 계속할 것인지, 아니면 취업할 것인지에 따라 별도의 교육과정을 운영하는 사례도 증가하고 있다. 즉, 석사, 박사과정에 진학할 학생에게는 학문을 위한 이론중심의 교육을 위주로 하지만, 취업을 목표로 하는 학생에게는 업무수행에 필요한 실무능력을 키우는 이원적 시스템을 운영한다. 또한, 학생의 능력, 소양, 가치관 등에 따른 전문적인 진로상담을 통해 합리적인 진로설계가 이루어지도록 지원한다.

대학의 3대 사명으로서 흔히 교육, 연구, 사회봉사를 든다. 즉, 대학은 학생을 교육하고, 연구개발을 통해 새로운 이론과 기술을 개발하고, 배움과 연구의 결과를 사회발전을 위해 사용하는 기능을 수행한다는 이야기이다. 오늘날의 대학은 여기에 4번째 사명으로 졸업생의 취업을 덧붙여야 할 것 같다. 왜냐하면, 대학은 학령인구 대다수가 거치는 최종 교육기관으로서 학생들이 학교에서 배운 지식을 토대로 원활하게 취업할 수 있도록 취업능력을 키워주고 취업서비스를 제공해야 할 책무가 있기 때문이다.

국적은 바꿔도 학적은 못 바꾼다?

대학은 먹고사는 데 필요한 기능을 도외시한 채, 고담준론(高談峻論: 뜻이 높고 바르며 엄숙하고 날카로운 말)만을 펼치는 이상향이 아니다. 냉엄한 현실에 두 발을 딛고 실사구시의 진리를 탐구하는 장이다. 우리나라에서 대학에 대한 그릇된 환상, 혹은 맹신은 무슨 과(科)든 가리지 않고 유명대학에만 진학하면 된다는 입시 열풍으로 나타난다. 즉, '대학에서 무엇을 공부할 것인가?' 보다 '어느 대학에 진학할 것인가?'가 대부분 학부모와 학생의 관심사이다. 쉽게 말하면, 어떤 과가 됐든, 서울대학교에만 입학하면 가문의 경사이고 인생의 보증수표를 받은 것처럼 인식한다.

'국적은 바꿀 수 있지만, 학적은 바꿀 수 없다.'라는 우스갯소리가 있다. 즉, 국적은 이민, 귀화 등을 통해 언제라도 변경할 수 있지만, 내가 어느 대학출신이라는 것은 영원히 바꿀 수 없어서 출신학교가 국적보다 더 중요하다는 것이다. 이 말은 출신대학이 꼬리표처럼 취업, 승진, 결혼 등 일생을 따라다니고, 대학에서 맺은 인간관계가 한 사람의 일생에서 절대적 영향력을 미친다는 믿음이 반영된 것이다.

그렇다면, 이른바 '명문대학'에는 몇 명이나 들어갈 수 있는가? 2010년에 대학에 입학하는 1991년생은 65만 5천 명이다. 명문대학의 대명사인 소위 'SKY대학(서울대, 연세대, 고려대)'에서는 대략 한 해 1만 명 정도를 신입생으로 선발한다. 서울대 3,000명, 고대 3,800명, 연세대 3,500명 정도다. 여기에 포항공대나 카이스트 등을 합하더라도 명문대학에 진학하는 수는 2%를 넘지 못한다. 이는 한 학급학생 수가 30명이라고 볼 때 두 학급에서 겨우 1명만이 소위 명문대에 진학할 수 있다는 뜻이다. 나머지 98%는 제 아무리 똑똑하고 공부를 열심히 했어도 어쩔 수 없이 명문대학의 꿈을 접어야 한다.

우리 사회는 점차 복잡해지고 전문화되는 추세에 있다. 새로운 기술과 제품이 등장하고 전에 보지 못하던 직업들도 속속 등장한다. 사람들의 개성이나 취향도 대단히 다양해지고 독특해지고 있다. 이러한 사회에서 수능성적이라는 하나의 기준으로 2% 관문을 통과하기 위한 경쟁을 하는 것은 개인적으로나 사회적으로 바람직하지 않다. 더구나, 자신의 진로설계나 삶의 목적을 크게 고민하지 않고 무조건 명문대학에만 들어가고 보자는 것은 명품소비심리와 별로 다르지 않다.

그러나 최근 들어 출신대학에 대한 맹신은 서서히 허물어지고 있다. 단적인 예로 수능성적이 높은 학생들이 지방의 의대, 한의대 등을 채우고 서울공대에 입학하는 현상이다. 서울공대를 졸업해서 월급쟁이 엔지니어가 되는 것보다 의사나 한의사가 되는 편이 수입도 훨씬 많고 편안한 삶을 살 것이라는 기대 때문이다. 실제로, 1997년 외환위기 당시 많은 대기업이 도산하면서 유명대학 출신들도 한순간에 회사에서 쫓겨나 거리에 나앉게 되는 사례가 무수히 있었다. 출신대학이나 회사가 평생직장을 보장해주지 못한다는 책 속의 이야기가 현실이 된 것이다.

서울대의 경우를 좀 더 자세히 살펴보자. 서울대의 〈대학자체평가 시범실시 결과 보고서〉에 따르면, 2007년 졸업생 100명 중 50명은 취업, 20명은 진학, 30명은 취업도 진학도 못한 백수인 것으로 나타났다. 취업한 50명 중 45명은 정규직에 취업하였으며, 서울대 학생 100명 중 1명은 졸업 후 국내에 있는 다른 대학 및 전문대학에 진학했다. 국내 최고의 대학을 졸업했지만 전공이 마음에 들지 않는 등의 이유로 다시 대학을 다니는 것이다. 주로 의대, 치대, 한의대 등의 꿈을 버리지 못한 학생이 졸업 후 다른 대학에 진학하는 비율이 높다.

〈서울대 졸업생의 진로〉

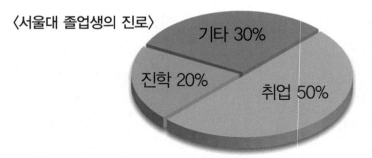

자료 : 서울대 대학자체평가 시범실시 결과 보고서

이러한 사실은 대학보다는 전공이, 전공보다는 직업이 최종적인 목표가 되어야 함을 웅변한다. 예전에는 한 직장에서 정년을 맞이하는 평생직장시대였다면, 앞으로는 직장을 이곳저곳 옮기지만 하나의 직업에만 종사하는 평생직업시대를 거쳐 직장은 물론 직업마저도 몇 번 바꿔 일해야 하는 평생취업시대가 열릴 것으로 전망된다. 학자에 따라서는 일생에 걸쳐 7~8개의 직업에 종사하리라고 내다보기도 한다. 이 같은 시대에 실업자가 되지 않고 계속해서 직업을 가지려면 사회가 요구하는 지식과 능력을 갖추는 것이 중요하다.

지식과 능력은 대학보다 어떤 전공을 선택하느냐에 의해 좌우된다. 한국교육개발원에 따르면 취업할 때 전공을 가장 활용하지 못하는 학과가 불어불문학과인 것으로 나타났다. 만약 어떤 청년이 서울대 불어불문학과를 졸업했다고 가정하자. 대기업 경제연구소에서 연구원을 뽑는데, 서울대를 나왔다고 이 사람을 뽑을 것인가? 아니면, 서울대가 아니더라도 경제학과를 졸업한 사람을 선발하게 될까? 우리 사회의 신입사원 선발추세는 분명히 학교보다는 전공을 중시하는 방향으로 가고 있다.

그렇다면, 전공을 선택할 때 기준으로 삼아야 할 것은 무엇인가? 과거처럼 희망하는 대학에 진학하기 위해 학과를 불문하고 점수에 맞춰 전공을 선택해야 하는가? 이에 대한 답을 찾으려면 자신의 능력, 가치관, 적성 등이 무엇인지 알아야 하고, 무엇보다 희망직업에 대한 구체적 계획을 세울 필요가 있다. 어느 대학 어느 학과에 진학할 것인지를 의미하는 진학진로, 어떤 직업에 종사할 것인지를 의미하는 직업진로는 장래희망을 구체화하기 위한 핵심요소이다. 이 책을 통해 사회변동의 방향을 염두에 두고 자녀의 진로를 설정하는 구체적인 방법을 파악할 수 있을 것이다.

사회적으로 주목받는 직업이 아니더라도
스스로 선택하고 가족이 공감하면 그 행복은 몇 배가 됩니다.

3장

성공적 인생의 첫 단추, 청소년기 장래희망

어렵게 들어간 대학, 4년 동안 허송세월

대학생의 최대 고민은 진로다. 대학원에 진학할 것인가? 아니면 취업할 것인가? 취업한다면 어떤 직업, 어느 직장을 선택할 것인가? 그러나 마음속 걱정만 앞설 뿐 고민을 실제 해결하려는 노력은 별로 많이 하지 않는다. 말만 앞서고 실천은 뒷전이라는 얘기다.

진로(進路)는 "앞으로 나아갈 길"을 의미한다. 진로는 단지 인생의 목적지를 어디로 삼을 것인지 뿐만 아니라, 어떤 길을 선택할 것인지, 어떤 방법으로 목적지에 도달할 것인지를 모두 포함해야 한다. 목적지는 맘에 들지만, 도달하는 방법이 고통스럽고 능력에 벅차다면 그러한 진로설계는 의미가 없다. 또, 그 반대도 마찬가지다.

우리 대학생들의 모습을 한마디로 진단하면, 진로에 대한 걱정은 많지만, 앞으로 나아가지 못하고 옆걸음질만 치는 '게'와 같은 형국이다. 통계청이 발표한 〈2004년 생활시간 조사결과〉에 따르면, 대학생이 하루에 학습과 통학에 쓰는 시간은 5시간37분. 이 중 순수하게 공부하는 시간은 3시간 14분에 불과했다. 5년 전과 비교해보면 1시간 14분이나 줄어든 수치다. 고등학생(8시간 52분), 중학생(7시간 19분)보다 짧은 것은 물론 초등학생(6시간 14분)의 절반 정도밖에 안 된다. 취업대란을 목전에 두고도 초등학생 공부시간의 절반 정도밖에 공부하지 않는 것이 우리 대학생의 현재 모습이다.

1980년대 초반까지는 '놀고먹는 대학생'이라는 말이 낯설지 않았다. 당시 대학생에 대한 일반적 이미지는 술 마시고, 당구치고, 바둑 두고, 미팅이나 하는 한마디로 공부와는 담쌓은 문화 그 자체였다. 고3까지 열심히 공부했으니 대학에서는 이성을 사귀고 인생을 고민하는 낭만의 시간을 가져도 좋지 않은가 하는 생각이 팽배했다. 내가 대학을 다녔던 80년대만 하더라도 '노나 공부하나 마찬가지다.' 하는 개사곡을 목청 높여 불렀었다. 실제로도 취업하는 데는 노나 공부하나 별 차이가 없었다.

여기에는 독재정권에 대한 항거로 데모가 일상화되고 기성세대에 대한 반항 문화가 팽배했다는 시대적 요인이 있었다. 기성 제도에 맞춰 공부하는 것이 독재정권에 순응하는 것처럼 비치던 시절이었다. 또한, 대학생이 소수였고 경제가 고도성장을 했기 때문에 취업은 걱정할 필요가 없었던 행복한 시대적 배경도 있었다.

하지만, 오늘날과 같은 치열한 경쟁시대에 시간낭비는 참으로 위험하다. 우리 대학생 중에는 목적의식이 없고 위기의식이 전혀 없는 '천하태평형'들이 너무 많다. 대학의 자유에 도취한 나머지 졸업 이후에 대한 구체적 계획을 세우고 노력하기보다 '어떻게 되겠지!' 하는 생각으로 순간을 즐기는 불나방 같은 사고방식이 깔렸다.

자신의 특기나 적성에 대해 알려 하지 않고 기업, 노동시장, 사회에 대해 무지하다. 신문이나 뉴스보다 대중음악, 개그, 버라이어티쇼 등에 심취한다. 전공공부보다 인터넷, 게임, 영화, 음악, 만화, 연애 등에 몰두한다. 학교생활, 개인생활이 무절제하고 시간관리가 느슨하며 과도한 음주도 문제다. 거의 매년 대학 신입생 환영회에서 과도한 음주로 사망사건이 발생한다. 이에 따라 대학을 졸업한 이후에도 부모에게 의존해 얹혀사는 '캥거루족(族)'이 등장한다. 유사시 부모의 보호 속에 숨어든다는 의미로 '자라증후군'이라는 말도 있고, 일본에서는 기생충(parasite)과 미혼(single)이 합쳐진 '패러사이트 싱글족'이라는 치욕적인 용어까지 등장했다.

대학 4년을 허송세월하고 졸업한 뒤에야 이것저것 준비에 나서 보기도 하지만, '미리 진로계획을 세웠더라면…', '관련 정보를 좀 더 적극적으로 수집할걸…', '미리 이런 정보를 알았더라면…' 하고 후회가 밀려온다. 유비무환(有備無患)은 이럴 때 적합한 말이다.

장래희망을 구체화하자

사람의 일생은 크게 교육훈련기, 사회활동기, 노후은퇴기의 3단계로 구분할 수 있다. 교육훈련기는 지식과 기능을 익혀 사회활동기에 대비하는 단계다. 대략 20대 중반까지의 연령대가 이에 해당한다. 그런데 이 시기를 충실하게 보내지 못하면 나머지 인생에 커다란 차질이 빚어지고 만족스러운 삶을 살기 어렵게 된다. 학생들이 진로 및 취업준비를 염두에 두고 진로설계를 할 필요성이 바로 여기에 있다.

교육훈련기에 잘 쌓은 지식과 기술을 바탕으로 사회활동기에는 직업을 갖고 가정을 꾸려 대략 60대 초반까지 활동한다. 인간이 동물과 구분되는 가장 중요한 특징은 후천적인 학습이다. 사회활동기에는 일이 주된 활동이 되지만, 오늘날과 같이 지식과 기술이 급속히 변화하는 시대에는 끊임없는 학습이 병행된다. 노후은퇴기에는 주로 취미생활이나 여가를 즐기면서 인생을 정리하는 단계다. 하지만, 평균수명이 연장되면서 노후은퇴기를 과거와 같이 정년퇴직 이후로 정의하는 것은 곤란하다. 어떤 일이 되었든 육체적, 정신적 여건이 허락하는 한도에서 제2의 인생을 준비할 필요가 있다.

이처럼 인생을 긴 안목에서 보면 지금 나의 인생단계에 따라 무엇에 열정을 바쳐야 하는지 명료해진다. 미래를 준비해야 할 청소년기를 충실하게 보내지 않으면 그 이후의 인생이 헝클어진다. 한마디로 인생의 첫 단추를 잘 끼워야 한다는 말이다. 현재 10대나, 20대는 장차 사고만 당하지 않는다면 100살까지 산다고 보아야 한다. 10년 정도의 투자로 나머지 인생을 행복하게 살 수 있다면 충분히 투자할만한 가치가 있지 않겠는가.

요즘 학생들의 진로계획은 대체로 구체적이지 않다. 앞으로 학교를 졸업하고 나서 무엇을 할 것인지, 어떤 직업에 종사할 것인지 아예 생각조차 없는 학생도 많다. 학생들을 진로준비 상태에 따라 유형화해 보면 크게 3가지로 나누어진다.

첫째, 진로 및 취업에 대한 방향이 없는 백지상태, 둘째, 진로 및 취업에 대한 방향은 잡았지만, 구체적으로 어떤 준비단계가 필요한지 모르는 혼돈상태, 셋째, 진로 및 취업에 대한 방향, 준비를 비교적 잘 하고 있으나 이에 대한 확인이 필요한 상태 등이다. 세 번째 경우는 진로준비가 비교적 충실한 상태지만, 첫 번째와 두 번째는 사실상의 진로 미결정 상태이다.

첫째, 자신부터 이해하자

많은 10대 학생들이 진로설계가 막연하거나 구체적이지 못한 원인은 무엇일까? 그것은 무엇보다 자신에 대한 명확한 정보와 파악이 부족한 데서 기인한다. 자신이 관심 있어 하는 것, 흥미를 느끼는 것을 잘 모르고 자신이 좋아하는 직업에 대해서조차(직업이 무엇인지에 대해서조차) 불투명한 경우가 많다. 또한, 남들과 비교하여 내가 잘하는 일, 내가 할 수 있는 일 중에 가장 잘하는 일, 내 적성, 나의 능력 등에 대해 잘 알지 못한다. 한 마디로 자신에 대해 무지하다. 사례를 통해 살펴보자.

중3 오○○ 양은 자신에 대한 파악이 전혀 이루어지지 않은 전형적인 경우다. 고등학교에 진학해서 문과로 갈지 이과를 선택할지조차 생각해보지 않았다. 수학을 잘 못하니 문과로 가야 하지 않을까 하고 막연히 생각해본 정도다. 자신의 재능이나 적성이 무엇인지 그저 막연하기만 했다. 자신의 적성은 물론이고 재능이나 흥미도 뚜렷이 말할 자신이 없었다.

오 양은 자신을 좀 더 파악하기 위해 홀랜드 진로탐색검사(전 세계적으로 진로지도와 상담에서 가장 많이 사용되는 검사로서 6개의 직업적 성격유형을 검사함), MBTI 성격유형검사(자신의 성격유형을 더욱 잘 이해하기 위한 성격검사로서 16가지 유형으로 분류), 직업적성검사(개인이 어떠한 직업에 알맞은 자질이나 능력을 지니고 있는가를 조사하는 검사) 등을 받았다.

이 검사들은 모두 상당히 구체적으로 개인의 특성, 적성, 흥미를 파악할 수 있도록 해준다. 마치 한의학에서 사상체질로 개개인의 몸상태를 분류하듯이 유형화를 통해 개개인의 적성, 흥미, 추천직업 등을 제시하여 객관적으로 자신을 이해할 수 있도록 돕는다. 문과, 이과의 적성을 파악하는 수준보다 훨씬 구체적이고 진출이 바람직한 직업까지 추천해주니 참고할 만하다.

많은 학교에서 학생들에게 이런 검사를 받도록 유도하기는 하지만 정규교과와 비교하면 관심도가 떨어지는 것이 사실이다. 일부 학생은 아예 안내조차 받지 못하거나 안내를 받더라도 검사를 피하는 경우도 많다.

물론 검사를 받더라도 문제는 있다. 학교에서 검사결과를 놓고 전문적인 상담을 해주거나 학생의 고민에 대해 함께 토론하고 심층적인 해법을 제공해주는 경우는 드물기 때문이다.

부모 대부분은 학생들이 이런 검사를 받는지, 결과는 어떤지 잘 모른다. 그러나 자녀와 검사결과를 공유하면서 자녀의 장래희망을 구체화하는 것은 전적으로 부모님의 몫이라고 할 수 있다. 검사결과는 대체로 적성, 흥미, 가치관 등에 대해 진단을 내려주고 학생에게 적합한 여러 가지 후보 직업군을 제시하는 형태로 나온다. 따라서, 부모와 자녀가 자녀의 장래희망에 대해 함께 논의하고 공감대를 이끌어내는 것이 중요하다.

오 양은 평소 막연히 '광고기획이나 광고디자인 등의 직업을 가지면 어떨까?'하고 생각했으나, 검사결과는 패션 디자이너가 적합한 것으로 나왔다. 검사결과를 놓고 부모님과 함께 많은 이야기를 나누고 패션 디자이너와 관련된 신문기사, 방송, 책자, 인터넷 자료를 찾아보니, 한번 해볼 만하다는 생각이 들었다.

진로목표를 분명히 세우고 나니 모든 것이 달라졌다. 우선 패션 디자이너가 되려면 진학해야 할 학과, 학교 등을 구체화할 수 있었다.

또한, 뛰어난 패션 디자이너가 되려면 준비해야 할 일도 구체적으로 탐색하고, 하루하루 계획을 세워 차근차근 노력할 에너지도 생겼다. 오 양도 자신이 하는 학교공부, 그림연습 등이 패션 디자이너의 길에 한 걸음씩 다가가기 위한 일이라고 생각하니 매사에 더욱 적극적으로 변하고, 의욕이 넘치는 자신을 발견하게 되었다.

이 검사를 받고자 하는 학생은 한국직업능력개발원의 커리어넷 (www.careernet.go.kr), 혹은 한국고용정보원의 워크넷(www.worknet.go.kr) 등에서 무료로 이용할 수 있다. 유료로 검사를 해주는 전문검사기관도 다수 있으니 인터넷을 검색하면 쉽게 찾을 수 있다.

▌둘째, 충분한 정보를 수집하자

진로에 대한 개괄적인 방향을 설정한 학생들이라 해도, 구체적인 직업 및 진로 정보를 모르는 경우가 많다. 내가 희망하는 직업에 진출하기 위해 도움이 되는 학과·학교는 어디인가, 그곳의 입학전형은 어떤 특징이 있는가, 내가 관심이 있는 직업은 구체적으로 어떤 일을 하고 보수는 어느 정도나 되는가, 어느 회사에 가는 것이 좋은가 등의 질문에 제대로 대답하지 못하는 학생들이 대부분이다.

○○중학교 3학년에 재학 중인 김○○ 군의 경우가 바로 그렇다. 김군은 어렸을 때부터 지도에 관심이 많았다. 가족 여행을 할 때마다 교통지도를 유심히 보는 것은 물론이고 세계지도를 펼쳐놓고 세계사나 사회공부를 하는 것에도 흥미를 느꼈다. 물론 관련 과목의 점수도 높게 나왔다. 지도와 관련된 대표적인 직업으로 지도제작이 있다. 그렇지만, 지도제작에 흥미를 느껴 이 방향으로 진로를 설정했으나, 구

체적으로 어떤 직업이 있는지, 보수는 어떠한지 등을 알 수 없었다.

그런데 마침 친척 중에 내비게이션용 지도제작 업체에 다니는 형이 있어서 이야기를 들을 기회가 생겼다. 궁금한 것을 이것저것 물어보고 형이 일하는 회사에도 놀러 가 보았다. 지리정보시스템의 전체 얼개를 확인할 수 있었고, 형의 동료가 어떤 과정을 거쳐 이 일에 종사하게 되었는지도 들었다.

물론 보수를 다른 직종과 자세히 비교할 수는 없었지만, 그래도 그 회사 분들 말로는 나쁘지 않은 것 같았다. 결과는 아주 만족스러웠다. 김 군은 지도제작이 자신이 상상하던 것 이상으로 훨씬 재미있고 자신이 잘할 수 있을 것이라는 확신을 하게 되어 그쪽으로 진로를 결정했다.

진로계획은 구체화할수록 좋다. 막연히 어떤 분야로 가면 좋겠다는 것만으로는 진로행동으로 옮기기 어렵다. 교수가 되고 싶다는 꿈만 갖고서는 어떤 분야의 공부에 좀 더 집중할 것인지 판단을 내릴 수 없는 것과 마찬가지다. 자신이 종사할 미래직업을 구체화하려면 해당 분야에 대한 정보가 필요하다. 이때 부모님이 도움을 줄 수 있다. 관련 정보를 조사해서 자녀와 함께 토론을 해볼 수도 있고, 해당 분야에 해박한 사람을 자녀에게 소개해 줄 수도 있다. 또, 여러 직업을 견학할 기회를 제공해 줄 수도 있다.

┃셋째, 말보다 행동이다

내가 원하는 진로를 위해 필요한 준비가 부족한 것도 문제다. 진로계획은 어렴풋이 있지만, 준비를 위해 구체적으로 실천하지 않는 경우가 이에 해당한다. 예컨대, 진학하길 희망하는 학과나 학교는 명확히 설정했지만, 이에 입학하는 데 필요한 수능점수, 추천서, 수상실적, 사회봉사실적 등을 갖추기 위한 노력은 부진한 경우다. 또는 진학하길 희망하는 학과나 학교의 입시전형 방법에 대해 정확한 정보를 파악하지 못하고 친구나 지인으로부터 전해 들은 이야기에 의존하는 예도 마찬가지다.

진로계획은 명확하게 세웠지만, 주기적으로 점검하여 진척도를 살피지 않는다면 목표달성은 불가능하다. 오늘 할 일을 차질 없이 수행했는지, 전체적으로 준비가 부족한 부분은 없는지 항상 살피고 점검해야 한다. 내가 관심을 둔 직업이나 진로와 관련된 책자, 신문기사를 유심히 보고 텔레비전 프로그램을 시청하는 등의 활동을 통해 진로설계가 바르게 되었는지, 준비가 적절하게 이루어지고 있는지 등을 항상 점검해야 한다.

OO대학 법학과 3년에 재학 중인 송OO 군은 법학에 대한 흥미가 낮아 심리학을 복수전공하고 있다. 법학보다 심리학이 더 적성에 맞는 것으로 생각하며 학점도 심리학이 더 높다. 사법고시에 대한 꿈은 없으며, 법학과 심리학 모두를 활용할 수 있는 직업을 희망하고 있다.

송 군은 법학과 및 심리학과 교수님들을 찾아가서 진로상담을 요청했고, 상담결과 '인적자원전문가'가 적합한 것으로 추천받았다. 인터넷 검색결과 '인적자원전문가'는 노동법, 경영학, 심리학 등에 대한 종합적 이해를 요구하며, 대졸로는 부족하고 대학원 석사 이상의 학력이 필요하다는 사실을 알았다.

송군은 사법시험을 위해 부모님이 준비해둔 자금을 활용하여 유학을 가기로 부모님과 합의했다. 미국유학을 통해 세계적 권위와 전통을 자랑하는 인적자원(HR) 전문자격증인 PHR(Professional in Human Resource), SPHR(Senior Professional in Human Resource)를 따기로 목표를 설정하였다.

▌넷째, 부모-자녀 간의 진로갈등을 미리 해결하자

자녀가 원하는 학과, 학교, 직업을 부모님이 반대한다든지, 부모나 집안의 기대가 커서 자녀가 진로결정에 애를 먹는 경우도 많다. 특히, 우리나라와 같이 부모가 자녀를 자신과 일체화하여 생각하는 경우에는 자녀의 진로를 둘러싼 갈등이 종종 발생한다.

2008년 한국청소년상담원을 찾아와 가족 문제로 상담한 1,413명 중 87.1%인 1,230명이 부모·자녀 간 갈등을 호소했다. 내용을 보면 대부분 어머니와 자녀 사이에 벌어지는 문제이며, 자녀가 성장할수록 그 갈등은 심해진다.

취업포털 커리어가 20대 구직자 532명을 대상으로 조사한 결과 역시 유사하다. 응답자의 37.9%가 '구직활동 시 부모의 관여도가 매우 높거나 높은 편'이라고 답했다. '부모의 관여도가 낮다', '부모의 관여도가 전혀 없다'라는 응답은 52.1%였다. 20대 구직자 10명 중 4명 정도는 부모가 자녀의 진로에 대해 어떤 방식이든 개입하는 것이다.

그렇다면, 부모가 자녀의 구직활동에 관여한 부분은 무엇인가? 복수응답으로 집계한 결과 '지원서를 넣을 때마다 부모님에게 조언을 구한다'가 1위를 차지했다. 이어서 '부모님이 공무원 시험 등 고시준비를 적극적으로 권유해 공부했거나 하고 있다', '이력서·자기소개서 등의 입사지원서를 부모님과 함께 작성한다' 등이었다. 이외에도 '채용전형에 통과하거나 최종합격을 했지만, 부모님의 반대로 포기했다', '지원할 회사를 부모님이 직접 선정해 준다'라는 다소 극단적인 경우도 있었다.

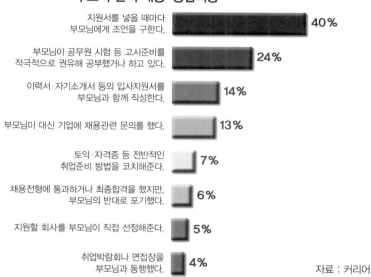

〈부모가 자녀의 구직활동에 관여하는 부분〉

부모의 관여 내용 응답비중

관여 내용	응답비중
지원서를 넣을 때마다 부모님에게 조언을 구한다.	40%
부모님이 공무원 시험 등 고시준비를 적극적으로 권유해 공부했거나 하고 있다.	24%
이력서·자기소개서 등의 입사지원서를 부모님과 함께 작성한다.	14%
부모님이 대신 기업에 채용관련 문의를 했다.	13%
토익·자격증 등 전반적인 취업준비 방법을 코치해준다.	7%
채용전형에 통과하거나 최종합격을 했지만, 부모님의 반대로 포기했다.	6%
지원할 회사를 부모님이 직접 선정해준다.	5%
취업박람회나 면접장을 부모님과 동행했다.	4%

자료 : 커리어

'부모의 관여가 구직활동에 어느 정도 도움이 되고 있는가?'란 질문에는 '그다지 도움이 되지 않는다'가 51.2%로 가장 많았다. 이어 '구직활동을 하는 데 큰 도움이 된다' 37.2%, '전혀 도움이 되지 않는다' 11.6% 순이었다.

진로를 둘러싼 부모와 자녀 간의 갈등은 어느 날 갑자기 발생하는 것이 아니다. 어렸을 때부터 부모와 자녀가 자녀의 진로와 관련하여 많은 이야기를 나누고 진로계획을 공유할 필요가 있다. 서양의 개인주의와 달리 가족주의가 발달한 우리나라에서 '자녀의 인생이니 스스로 알아서 해라.'라고 생각하는 부모는 드물다. 자녀와 진로갈등을 겪지 않고 이를 미리 방지하려면 초중고 때부터 진로계획에 대해 공감대를 형성해나갈 필요가 있다.

4장

변화하는 직업세계의 흐름을 읽자

세상이 변하면 직업도 변한다

한반도에서 단군이 왕조를 세우던 무렵 이집트에서는 피라미드를 만들었다. 그리고 그들은 파피루스, 기념건축물, 무덤 등에 당시의 사회상을 상형문자로 기록했다. 이러한 기록 중의 하나가 고대 이집트 중왕조 시기에 작성된 '직업에 대한 풍자'다. 여러 직업을 비교한 이 기록은 당시에도 직업에 대한 관심이 오늘날과 크게 다르지 않음을 보여준다.

그 기록에서 세탁원에 대한 서술의 한 대목을 보자.

"강가에서 빨래한다……. 네 눈에도 세탁이 만족스러운 직업으로 보이지 않을진대 어찌 사람들에게 대접받는 직업일 수 있겠느냐……. 세탁하는 사람은 눈물을 흘리면서도 방망이로 빨랫감을 두드리며 하루하루를 보낸다……."

또 군인에 대한 묘사도 있다.

"마치 당나귀처럼 끊임없이 감시받는다. 게다가 해가 질 때까지 일한다……. 병영에서나 야영지에서나 군인은 항상 불만이다……. 사막의 끝 자락에서 목숨을 잃으면 그 이름을 기억해 둘 사람조차 없다…. 군인이라는 직업을 피하고 싶다면 서생이 되어라……."

이 기록의 저자는 세탁원이나 군인이라는 직업에 대해 매우 부정적인 생각을 했다. 당시의 직업관에서 보자면, 귀족, 관료나 성직자를 제외하면 칭송할만한 직업이 아닌 것도 사실이다. 하나 특이한 점은 서기라는 직업에 대해 대단한 자부심을 드러냈다는 사실이다.

"보라. 서기 이외에 상사가 없는 직업은 없다. 서기 자신이 우두머리다. 따라서, 만약 당신이 글쓰기를 안다면 세상의 그 어떤 직업보다 좋을 것이다."

이집트 상형문자는 거의 암호에 가까운 수준의 문자로서 당시로써도 글쓰기를 익히는 것은 대단히 어려웠다. 오늘날로 치면 박사학위를 받는 것보다 어쩌면 더 어려웠을지도 모른다. 서기는 대개 가업으로 이어졌으며, 자기 자식 이외에는 글쓰기를 함부로 알려주지 않았다고 한다.

고대 이집트에서 서기는 오늘날의 학자에 해당하는 직업이었다. 지시나 감시 없이 일하고, 지식을 독점할 수 있는 위치에 있었다. 그러나 이집트 역사의 후대로 가면서 문자가 점차 보급되고 글쓰기가 특별한 기술이 아니게 되면서 서기의 지위도 점차 낮아졌다.

직업의 위상이 변하는 것은 비단 고대 이집트에서만 벌어졌던 일은 아니다. 새로운 기술과 상품이 등장하고 기존의 산업구조가 변화하면 직업세계도 영향을 받는다. 종사자 수가 증가하는 직업이 있지만, 종사자 수가 감소하는 직업도 있다. 새로운 직업이 등장하는 이면에 사라지는 직업도 생겨난다.

직업세계는 어떻게 생산하는가(기계를 이용하여 생산하는지, 수작업으로 생산하는지), 무엇을 생산하는가(농산물을 만드는지, 자동차를 만드는지, 관광서비스를 제공하는지)에 따라 파생적으로 변화하는 특징을 갖는다. 직업세계는 경제의 변화상이 그대로 비치는 거울이라 할 수 있다.

직업의 번영과 소멸, 확장과 쇠퇴는 궁극적으로 직업이 여러 가지 변화에 얼마나 잘 적응할 수 있느냐의 문제이다. 환경변화(시대 흐름, 과학기술의 발달, 근로자 감원, 자동화 등)에 능동적으로 대처할 수 있는가, 직업전환이 쉬운가, 신기술(신지식) 습득이 유리한가(직업훈련 포함), 지식정보의 축적이 가능한가, 현실적으로 재화 창출이 가능한가, 새로운 경제체제에 직업으로서 조화되는가, 근로자의 성취욕은 얼마나 높은가, 육체노동과 정신노동의 조화 또는 정신노동으로의 전환이 가능한가 등에 의해 결정된다. 경쟁력 있는 직업들은 시대변화에 따라 그 모습을 달리해가며 새로운 경제 환경에 적응해 간다.

그렇다면, 실제 우리나라에서 직업의 번영과 소멸, 확장과 쇠퇴는 어떠했을까? 경제개발이 본격화되기 전인 1950, 60년대의 최고 인기 직업은 서울 광화문에 있는 미국 대사관의 한국인 직원이었다. 주한 미국대사관에는 통역, 사무처리 등을 위해 한국인 직원을 소수지만 채용했다. 이들은 당시로써는 최고의 월급을 받았을 뿐만 아니라 우리나라가 미국의 원조에 절대적으로 의존하던 시절이라 사회적으로도 위상이 크게 높았다. 서울대 영문과 수석이 서울대 교수보다 미국 대사관을 더 선호할 정도였다고 한다. 1970년대에 접어들면서 수출이 본격화되었고 중동 해외건설 붐이 크게 일면서 종합상사직원, 중동건설현장소장, 건설 인부 등의 인기가 하늘을 찔렀다.

1980년대에는 전자, 자동차, 조선 등 중화학 공업의 성장세가 두드러지고 증권시장이 활황세를 분출했다. 이에 따라 공대 출신의 엔지니어 몸값이 크게 올라갔고, 이른바 증권맨은 최고의 신랑감으로 인기가 높았다. 경제성장세가 최고조에 달하자 대우가 상대적으로 낮았던 교사, 하위직 공무원, 공사 등의 인기는 바닥을 쳤다.

1990년대에 접어들면서 세계화가 본격적으로 추진됐고 각 부문의 문민화, 민주화가 급속도로 이루어짐으로써 군인의 독점적 지위가 크게 약해지고 직업적 인기가 낮아졌다. 한편, 규제완화, 세계화에 따라 종합금융, 리스 등 제2금융권이 크게 성장했고 보수도 높아 입사경쟁이 치열하게 전개됐다.

1997년의 외환위기는 직업세계에 일대 지각변동을 가져왔다. 외환위기의 진앙지였던 금융권에서 대규모 해고, 인수합병 등이 진행되면서 은행원, 증권사 직원, 종금사 직원, 리스사 직원들이 큰 타격을 입었다. 반면, 상대적으로 해고나 임금삭감이 거의 없었던 공무원, 공사 등 공공부문의 인기는 높이 치솟았다. 또한, 정부가 경기부양과 일자리 창출을 위해 추진했던 벤처활성화 정책은 수많은 신흥 IT사업가를 양산했다. 벤처기업에 대한 정부의 금융지원이 끊기자 성공한 소수를 제외한 대다수는 파산, 흡수합병 등의 비운을 맞아야 했다. 2000년대에 접어들면서 공무원, 공기업의 인기는 하늘을 찔렀고 펀드금융상품이 인기를 끌면서 펀드매니저, 개인 재무상담사(PB:

Private Banker) 등이 부상했다.

우리나라에서 직업세계의 부침만큼 극적인 변화도 드물다. 앞서 1950년대, 1960년대 최고의 인기직장이 미 대사관이라고 했다. 당시 미 대사관에 근무하는 것은 선망의 대상 그 자체였다. 당대 최고의 엘리트만이 미 대사관에서 근무할 수 있었지만, 세월이 흘러가자 사정이 달라졌다. 이들이 50대 후반이 되던 1990년대에 접어들자 실력이 모자라 미 대사관에 못 들어가고 한국기업에 입사한 동기들은 모두 사장이나, 고위 간부가 돼서 월급은 물론이고 사회적 대우 면에서도 비교가 안 될 정도로 형편이 역전되었다. 사실 미 대사관에서 한국인이 진급할 수 있는 자리는 제한돼 있다. 대사, 영사 등이 모두 미국인이기 때문에 결국은 이들 밑에 소속될 뿐이었다. 땅을 치고 후회해봐야 때는 이미 늦었다.

▌직업의 생성·성장·소멸과 직장

여러 직업이 언제, 어떻게, 어떤 목적으로, 누구에 의해 생겨났으며, 사라졌는가를 알기는 쉽지 않다. 특히 몇몇 직업을 제외하고는 언제 직업이 생겨났고, 언제 정확하게 사라졌는지를 밝히기는 거의 불가능하다. 기존의 역사는 정치, 군사, 외교 등에 치우쳐왔고, 직업세계의 변화를 기록하는 작업은 없었기 때문이다.

보통 직업의 생성, 소멸을 객관적인 방법으로 조사하여 직업사전을 만든다. 국어사전에 우리말을 수록하듯이 『한국직업사전』에 우리나라에 존재하는 모든 직업을 기록한다. 따라서 직업사전에 새로 등재되는 순간 그 직업은 공식적으로 인정을 받게 된다. 실제 직업이 생겨난 순간은 알 수 없지만 말이다.

이것은 국어사전도 마찬가지다. 어떤 단어가 여러 사람 사이에서 쓰이고 그것이 국어학자에 의해 사전에 기록되는 순간 새로운 단어로 인정받게 된다. 지금 이 순간에도 일부 사람들 사이에서는 일상적으로 쓰이는 말이지만 국어사전에 등재되지 않은 단어들이 있다. 직업 역시 마찬가지인 셈이다. 인터넷상에서 학생들의 학습을 돕는 사이처(Cycher), 손님을 가장하여 서비스 상태를 확인하는 미스터리 쇼퍼(Mystery Shopper), 내담자의 직업관과 진로를 정하도록 돕는 커리어코치(Career Coach) 등은 비교적 최근에 새로 생겨난 직업의 예다.

직업의 소멸은 지금까지 『한국직업사전』에 수록되었던 직업이 삭제되는 상황에 해당한다. 더는 종사자를 발견할 수 없는 직업을 사전에서 제외하는 것이다. 즉, 과학기술의 발달로 말미암은 수요의 감소, 자동화로 말미암은 공정의 단순화 등으로 시대적 수명을 다하고 소멸한 직업을 의미한다. 인력거꾼이나 전화교환원, 인쇄소 식자공, 타이피스트 등이 대표적이다.

그러면, 직장과 직업은 어떻게 다른가? 어떤 사람이 현대자동차 영업사원이라고 하자. 현대자동차는 직장에 해당하고 영업사원은 직업을 의미한다. 내가 소속된 회사와 내가 하는 일은 분명히 구분되는 것이다. 그러나 많은 젊은이가 어떤 회사에 입사할 것인가에 대해서는 뚜렷한 목표의식이 있지만, 무슨 일을 할 것인가에 대해서는 막연한 경우가 많다.

만약 현대자동차 회사가 어려움에 빠져 이 사람이 해고되었다고 가정해보자. 유능한 영업사원이라면 현대자동차에서 해고되더라도 기아자동차나 르노삼성자동차에 영업사원으로 손쉽게 취업할 수 있을 것이다. 아니면, 벤츠나 도요타와 같은 수입차 대리점에서 영업할 수도 있을 것이다. 그러나 현대차 자체에 안주하여 영업사원으로서 능력을 갖추지 못한 직원은 지금까지 해온 일과는 전혀 다른 직업을 찾을 수밖에 없다.

또 다른 사례도 있다. 1997년 외환위기를 거치면서 수많은 벤처기업이 창업되었다. 정부에서 벤처창업에 대해 파격적인 지원을 아끼지 않았던 영향이다. 이에 따라 많은 젊은이가 벤처기업 창업 혹은 취업대열에 동참하여 몇몇은 엄청난 돈을 거머쥐기도 했다. 그러나 영광이 컸던 만큼 후유증도 엄청났다. 벤처기업에 대한 정부지원이 한풀 꺾이면서 창업한 지 몇 년 안 된 많은 벤처기업이 문을 닫게 된 것이다.

그 결과 벤처기업에 종사하던 근로자 중 상당수는 새로운 일자리를 찾아야 하는 힘든 시기를 맞았다. 하지만, 이 와중에도 벤처기업에서 나름대로 기술을 개발하고 능력을 갖춘 소수는 살아남은 벤처기업이나 다른 기업에 취업해서 또 다른 기회를 맞이할 수 있었다. 직장보다 직업의 중요성을 말해주는 사례다.

▌환경의 변화와 직업세계

직업세계의 변화는 직업의 생성, 성장, 소멸의 단계로 요약된다. 그러면, 이러한 직업세계의 변화는 무엇에 의해 결정될까? 직업은 사회의 모든 변화를 비추는 거울이기 때문에 매우 다양한 요소들이 작용하여 변화가 일어난다.

예를 들어, 요즘 쌀 소비가 줄고 빵, 국수류, 과자 등 밀가루 소비가 증가한다. 1인당 쌀 소비는 2002년에 년간 87kg에서 2007년에는 76.9kg으로 줄어들었다. 1인당 쌀 한 가마니도 소비하지 않는 셈이다. 쌀은 우리 농민이 직접 경작하지만, 밀은 외국에서 수입하니 쌀소비

감소는 농민에게 타격을 준다. 쌀값이 하락하고 재고가 쌓이기 때문이다. 이 밖에도 정미소, 떡집, 쌀 소매상, 농약판매상, 농기계 판매상 등도 부정적인 영향을 받게 된다. 반면, 밀가루 소비가 증가하면서 제빵기술자, 제과기술자, 주방장 등의 일자리는 증가하게 된다.

이처럼 직업세계의 변화에 영향을 미치는 요인들은 무수히 많다. 인간의 수명, 기술변화, 과학의 발전, 신제품, 시장개방, 유행, 소비패턴 등 그야말로 사회변화의 모든 추세가 직업세계의 변화로 직결된다. 이러한 이유로 우리 사회에서 전개될 주요한 변화의 흐름을 살펴보고 이것이 직업세계에 어떤 영향을 미칠지 전망하는 것은 대단히 중요하다.

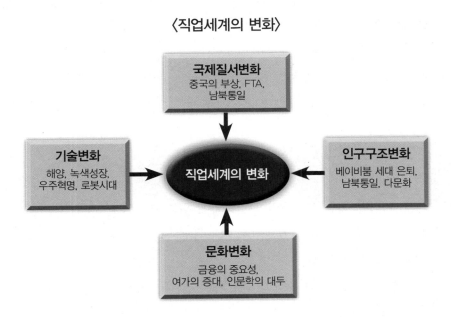

〈직업세계의 변화〉

직업세계에 영향을 미칠 환경요인은 크게 국제질서, 기술, 인구구조, 문화 등의 네 가지로 나누어 볼 수 있다. 국제질서와 기술이 사회의 외부적 조건에서 나타나는 변화를 의미한다면, 인구구조와 문화는 사회 내부에서 진행되는 새로운 삶의 패턴과 흐름을 보여주는 거울이다.

첫째, 국제질서의 변화로서 주목해야 할 점은 중국의 부상, 남북의 통일, 그리고 자유무역협정(FTA) 등의 확산에 따른 세계화의 진전이다.

둘째, 기술변화는 다양한 분야에서 여러모로 진행될 것이기 때문에 미래 트렌드를 몇 가지로 압축하기 곤란하다. 그럼에도, 앞으로 10년 정도의 기간에 직업세계에 큰 영향을 미칠 기술변화를 꼽는다면 해양개발, 녹색성장, 우주혁명, 로봇시대 등 네 가지를 들 수 있다.

셋째, 저출산·고령화에 따라 앞으로 인구구조에 급격한 변화가 나타나리라는 점은 분명하다. 베이비붐 세대 은퇴와 노령화, 다문화 가정의 증가 등이 주요한 변화가 될 것이다. 남북통일 역시 2천만 명이 넘는 북한주민이 단일국가로 통합되리라는 점에서 인구구조에 커다란 변화를 몰고 올 것이다.

넷째, 삶의 방식, 가치관, 재테크 방식 등을 포함하는 문화의 변화도 크게 진전될 것으로 예상한다. 금융의 중요성 증대, 여가의 확대, 인문학의 대두 등의 트렌드 변화가 전망된다.

이러한 거시적 환경의 변화를 미리 파악하고, 이런 환경 변화가 직업세계에 어떤 영향을 미칠지 고려하여 자녀의 진로를 설계하는 일이 매우 중요하다. 부모 세대가 살던 시대에 좋은 직업으로 여겨지던 것들을 시대착오적으로 바라보면 안 된다. 자녀의 진로 설계는 자녀의 장래희망과 적성, 소질이라는 내부적 요소와 사회를 둘러싼 환경의 변화가 직업세계에 가져올 변화라는 외부적 요소를 함께 고려할 때에만 미래지향적으로 이뤄질 수 있다.

2부

사회변화 10대 트렌드와
유망직업

미래사회에 전개될 사회변화의 방향과 그것이 직업세계에 미칠 영향을 진단한다. 직업세계의 변화에 영향을 미치는 환경적 요인은 무수히 많다. 이것을 어떻게 구분하느냐에 따라 직업의 미래에 관한 전망도 크게 달라질 수 있다. 그렇다면, 직업의 미래를 전망하기 위해 이러한 요소들을 모두 고려해야 하는가? 그렇지는 않다. 중요한 요소들만을 추출해서 검토하는 것으로도 충분하다.

직업세계에 영향을 미칠 환경적 요인 중 국제질서, 기술, 인구구조, 문화 등의 네 가지가 중요하다. '한국을 둘러싼 외부세계가 어떻게 변화할 것인가(국제질서)', '또 재화와 서비스의 생산과 소비를 결정하는 기술의 변화 방향은 무엇인가(기술)'의 두 가지 관점은 사회의 외부적 조건에서 나타나는 변화를 포착한다. '인구의 구성은 어떻게 바뀔 것인가(인구구조)'와 '사람들의 삶의 방식은 어떻게 전개될 것인가(문화)'의 두 가지 관점은 사회를 구성하는 인간의 행위, 특징, 선호가 어떻게 변화될 것인가를 살펴볼 수 있는 중요한 요소라고 할 수 있다.

팍스 차이나 시대의 기회를 잡아라

잠자는 사자를 깨우지 마라

프랑스의 나폴레옹이 동방의 거인, 중국을 가리켜 한 말이다. 나폴
레옹은 "그 사자가 깨어나면 세계가 진동할 것"이라 했다. 19세기 중
엽 청나라가 영국과의 아편전쟁에서 패배한 이래 오랫동안 잠들어 있
던 중국이 동방의 패자를 넘어 이제는 세계의 초강국으로 급부상하
고 있다.

오늘날 중국을 빼놓고는 더는 정치, 군사, 경제, 스포츠 등 모든 면
에서 세계질서를 설명하기란 사실상 불가능하다. 중국을 표현하는 수
식어도 'G2', '팍스 차이나' 등으로 바뀌고 있다. 미국과 함께 중국이
쌍벽을 이루며 세계를 이끌어가거나, 아예 중국 주도로 세계 질서가
재편될 수 있음을 뜻하는 표현들이다.

중국 국가통계국에서는 2009년 10월 건국 60주년을 맞아 경제발
전상을 과시했다. 중국의 국내총생산은 통계가 처음 집계된 1952년

679억 위안(12조 2천억 원)에서 2008년 30조 위안(5,400조 원)으로 증가하여, 미국, 일본에 이어 세계 3위의 경제 대국이 됐다. 2010년에는 일본을 초월하여 세계 2위 자리를 넘볼 것이 거의 확실해 보인다. 2008년 1인당 국민소득은 3천 달러를 넘어 1949년 신중국 건국 시기와 비교하면 32.4배 증가했다. 중국의 식량 생산량은 2008년 5억 3천만 톤으로 1949년보다 3.7배 증가했고 면화, 연료용 유류, 곡물 생산량은 세계 1위에 올랐다.

경제체제를 보호주의에서 개방화로 전환해 대외무역량은 세계 3위를 차지했으며 외국인투자규모는 2008년 8천526억 달러로 개발도상국 중 17년 연속 1위를 기록했다. 2009년에는 독일을 제치고 세계 1위 수출국으로 부상했다. 영국의 인디펜던트지에 따르면, 중국경제가 2025년에 미국을 따라잡고 2050년에는 경제규모가 미국의 1.8배에 이를 것으로 전망된다.

게다가 세계 최강국인 미국인들조차 미국이 중국에 밀리는 것으로 인식하기 시작했다. 2008년, 1,007명의 미국인을 대상으로 세계 제1위의 경제 대국이 어느 나라인지를 묻는 갤럽 여론조사에서 조사 대상자 중 40%가 중국이라고 답했다고 한다. 반면, 미국이 세계 1위의 경제 대국이라는 응답자는 33%에 그쳤다.

실제 미국 할인점을 가보면 우리나라보다 훨씬 심각할 정도로 온통 중국 제품 천지다. 농산물을 제외하고는 옷, 신발, 식기, 자질구레한 가정용품에서부터 가전제품 등에 이르기까지 'made in China'가 판매대를 점령하고 있다. 사정이 이러니 미국인들이 중국을 세계 최고의 경제 대국으로 보는 것도 잘못된 시각은 아니다.

동서양의 시계추

15세기 이후의 역사를 살펴보면 서양은 대외지향, 동양은 내부집착의 경향을 보여 왔다. 그리고 이후 역사의 주도권은 동양에서 서양으로 넘어갔다. 구체적으로 서양이 동아시아를 앞서게 된 시점은 언제일까?

노벨경제학상을 받은 시카고 대학의 로버트 포겔 교수는 그 시점을 1750년부터라고 했다. 이와 달리 동아시아 문제 전문가인 로이드 조지는 『동서양의 시계추』라는 그의 저서에서 그 시점을 1793년으로 보았다. 일부에서는 역사가 시작된 이래 서양이 동양을 압도한 것은 겨우 200년을 갓 넘긴 짧은 시간에 불과할 뿐이라고 주장한다. 인류 역사가 시작된 내내 동양이 문명의 중심이었다는 것이다.

15세기 유럽대륙의 인구가 5,000~5,500만 명이었는데 비해 중국은 이미 1억 3천만 명에 달했으며, 운하, 관개시설, 문화 등 모든 면에서 서양을 압도하였다. 중국은 이미 11세기에 100만 명이 넘는 상비군, 연간 12만 5천 톤에 달하는 철강생산량을 자랑하고 있었다. 이같은 철강생산량은 영국이 700년이나 지난 후인 산업혁명기에 겨우 따라잡았을 뿐이다. 현재 중국은 세계 총생산의 7~8%대를 담당하고 있으나, 역사적으로 1/3가량을 차지해왔다. 만일 역사가 반복된다면 중국의 성장에는 당분간 한계가 없을 것이라는 말이 된다. 명나라에 접어들면서 상업을 억압하고, 원양선박의 건조를 금지하는 한편, 제철소는 활기를 잃다가 폐쇄되었다. 이것은 같은 시기에 유럽이 상공업을 육성하고, 무역을 장려하며, 국외 시장으로 진출하여 경제번영의 길로 들어선 것과는 정반대의 길이었다. 중국이 농업과 교육에만 투자하고 국외무역과 대외진출을 금지하는 사이 유럽은 세계사 주도권을 차지할 수 있게 되었다.

세계사 연대표를 비교해보면 동서양의 태도 차이가 확연히 드러난다. 15세기 이후 서양의 역사는 국가 간 전쟁, 지리상의 발견, 식민지 쟁탈전, 국제무역 등 활발한 대외진출의 특징을 보였다. 반면 동양의 역사는 민란, 정쟁, 왕조교체 등 주로 내부문제에 집착하는 경향을 나타냈다. 동양은 시야를 국내문제로 좁히고 한정된 자원을 둘러싼 내부투쟁에 몰두하여 국론이 분열되고 갈등과 대립이 깊어져 국가발전의 계기를 마련하지 못한 것이다.

〈15세기 이후 주요세계사 연표〉

	서양	중국, 일본	한국
15세기	• 이태리, 르네상스(15세기) • 스페인, 신대륙발견(1492)	• 명, 정화함대 7차에 걸친 남해원정(1405-30) • 일, 전국시대 시작(1467)	• 훈민정음제정(1443) • 사육신 사건(1456) • 무오사화(1498)
16세기	• 유럽, 종교개혁(1517년이후) • 레판토해전(1571) • 영, 스페인 무적함대 격파(1588)	• 명, 몽고족과 왜구침략 본격화 • 일,豊臣秀吉 전국통일(1590)	• 중종반정(1506) • 기묘사화(1519) • 당쟁시작(선조, 1575) • 임진왜란(1592-96)
17세기	• 미, 메이플라워호상륙(1620) • 유럽, 30년전쟁(1618-48) • 영, 청교도혁명(1642-49) • 영·불식민지전쟁(1689-97)	• 청건국(1616) • 일, 에도막부 출범(1603) • 일, 쇄국(1639)	• 대동법실시(1608) • 인조반정(1623) • 병자호란(1636) • 천주교전래(1643)
18세기	• 영, 산업혁명시작(1770년대) • 미, 13주 독립선언(1776) • 프랑스대혁명(1789)	• 일, 關東 농민대봉기(1765) • 청, 백련교도의 난(1796)	• 탕평책실시(영조, 1725) • 홍경래의 난(1811)
19세기	• 워털루전쟁(1815) • 미, 남북전쟁 (1861-65)	• 청, 아편전쟁 및 개항(1842) • 일, 개항(1854)	• 세도정치(1800) • 개항(1876) • 갑오경장(1894)

중국의 부상을 활용해야

중국은 이미 세계의 공장으로서 제조업에서 확실한 경쟁우위를 확보하고 있다. 지난 98년부터 세계 최고의 수주실적을 지켜온 우리 조선산업이 중국에 위협받는 현실은 그 단적인 예다. 2009년 들어 신규 조선물량을 중국이 거의 싹쓸이하다시피 하면서 우리의 1위 자리를 빼앗아 갔다.

이러한 현상은 비단 조선산업에 국한된 것은 아니다. 한국은 많은 제조업 분야에서 중국으로부터 심각한 위협에 직면하고 있다. 대한무역투자진흥공사에서는 2007년에 중국기업 312개사를 대상으로 한국 기업의 경쟁력을 조사했다. 이에 따르면 중국 기업인의 약 절반은 중국의 기술이 한국과 비슷하거나 앞선다고 평가했다.

일본 과학기술진흥기구(JST)의 2009년 보고서를 보면, 한국의 기술 수준이 광통신, 멀티미디어 시스템, 네트워크 제어관리, 고분자 플라스틱 재료, 신형 초전도체, 내시경 등 10여 개 기술 분야에서 중국에 추월당했다고 한다. 반면에 우리는 선진국이 가진 최첨단 하이테크 기술을 따라가지 못하는 처지다.

1997년에 부즈 알랜 보고서는 한국이 선진국의 첨단 기술을 따라가지 못하면, 중국 등 개발도상국의 추격 때문에 넛 크래커(호두 까는 기계) 사이에 끼인 호두 신세를 면치 못할 가능성이 크다는 경고를 했다. 싸구려 제품에서는 중국을 당할 수 없으니 첨단 고급제품에서 선진국과 승부를 걸어야 한다는 권고를 한 것이다.

저명한 경제평론가 오마에 겐이치는 『차이나 임팩트』라는 책에서 중국 경제의 대약진으로 말미암아 일본은 도망치느냐 아니면 잡아먹히느냐의 갈림길에 서서 그나마 선택의 여지라도 있지만, 한국은 거의 가망 없는 '풍전등화'의 형국이라고 표현했다. 전문가들은 "앞으로는 중국을 잘 활용하느냐, 혹은 그렇지 못하느냐에 따라 번영하는 지역과 그렇지 않은 지역으로 나뉘게 될 것"이라고 경고한다. 중국의 부상을 우리가 잘 활용하기만 한다면 한국경제의 장래는 충분히 밝다. 이것은 비단 국가에만 국한된 말은 아니다. 개인도 중국경제의 성장에서 기회를 찾고 관련된 직업에 종사할 필요가 있다는 말이다.

중국의 부상과 유망직업

그럼 개인은 어떤 분야에서 취업기회를 찾아야 하나. 기본적으로 중국과 경쟁하는 산업이나 제품은 곤경에 직면하겠으나, 서로 보완성을 갖는 경우에는 엄청난 기회가 있을 수 있다는 점에 착안해야 한다. 달리는 말과 경주하려고 하기보다 그 등에 올라타는 지혜를 발휘해야 한다는 뜻이다. 이는 중국 제조업이 상대적으로 강하다면 입지, 사람의 중요성이 높은 서비스업에서 기회를 찾아야 한다는 의미도 된다. 혹은 같은 자동차를 만들더라도 고급화, 첨단화, 디자인 강화 등을 통해 중국과 차별화할 필요가 있다는 뜻이기도 하다. 여기서는 관광산업, 물류산업, 컨벤션산업을 중심으로 유망직업을 살펴보자.

관광산업

서비스 업종에서 가장 큰 수혜가 기대되는 업종은 단연 관광산업이다. '중국관광객, 황금연휴에 한국 가려고 줄을 서서 기다린다.' 2009년 10월 1일부터 8일까지 연휴를 맞는 중국인들 사이에 부는 한국관광 열풍을 소개한 신문기사 제목이다. 소득이 증가하면 여가활동에 눈을 돌리게 되고, 이때 최고의 선망대상이 되는 것은 외국여행이다.

처음 비행기를 타고 외국으로 여행을 떠나는 설렘을 떠올려보라. 가령, 13억 중국인구가 한 번씩만 한국을 찾는다고 가정해보자. 한해 우리나라를 찾는 외국인 관광객 수는 대략 600만 명 정도에 불과한데, 이의 약 200배 이상 외국인 관광객 수가 늘어나는 셈이 된다. 이 얼마나 엄청난 기회인가?

그렇다면, 관광 분야의 유망직업에는 무엇이 있나. 관광기획자, 통역사, 여행상품기획가, 의료관광코디네이터, 요리사, 호텔매니저, 승무원, 항공기정비사, 해외관광지개발가, 호텔국제판매직 등이 있다. 지금까지 우리 관광업계는 주로 우리 국민의 외국관광 쪽에 주력해왔다고 할 수 있다. 반면, 외국인이 한국을 방문했을 때 무엇을 보여주고 느끼도록 해줄 것인가에 대해서는 아직 준비가 부족하다. 경주, 설악산, 제주도 등의 천편일률적인 관광상품이 대부분이다.

다양한 관광상품 개발을 위해서는 관광기획자의 역할이 특히 중요하다. 관광기획자는 각종 아이디어로 무장해 여행상품을 기획, 개발하며 여행자들이 편안하게 여행할 수 있도록 그들을 인솔하는 역할까지 책임진다. 예컨대, 현재 서울을 찾은 외국인 관광객을 위한 여행일정은 63빌딩, 경복궁, 동대문시장, 남대문시장, 남산타워, 명동 등을 중심으로 짜여 있다.

관광기획자가 새로운 상품개발을 위해 서울성곽을 떠올렸다고 하자. '서울 성곽을 보면서 가볍게 도보여행을 할 수 있도록 한다면', '서울성곽에서 바라보는 서울의 야경이 최고가 아닐까?' 등의 생각을 할 수 있다. 이를 구체화하려면 현장답사가 필수다. 외국인에게 가장 호감을 살 수 있는 서울성곽 관광코스는 어디인지, 어떤 이야기를 전달할 것인지, 주간과 야간 중 어느 쪽이 더 적당할지 등 세심하게 현장을 살펴보고 분석해야 한다. 다음 단계로는 주요 대상 고객을 선정하고 가격을 산정하며, 홍보 대책 등을 수립해야 한다.

중국인 관광객을 대상으로 하는 국내관광여행사(inbound tour company)를 설립하는 것도 생각해볼 수 있다. 관광업은 우리 국민을 외국으로 보내는 송출업체(outbound company)와 외국관광객을 국내에 유치하는 업체(inbound company)로 구분된다. 국내관광여행사는 많은 자본이 있어야 하지 않기 때문에 창업이 쉽다. 관광업은 일정에 따라 차량, 기사, 관광가이드, 호텔, 식사, 관광지 등을 잘 관리하고 효율적으로 관리하는 역량이 필요하다.

한류나 중국인들의 취향 등을 고려하여 새로운 여행 주제를 발굴하고 이를 상품화하는 감각을 길러야 한다. 이를 위해서는 중국인의 소비패턴, 사고방식 등을 철저히 파악하고 동향변화에 촉각을 곤두세워야 한다. 따라서, 창업을 하려면 관광업계에서 적어도 10년 정도 경험, 지식, 인맥을 쌓을 필요가 있다.

소형 여행사는 독자적으로 고객을 모집하고 관광을 진행하는 것이 거의 불가능하다. 대형 여행사로부터 국내관광 일정만 의뢰받는 경우가 대부분이다. 따라서 고객을 확보하려면 노련한 경험뿐만 아니라 대형 여행사와의 인맥구축이 필수적이다. 될 수 있으면 대형 여행사에서 능력과 성실성을 검증받고 나서 창업을 하는 편이 좋다고 할 수 있다.

의료관광코디네이터도 유망하다. 한류열풍으로 한국병원에서 성형수술을 받길 원하는 젊은 중국 여성들이 증가하고 있으며, 중국보다 한국의료진에 대한 신뢰가 높고 시설도 쾌적하여 인기가 높아지고 있다. 의료관광은 관광과 건강, 미용까지 챙길 수 있으니 일석이조인 셈이다. 의료관광코디네이터는 외국환자 유치업체에 소속되어 관련 업무를 수행하거나, 지방자치단체에 소속되어 의료관광 마케팅을 하는 등 하는 일이 다양하다.

종합병원에 소속되어 일할 때는 외국인 환자와 의료진 간의 의사소통을 도와주기도 한다. 외국인 환자가 공항에 도착한 이후 숙박, 치료, 여행 등의 모든 과정에 관여하기 때문에 호텔, 관광, 의료서비스, 보험 등에 대한 다방면의 지식을 갖춰야 한다. 의료관광은 환자의 건강을 다루기 때문에 정확한 의사소통이 생명이며, 혹시라도 오해가 발생하지 않도록 완벽하게 중국어를 구사할 필요가 있다.

의료관광코디네이터는 2009년 5월 1일부터 보건복지가족부에서 외국인환자유치업체가 등록을 시작했기 때문에 비교적 최근에 주목받기 시작한 직업이다. 현재 등록을 신청한 업체는 250여 개가 넘고 이들 업체에서 인력수요가 꾸준히 증가하고 있으나 아직은 수요와 비교하면 인력공급이 턱없이 부족한 실정이다. 프리랜서로도 일할 수 있다. 외국어 능력, 의료지식 등 전문성을 요하기 때문에 인력양성이 쉽지 않은 상황이다.

물류산업

물류산업도 우리가 중국의 이웃국가라는 지정학적 이점을 충분히 살릴 수 있는 분야다. 한반도는 동북아 물류중심지로 성장하기에 최적의 입지조건을 갖고 있다. 우리나라를 중심으로 반경 1,200킬로미터 이내에 약 7억의 인구가 상주하고, 인천공항에서 비행기로 3시간 이내에 도달할 수 있는 인구 100만 이상의 도시만 해도 43개에 달한다. 해운, 항공운송은 상해, 청도, 북경 등 우리와 인접한 중국 도시의 성장과 직접적 관련성을 가진 산업이다.

미국이나 유럽, 일본으로부터 대형화물선에 싣고 온 짐들을 우리나라의 부산항이나, 광양항에서 나누어 싣고 중국의 각 도시로 향하는 환적은 경제성이 높은 것으로 판명이 나 있기도 하다. 또한, 인천 국제공항은 동북아의 거점 공항으로서 사람과 물자를 실어 나르는 중심지로 부상하였다. 중국이 발전할수록 사람과 물건을 실어 나르는 해운, 항공운송이 더불어 발전할 것이고, 중국의 바로 옆에 있는 한국에는 함께 성장할 기회의 창이 열릴 것이다. 세계 1위의 조선산업 경쟁력을 가진 우리나라는 물류산업에서 중요성이 높은 해상물류산업을 발전시킬 잠재력을 이미 확보하는 셈이다.

그럼, 물류관련 유망직종에는 어떤 것이 있나. 우선 물류관리전문가를 꼽을 수 있다. 주로 회사 내에서 물류의 이동, 보관, 선적 등에 걸리는 시간 및 비용을 철저히 파악하여 가장 합리적이고 경제적인 운송계획을 수립하는 일을 담당한다. 하역, 포장, 보관, 수송, 정보, 유통가공 등 물류와 관련된 모든 시스템을 통합관리하고, 물류시설 관리 및 상담, 자문 등을 수행한다. 경제의 세계화에 따라 소비자가 전 세계에 퍼져 있고, 기술혁신으로 운송 및 통신수단이 다양해지며, 적기배송의 중요성이 증대하는 만큼 물류관리사는 주목받는 직업이 될 가능성이 크다.

3자 물류 및 복합운송의 확대와 더불어 물류컨설턴트의 장래도 밝다. 1자 물류는 자사에서 전적으로 물류업무를 처리하는 단계, 2자 물류는 분사화를 통한 물류 자회사를 활용하는 단계라면, 3자 물류는 물류업무를 물류전문업체에 모두 위탁하는 것을 말한다. 여기에 화물차, 선박, 항공 등 다른 운송수단을 활용하는 복합운송이 확대되면서 화주로서는 최소비용으로 적기운송을 보장하는 물류수단과 방식을 찾기가 더욱 복잡해지고 있다.

물류컨설턴트는 바로 화물의 운송이나 하역뿐 아니라 통관과 국제 수송, 물류센터 등에 관한 해박한 물류관련 지식을 활용하여 화주에게 가장 합리적인 운송방식을 제안하고 비용을 산출하며 물류처리업무까지 대행하는 일을 담당한다.

물류정보시스템 개발자도 유망하다. 물류시스템 개선을 위해서는 도로, 철도, 항만, 공항 등과 같은 하드웨어도 중요하지만, 물류정보 흐름의 효율적 관리체계가 점차 중요해지고 있다. 물류정보시스템이란 제품의 생산에서 소비에 이르기까지의 물류 활동을 구성하는 운송, 보관, 하역, 포장 등의 전체 물류 기능을 유기적으로 결합하여 물류관리를 효율적으로 수행할 수 있도록 지원하는 정보시스템을 의미한다. 물류정보시스템 개발자는 수주 및 출하, 주문에 대한 적기 수송 및 배송, 창고관리, 도매정보, 물류관리 등의 정보처리가 원활하게 이루어지도록 종합적인 시스템을 설계, 개발하는 업무를 담당한다.

이밖에 종합물류센터 개발자, 물류기기 디자인 설계자, 유통단지 부동산개발 담당자, 종합물류센터 개발과 관리자, 자료 분석 전문가 등도 유망하다.

| 전시컨벤션산업

전시컨벤션산업도 중국경제가 성장함에 따라 주목받을 수 있는 분야다. 전시컨벤션산업은 상품전시회, 컨벤션, 국제회의, 포럼, 콘퍼런스, 월드컵 등의 문화·스포츠 행사 등을 모두 포함한다. 근대적 전시회의 시발점은 1851년 런던에서 열린 세계박람회이다. 런던박람회는 국력을 과시하기 위한 성격이 짙었으나 오늘날은 국제비즈니스, 정보

교류의 장으로 활성화되고 있다.

전시컨벤션산업은 신상품을 소개하고 거래상담의 계기를 제공하여 상거래를 활성화하고 무역을 확대하는 효과가 있다. 또한, 최신 제품 동향, 기술동향 등의 지식과 정보교류를 활성화하여 기술혁신을 부추기는 장이 되기도 한다. 한번 굵직한 국제회의가 열리면 문화 예술 및 관광산업 등의 연관 산업이 함께 성장하며, 대외적인 국가 이미지도 한 단계 올라서는 효과를 톡톡히 누릴 수 있다. 또한, 전시회에 참여한 기업의 매출을 높이는 데 이바지하고 수출을 확대시킨다. 전시 및 컨벤션을 위해 직접적으로 인력을 고용함으로써 일자리가 창출되는 효과가 있으며, 입장료 수입도 만만치 않다.

무엇보다 효과가 큰 것은 관광수입의 증대다. 전시 및 컨벤션에 참가하기 위해 각국에서 몰려드는 관광객, 비즈니스맨들이 뿌리고 가는 달러수입이 크기 때문이다. 중국경제가 성장할수록 전시·컨벤션 수요가 증대할 것이고, 지리적으로 근접한 한국은 행사를 유치하는 데 유리한 위치에 서게 된다.

컨벤션산업이 성장하면 국제회의나 전시, 이벤트, 관광 등 각종 컨벤션의 전 과정을 총괄하는 컨벤션 기획가, 국제회의를 개최하는 데 필요한 컨셉, 섭외, 홍보 등 전반적인 기획 및 총괄을 담당하는 국제회의 전문가, 통번역가, 행사전시회 기획자, 컨벤션 코디네이터, 시사회 기획자, 회의 전문가 등의 직업이 유망할 것으로 전망된다.

전시컨벤션산업에는 대부분의 관광관련 직업들이 포함되어 있다. 관광이나 컨벤션 산업이나 사람을 모으는 일이기 때문이다. 한 가지 특이한 직업이 있다면 국제회의기획자를 들 수 있다. 국제회의·전시회·박람회 등을 주최 측과 협의, 유치하는 업무부터 유치가 확정된 이후

홍보, 마케팅 등을 모두 총괄한다. 행사 성격에 맞는 연사나 발표자를 섭외하고, 주제를 부각시키기 위한 프로그램을 기획하기도 한다.

국제회의는 외국인과 접할 기회가 많아서 영어로 원활히 의사소통할 수 있는 영어 실력은 필수다. 여기에 제2외국어 실력까지 갖춘다면 금상첨화다. 주로 최고경영자나 저명인사 등을 접해야 하기 때문에 국제예절, 의전 등에도 해박해야 한다. 서울을 비롯해 각 지방에 컨벤션 시설이 계속 증가하고 있기 때문에 위와 같은 인력 수요는 계속 증가할 전망이다.

컨벤션 행사를 성공적으로 치러내려면 설치전문업체의 활약이 필요하기 때문에 창업을 하는 것도 유망하다. 전시회나 행사를 진행하려면 임시 전시시설, 무대 등을 설치해야 하고 의자, 책상, 음향기기, 조명, 플래카드 등 여러 가지 장비 및 소품 등이 필요하다. 설치전문업은 행사에 필요한 시설을 만들고 기기 및 장비 등을 준비하는 일을 담당한다.

전시는 주최기관의 지시에 따라 참여 업체별로 배정된 공간을 구분하기 위해 칸막이(파티션)를 설치한다. 또한, 개별 참여업체로부터 세부적인 설치도면을 받아 조명, 가구, 소품 등을 준비해야 한다. 전시회에 따라서는 주최 측이 진행하는 행사를 위한 별도 공간이 필요한 때도 있으므로 주문사항에 맞도록 이를 준비해야 한다.

국제회의는 음향, 조명 등이 생명이다. 갑자기 마이크가 작동되지 않는다든지, 조명이 꺼지는 일이 발생하면 행사를 망칠 수 있기 때문이다. 많은 인원이 참여하는 행사는 무대 붕괴사고가 종종 발생하기 때문에 안전에 특별히 신경을 써야 한다.

서로 다른 언어를 사용하는 사람들이 모이는 국제행사에서 빠질 수 없는 것이 통역가이다. 통역가는 사용하는 언어가 서로 다른 사람들 사이에서 순조로운 의사소통이 가능하도록 대화내용을 상대방 언어로 전환·표현하여 전달해 주는 일을 담당한다. 통역가는 크게 국제회의통역사, 수행통역사, 통역가이드 등으로 나누어진다. 국제회의 통역사는 국제회의, 세미나, 심포지움, 행사 등에 참여해 통역하는 사람으로 고도의 전문지식과 능력이 필요해 '통역가의 꽃'이라 불린다. 수행통역사는 의뢰인이 이동하는 장소를 따라다니며 통역을 해주는 사람으로, 주로 외국의 유명인사들이 오면 이들과 일정을 함께 하며 불편함이 없도록 통역하는 일을 담당한다. 이 외에도 법정에서 외국인 피고인이나 증인들 진술내용을 재판부에 전달하거나 재판부나 검사 등의 심문내용을 외국어로 통역하는 일을 맡아 하는 법적통역사 등도 있다.

중국시장의 성장세가 당분간 계속될 전망이다. 전 세계가 금융위기의 여파로 마이너스 성장세를 보이는 와중에서도 중국만은 흔들림이 없었다. 중국과의 비즈니스를 염두에 두고 직업을 선택하는 지혜를 발휘할 필요가 있다.

2장

나라밖에서 일자리를 찾아라

▎국내취업이 어려우면 국외로 눈을 돌려라.

우리나라의 청년 백수는 110만 명이 넘는다. 이는 그 규모가 크다는 점에서 문제이고, 당분간 해결될 전망이 없다는 점에서 더 큰 걱정이다. 한창 일을 배우고 결혼과 미래를 꿈꿔야 할 청년기에 인생에 대한 좌절과 사회에 대한 분노와 적대감부터 키우는 것은 절대 바람직하지 않다.

청년층 취업난이 당분간 해소되기 어려운 몇 가지 이유가 있다. 무엇보다 우리의 경제성장 단계와 인구구조 간의 엇박자 탓이 크다. 즉, 경제활동이 가장 왕성한 25~55세 구간의 인구는 지속적으로 증가해 왔지만, 경제성장률은 외환위기를 기점으로 급속히 하향안정화되었다. 그 결과 학교를 졸업하고 노동시장에 신규로 들어오는 인구에 비해 새로 만들어지는 일자리 수가 턱없이 부족해졌다.

25~55세 인구는 2014년을 정점으로 서서히 감소하겠지만, 그동안

의 청년층 취업 적체현상이 해소되려면 그로부터 다시 5~10년은 족히 걸릴 전망이다. 이것은 비단 현재 대학생뿐만 아니라 초등학생까지도 앞으로 취업전망이 절대 녹록하지 않을 것을 의미한다.

점차 첨단화, 자동화, 기계화되는 추세도 일자리 증가를 더욱 얼어붙게 한다. 예전에 사람이 했던 일들이 모두 기계로 대체되거나, 컴퓨터가 처리한다. 예를 들면, 예전에는 계산을 위해 상고를 졸업한 계산원들이 많이 필요했지만, 지금은 모두 전산화되어 버렸다. 건설현장에 가 봐도 웬만한 작업은 모두 기계를 이용하니, 예전처럼 많은 인부가 필요하지 않다.

외국기업들이 한국에 투자를 주저하는 것도 문제다. 경제의 세계화라고 하는 것은 여러 가지 의미가 있지만, 기업들이 세계를 무대로 활동할 수 있다는 의미로도 해석될 수 있다. 즉, 오늘날의 기업은 어떤 특정 국가에서만 기업활동을 하지 않는다. 현대차만 하더라도 미국, 중국, 인도, 체코 등 세계 각국에 공장을 갖고 있다. 삼성전자 역시 마찬가지다. 우리의 일자리를 지키려면 우리 기업들이 다른 나라에 투자하는 그 이상으로 외국기업의 투자를 유치해야 한다.

한국기업이든 외국기업이든 기업들이 우리나라에 투자하지 않으면 새로운 일자리는 생겨날 수 없다. 기업이 공장을 확장하고 새로운 회사를 설립하는 것이 투자인데, 투자를 하지 않으면 일자리는 늘어나지 않는 것이다. 정부가 일자리 대책으로 제시하는 것은 토목사업을 통해 건설현장 일자리를 늘리거나, 청년 인턴 등과 같은 임시적 일자리를 만들 뿐이다. 지속 가능한 일자리는 기업으로부터 나오며, 우리나라의 투자여건을 획기적으로 개선하지 않으면 청년들의 취업여건도 나아지기 어렵다.

사회 내부의 높은 경쟁압력을 적절히 외부로 분산시키지 못하면 결국 사회균열을 피하기 어렵다. 이것은 마치 압력밥솥 안의 증기를 적절한 순간에 배출하지 못하면 밥솥이 터져버리는 것과 같은 이치다. 모두가 알듯이 일본 전국시대를 통일한 인물은 토요토미 히데요시이다. 그는 일본을 통일하자마자 조선을 향해 칼끝을 겨눴다. 다른 이유도 있었지만, 무엇보다 100년의 치열한 내전을 겪으면서 축적된 군사력을 외부로 배출하지 않으면 정권을 유지하기 어렵다고 보았기 때문이었다.

　19세기 중반 아일랜드의 감자 기근도 비슷한 경우다. 아일랜드는 1800년에서 1840년 사이 불과 40년 만에 인구가 8백만으로 2배나 급증했다. 그런데 불행하게도 1845년부터 주식인 감자의 대흉작으로 말미암아 끔찍한 기근에 직면하였다. 이때 그들이 선택한 것은 미국 이민 길이었다. 약 150여만 명이 신대륙으로 진출했고, 그중에는 케네디가의 선조도 끼어 있었다. 아일랜드는 인구증가에 따른 높은 사회적 압력을 국외이주를 통해 해결하는 슬기를 발휘했다.

　우리나라 인구는 1960년 2,500만 명에서 2008년 4,860만 명으로 약 2배 가까이 늘었다. 그리고 1997년 외환위기라는 경제적 기근을 맞았다. 인구증가라는 사회적 압력의 증대와 경제적 불운이 겹친 재앙이라는 점에서 아일랜드의 감자 기근과 유사하다. 차이라면 아일랜드가 기근을 피해 무작정 신대륙으로 내몰렸던데 반해, 지금의 우리는 그나마 준비할 여유가 있다는 점이다. 또, 재앙이라 할 수 있는 취업난이 미래를 준비할 시간적 여유가 있는 청년층에게 집중된 점도 다르다. 학생들이 미래에 대비해 준비만 잘한다면 위기가 오히려 기회가 될 수 있음을 뜻하는 대목이다.

해외취업의 역사

우리 민족의 해외취업 혹은 이민 역사는 그리 길지 않다. 대체로 조선말엽인 1860년부터 시작되었으며, 가난이나 기근을 피해 주로 만주, 러시아 등으로 이주한 것이 그 시작이었다. 아일랜드 이민과 마찬가지 이유다. 당시는 영토개념이나 국경선이 명확하지 않았고 상대국의 비자나 허가 등이 없었으므로 비공식적이었다. 따라서, 우리나라 최초의 공식적 이민은 1902년 12월 22일 121명이 미국 하와이의 사탕수수 농장 근로자로 취업하면서부터라고 할 수 있다. 이후 1905년 이민이 금지될 때까지 7,400여 명이 이주했다.

해방 이후 첫 해외취업은 1963년 서독에 247명의 광부를 파견한 일이다. 민간과 정부가 일자리를 만들어 낼 능력이 없던 60년대에 정부는 국민을 독일 탄광에 취업시키기로 하고 광부를 뽑았다. 수천 명이 지원했고 치열한 경쟁 끝에 최종 합격한 명단은 마치 고시 합격자처럼 신문에 실리기도 했다. 당시 우리나라에서 대졸 학력은 정말 흔치 않은 고학력이었다. 그럼에도, 많은 합격자가 대졸자였고, 언론은 그들을 '신사광부', '인텔리광부'라고 불렀다. 대학까지 졸업한 합격자들이 탄광에서 몇 개월씩 광부 교육을 받고 독일로 떠나는 진풍경이 펼쳐졌다. 광부에 이어 간호사의 독일진출도 이어져 취업난 타개와 경제개발을 위한 외화확보의 중요한 계기가 되었다.

1970년대에는 건설기능인력, 간호사 등이 중동에 대거 파견되었다. 석유값 상승에 따라 중동국가에 오일머니가 넘쳐나고, 개발붐이 일면서 현대건설, 대우건설 등 한국 건설사들이 대거 진출한 데 따른 일이다. 그러나 이후 중동의 건설경기가 쇠퇴하고 국내경제가 성장함에 따라 해외취업에 대한 매력이 떨어져, 해외취업자 수는 1983년 23만 명을 정점으로 급격히 감소하였다. 정부의 해외취업 관련 조직과 지원제도가 축소되거나 폐지되었음은 물론이다. 정부는 1997년 외환위기에 따른 실업난의 해결책으로 헤외취업에 다시 주목했다. 한국산업인력공단에 「해외취업센터」를 설치한 것도 이 무렵이다. 2000년 이후 해외취업자 수는 연평균 약 2만 명으로 주요 취업국은 일본, 중국, 미국 등이다. 전 세계적인 IT 붐에 힘입어 98년에 전산 인력 354명 진출을 시작으로 건설, 의료, 기술, 제조, 사무·무역 등으로 해외취업이 확대일로에 있다. 국가별로 취업이 잘되는 직종은 일본의 정보기술(IT) 분야, 중동국가의 항공사 승무원, 미국과 캐나다의 간호사 등이다.

〈우리나라의 해외인력진출 변화〉

1960	1970-1980	1980-1990	외환위기 이후
해외인력진출 시작 (광부, 간호사)	해외인력진출 확장기 (중동 건설인력)	해외인력진출 쇠퇴기	해외인력진출 재도약기

일본의 정보통신 분야는 소프트웨어 개발자나 프로그래머 등을 중심으로 구인수요가 많으며, 한국의 훈련기관에서 일정기간의 기술 및 어학연수를 받으면 손쉽게 취업할 수 있다. 이 분야는 새로이 성장하는 산업부문이기 때문에 대부분 국가에서 인력수요에 비교해 인력공급이 부족하여 인력난이 나타나고 있다. 일본, 미국, 유럽 등 많은 선진국에서는 정보통신 분야의 인력난 해소를 위해 취업비자를 쉽게 내주고 여러 가지 우호적인 이민정책을 시행하고 있기 때문에 해외진출이 쉽다.

중동국가 국적기의 항공사 승무원도 취업이 비교적 잘되는 인기직종이다. 아랍 국가들은 종교적인 이유로 여성의 사회활동이 활발하지 않기 때문에 한국 승무원을 선호하는 편이다. 미국과 캐나다에서 간호사는 더럽고(dirty), 위험하고(dangerous), 힘든(difficult) 3D 업종으로 통한다. 주5일 근무도 어렵고 야간 근무가 불가피하기 때문이다. 하지만, 미국에서 취업한 간호사 연봉은 5만 달러(약 6천만 원) 수준으로 꽤 높은 편이다.

해외취업의 문이 열린다

이제 청년층 취업난을 해결하려면 취업의 지평선을 넓힐 필요가 있다. 취업의 블루오션이라 할 수 있는 국외 노동시장을 도외시한 채, 레드오션인 국내 노동시장에서만 경쟁할 이유가 없기 때문이다. 정부도 이점에 주목하여 2009년부터 2013년까지 5년 동안 해외취업과 인턴과정 등을 통해서 글로벌 청년리더 10만 명을 양성하겠다는 계획을 발표하고 현재 여러 가지 지원사업을 펼치고 있다. 해외취업으로 5만 명, 해외인턴 3만 명, 자원봉사 2만 명 등으로 계획하여 진행되고 있는데, 특히 해외취업을 위해 국가별, 직종별 맞춤식 연수를 강화하고, 정부가 주도적으로 해외 일자리를 발굴하는 한편 이와 관련된 민간기관 운영도 지원하고 있다.

세계 각국과 동시다발적으로 맺는 자유무역협정(FTA)도 해외취업에 유리한 조건을 만들고 있다. 2007년에는 미국과, 2009년에는 유럽연합(EU), 인도 등과 잇달아 자유무역협정이 타결되었다. 아직 국회비준을 받지 못해 발효되지는 않았지만, 협상이 타결된 만큼 효력이 발생하는 것은 시간문제라 할 수 있다. 일반적으로 자유무역협정은 상품, 서비스, 무역, 투자, 경제협력, 인력교류 등 전반적인 경제교류 활성화를 목적으로 한다.

한·미 자유무역협정에서는 엔지니어링·건축·수의(獸醫) 등 전문직 상호 인정제도를 합의한 바 있다. 또한, 유럽연합과의 자유무역협정에서는 전문직 서비스 분야 중 건축, 엔지니어링, 도시계획 및 조경, 한방의료, 인쇄 및 출판, 통신, 건설, 금융, 관광, 운송 등의 개방에 합의했다. 전문직에 한정되기는 하지만 우리 인력이 선진국으로 진출할 수 있는 통로가 열린 셈이다. 인력진출의 통로가 열리더라도 실제 미국이나 유럽에서 저절로 취업할 수 있는 것은 아니다. 취업기회가 열린 것에 불과할 뿐이고, 실제 취업에 성공하려면 우리나라에서와 마찬가지로 현지 기업의 채용관문을 통과해야 한다.

전문직 상호인정은 우리의 준비상황에 따라 청년층 취업난을 타개하는 약이 될 수도 있지만, 취업난이 더욱 심해지는 독이 될 위험성도 존재한다. 정작 우리 국민은 상대국에 진출하지 못하고 우리 일자리만 선진국에 내줄 수도 있기 때문이다. 어차피 지금은 국경이 모두 열려 있는 글로벌 경제시대다. 상품시장과 자본시장의 빗장은 이미 풀린 지 오래다. 서비스시장 개방이 급속히 늘어날수록 인력시장 개방도 피할 수 없는 대세가 될 것이다. 서비스 산업의 개방은 서비스를 제공하는 인력의 이동을 전제로 하기 때문이다.

오늘날은 경쟁에서 패배하는 것이 두려워 문을 걸어 잠그고 살 수는 없는 시대다. 부존자원도 없고, 시장도 협소한 우리나라가 지금 이만큼 성장할 수 있었던 것은 경쟁이 치열한 국제 시장에서 통할 수 있는 경쟁력 있는 제품을 만들어 적극적으로 수출한 덕분이다. 이제 인력도 세계무대에서 통할 수 있는 실력과 열정을 가지고 적극적으로 해외로 진출할 필요가 있다. 눈을 해외로 돌리는 적극적이고 진취적인 자세와 구체적인 준비를 통해 기회를 현실로 만드는 지혜를 발휘해야 한다.

이를 위해서는 전문가적 실력은 물론이고 영어구사능력, 국제 비즈니스계에서 통용될 수 있는 실무역량, 외국인과 어울릴 수 있는 국제매너와 국제 감각을 길러야 한다. 학생들의 해외취업을 적극적으로 지원하는 대학들도 나오고 있다. 한동대는 미국 3년제 로스쿨 과정과 똑같이 운영되는 국제법률 전문대학원을 국내최초로 설립하여, 전세계를 무대로 활동할 전문성을 갖춘 법조인을 양성하고 있다. 2009년 8월, 73명의 졸업생이 미국 변호사자격시험에 합격했고, 이 중 22명은 해외로펌 및 법률 관련 비정부기구(NGO)에 취업해 있다. 부산에서도 2004년부터 부산시와 부산 소재 19개 대학이 참여하는 해외인턴사업을 통해 연간 600여 명이 해외로 나가고, 참여기관과 대상국이 매년 늘어나고 있다.

전문대 역시 해외취업에 눈을 돌리고 있다. 한국전문대학교육협의회에 따르면 2009년 4월 현재 전문대 졸업생 403명이 세계 22개국 취업에 성공했다. 취업대상국은 일본이 176명으로 가장 많았고, 중국 79명, 미국 37명, 호주 17명 등이다. 해외취업이 활발한 전공분야는 관광, 정보기술(IT), 호텔경영, 디자인, 전문세공, 미용, 통역 등이다. 전문대학별로는 영진전문대학 133명, 안산1대학 33명, 경남정보대학 26명, 배화여자대학·우송 정보대학 각 20명, 백석문화대학 19명, 명지전문대학 16명, 부산정보대학 13명 등이다.

해외취업의 가능성은 충분히 열려 있다. 산업인력공단에서 2005년에 해외 일자리 수요를 점검했는데, 한국인들이 진출할 수 있는 일자리가 81만 개에 달한다는 결과가 나왔다. 지역별로는 미국, 일본, 중국, 중동, 서유럽, 중남미 등으로 세계 곳곳에 걸쳐 있고, 직종별로는 의료인력, 전문기술인력, 정보기술(IT) 인력, 현지 진출한 한국기업의 수요, 항공승무원 등 여성 서비스 전문인력 등으로 다양했다.

그러나 해외취업 성공률은 지극히 낮다. 산업인력공단에 해외취업을 신청한 사람 중 불과 5%만이 취업에 성공한다. 청년층의 해외취업에 가장 문제가 되는 것은 외국어 소통능력이다. 특히 세계 공용어처럼 되어버린 영어 구사능력을 키우는 것은 필수적이다. 정보통신기술인력, 간호사, 항공기승무원, 태권도사범, 요리사, 호텔종사자, 한국어강사, 국제기구 등 구인 수요가 많은 직종이 있다. 하지만, 영어로 기본적인 의사소통조차 되지 않기 때문에 뛰어난 직무능력이 빛을 보지 못한다. 이제 영어는 단지 좋은 대학에 가기 위한 많은 시험과목 중의 하나로 봐서는 안 된다. 한 사람의 일생을 좌우하는 취업과 진로선택을 좌우하고 결정짓는 핵심요소인 것이다.

또한, 해외취업에 성공하려면 필리핀, 인도, 말레이시아 등 우리보다 영어구사능력이 뛰어나면서도 임금이 낮은 국가의 구직자들과 경쟁해야 한다. 이들과 저임금 경쟁을 하는 것은 애당초 불가능하므로 뛰어난 업무능력으로 승부를 걸어야 한다. 특히 국제적으로 통용되는 전문 자격증, 자신의 직무능력을 입증할 수 있는 포트폴리오, 다국적 기업에서의 인턴경험 등 해외취업에 필요한 구비조건을 미리미리 준비해 둘 필요가 있다.

해외에 취업하면 낯선 외국생활을 해야 하기 때문에 현지인과 원활하게 교류하기 위해 지역 문화에 대한 이해력과 적응능력을 키우는 것도 필수적이다. 설사 취업에 성공했다 하더라도 현지인, 현지문화에 적극적으로 동화되지 못하고 외톨이가 되어서는 개인적으로 불행일뿐더러, 회사 내에서도 인정받기 어렵다. 열린 마음, 친화력, 적극적인 태도와 취업하고자 하는 국가의 역사와 문화에 대한 이해, 그리고 현지인과 교류하기 위한 국제예절, 스포츠, 취미 등 개인적 자산도 풍부하게 키워야 한다.

▌해외에서도 취업준비가 가능하다

취업의 꿈을 국내에 한정하지 않으면 다양한 취업 경로가 있다. 해외유학도 이제 현지취업을 위해 적극적으로 활용할 때가 됐다. 미국에서 학위를 받아 우리나라 대학이나 연구소에 취업하겠다는 경로는 경쟁이 너무 치열하다. 미국 일변도에서 다른 나라로 눈을 돌릴 필요가 있고, 유학국 현지 혹은 국제무대에서 활동하겠다는 적극적 사고로 바뀌어야 한다.

예를 하나 들어보자. 2009년 조선일보 기사를 보면, 헝가리 국립의대가 한국 유학생에게 인기라고 한다. 약 80명 정도의 한국학생이 유학 중이며, 독일, 스페인, 영국 등 세계 각국의 유학생들이 몰려들고 있다. 헝가리 의대가 인기를 끄는 이유는 무엇인가? 한마디로 높은 교육 수준과 저렴한 학비 때문이다. 헝가리의 의대 1년 학비는 1만 달러로 미국의 1/5수준이며, 한국보다도 낮다. 반면, 의학이 발달한 독일에서도 헝가리에 의료 관광을 올만큼 헝가리의 높은 의료 수준은 유럽에서 정평이 나있다. 또한, 헝가리에 있는 대다수 의대가 헝가리어와 영어 수업 코스를 병행하고 있으며, 헝가리에서 의사 면허를 따면 유럽연합 국가 어디에서나 개업할 수 있다는 점도 매력적이다.

이 사례에서 보듯이 눈을 해외로 돌리면 우리가 미처 보지 못한 다양한 취업의 길이 열린다. 유럽연합(EU)은 27개 회원국에 역내 인구 5억 명, 역내 국내총생산(GDP) 규모 17조 달러에 이르는 세계 최대의 단일 시장이다. 미국보다 더 큰 단일 시장이며, 우리나라에는 중국에 이어 두 번째로 큰 무역대상국이다. 유럽연합 내에서는 상품이나 인력이동이 자유로워서 거대시장만큼이나 많은 취업기회와 다양한 취업 경로가 존재한다. 유럽연합 회원국 중에는 헝가리와 같이 유학비용은 낮으면서 특정 분야에서 강점을 가진 국가들이 있다. 주로 동유럽 지역의 국가들이 여기에 해당하는데, 이들 국가에서 자격증을 취득하여 서유럽 국가들에서 취업기회를 찾는 경로도 고려해 볼만하다.

또한, 선진국에서만 취업기회를 찾지 말고 개발도상국에도 눈을 돌릴 필요가 있다. 지금은 비록 낙후되어 있지만, 10년 후, 20년 후의 긴 안목으로 바라보면 충분히 승산이 있다. 2008년 영국 인디펜던트지가 전망한 바로는, 경제규모 세계 12위인 인도는 2050년에 세계 3위로 도약하고, 브라질, 러시아, 인도네시아, 멕시코는 영국과 일본을 추월할 것이라 한다. 골드만삭스도 2007년 4월 세계경제에 브릭스국가(BRICs: 브라질, 러시아, 인도, 중국)와 비슷한 영향을 미칠 것으로 예상하는 국가로 한국, 방글라데시, 이집트, 인도네시아, 이란, 멕시코, 나이지리아, 파키스탄, 필리핀, 터키, 베트남을 선정하고 이를 Next-11로 명명한 바 있다. 이들 나라에서 사업기회를 찾고 취업을 준비하는 것은 장기적으로 인생에 커다란 자산이 될 수 있다.

우리나라는 저개발국에 대해 많은 해외원조사업을 시행하고 있다. 이를 관장하는 기관은 한국국제협력단(KOICA)이다. 이 기관에서는 저개발국에 의료, 보건, 교육, 주거, 식수 등 다양한 지원을 시행하고 있는데, 이를 위해 '해외봉사단'을 운영하고 있다. 일반봉사단원, 국제협력봉사요원, 국제협력의사 등이 있으며, 자발성·무보수성·공익성의 활동원칙에 따라 국위선양과 파견국가 국민과의 우호증진을 위하여 일한다.

일반봉사단원은 개도국이 요청하는 자격기준에 해당하면 되고, 국제협력봉사요원은 해외봉사활동을 통해 병역의무를 수행하게 된다. 파견기간은 일반봉사단원이 24개월, 국제협력봉사요원은 30개월이며, 무보수가 원칙이지만 현지정착비, 현지생활비, 주거비 등이 지원된다. 개발도상국에 관심이 있다면, 현지를 직접 체험하고 진로설계에 보탬이 되는 기회로 해외봉사단에 도전하는 것도 괜찮다. 고생스럽고 생활이 불편하기는 하겠지만, 세상을 보는 시야를 넓히고 사업기회를 발굴하는 계기가 될 수도 있다. 세계평화와 인류 공영에 이바지하고 우리나라를 대표하여 저개발국을 도와준다는 보람도 있다.

이제 해외유학에 대한 관념도 바꿔야 한다. 해외유학이라고 하면 누구나 박사학위를 떠올리는데 반드시 그럴 필요는 없다. 세계적으로 유명한 직업학교로 유학 가는 것은 박사학위 못지않게 훌륭한 선택이 될 수 있기 때문이다. 예컨대, 미국 CIA(Culinary Institute of America)는 프랑스 르꼬르동 블루와 함께 세계 최고의 요리학교다. CIA의 강점은 막강 교수진과 맞춤형 교육환경이다. 20개국을 대표하는 요리사들이 최첨단 주방에서 학생들을 지도한다. 1년에 2만 달러가 넘는 비싼 학비가 흠이지만, 학생들은 그보다 값진 '유급 실습(6개월)'도 경험할 수 있다.

호주의 전문대는 자동차정비학이 고액연봉(4,000만~6,000만 원 수준)을 받는 엔지니어가 되는 지름길인 까닭에 인기가 높다. 특히 멜번에 위치한 '캉간뱃맨(Kangan Batman Institute of TAFE)'은 유명한 직업학교다. 연간 학비는 1만 3,000달러로 만만찮지만, 입학 대기 기간이 일 년에 달할 정도로 인기가 높다.

일본의 동경디자인전문학교는 디자인에 강한 학교로 정평이 나있다. 업계 최고의 전문가를 초빙해 학생들의 창의력을 극대화하는 교육프로그램으로 유명하다. 대표 전공은 그래픽디자인·일러스트레이션·애니메이션 등이며, 주당 32시간씩 연평균 35주간의 교육을 이수해야 한다. 한마디로 빡빡한 커리큘럼이다. 디자인계 혁신을 주도하는 일본 시장에서 인맥을 형성하고 경력을 쌓을 수 있는 것도 큰 장점이다.

앞으로 자유무역협정 체결 등 시장개방은 미룰 수 없는 대세다. 지금의 초중고 학생들이 직업세계에서 활약하게 될 때에는 한국, 중국, 일본이 유럽과 같은 단일시장으로 통합되지 말라는 법도 없다. 국경이 없는 하나의 동아시아 시대가 열리고 한중일 3국의 젊은이가 일자리를 놓고 한판 대결을 펼치더라도 살아남을 수 있는 역량을 키워야 한다.

3장

바다의 패자가 되라

문명의 서천설

로마의 문인이자 철학자, 웅변가인 키케로(BC 106~BC 43)는 "바다를 지배하는 자가 제국을 지배한다."라고 말했다. 16세기 영국 엘리자베스여왕 시대의 월터 롤리 경은 "바다를 지배하는 자 무역을 지배하고, 세계의 무역을 지배하는 자는 세계의 부를 지배하며, 나아가 세계를 지배한다."라는 명언을 남겼다. 19세기 말 해양력(sea power)이라는 개념을 처음으로 사용한 알프레드 마한은 "영국의 번영은 바다를 지배하느냐에 달렸다."라고 갈파했다.

이들의 말이 아니더라도 세계사는 바다를 지배한 나라가 시대를 주름잡는 주도국이 되었음을 보여주고 있다. 산업혁명 이후 '해가 지지 않는 제국'을 건설한 영국은 상선과 군함들이 오대양 육대주를 제집 안방처럼 누비며 번영을 구가했다.

오늘날 초강대국인 미국도 전 세계의 바다를 지배하고 있기는 마찬가지다. 아놀드 토인비(A. Toynbee)는 "21세기는 태평양 시대"임을 예언하면서 문명의 서천설(西遷說)을 주장한 바 있다. 그는 문명의 중심이 이집트→그리스→로마→서부유럽→미국으로 갔고, 이제 동아시아로 옮겨가고 있다고 했다.

바다를 중심으로 이야기하는 사람들은 에게해→지중해→대서양→태평양으로 이동해왔다고도 이야기한다. 특히 바다를 강조하는 사람들은 지중해는 과거의 바다이고, 대서양은 현재의 바다이며, 태평양은 미래의 바다라고도 한다. 바다는 역사의 운명을 뒤바꾸는 공간이기도 했다. 세계 3대 해전으로 일컬어지는 악티움해전, 레판토 해전, 트라팔가 해전에서 그랬다.

옥타비아누스(뒤에 아우구스투스 황제)가 그리스 악티움 앞바다에서 안토니우스와 클레오파트라의 연합군을 격파한 악티움 해전(BC 31)은 로마사를 공화정에서 왕정으로 바꾸는 데 결정적 역할을 했다. 이슬람 국가인 오스만 투르크와 스페인, 베네치아, 제노바공화국 등의 기독교(정확히는 가톨릭) 연합국 사이에 벌어진 레판토 해전(1571)으로 역사의 주도권은 서유럽 기독교 문명으로 넘어갔다. 레판토 해전에서 서유럽이 승리함으로써 이제 더 이상은 서유럽에서 이슬람문명의 위협은 실재하는 위협이 아니게 되었다. 서구 기독교 문명은 이슬람 문명의 위협으로부터 근본적으로 벗어날 수 있었다.

넬슨 제독이 이끄는 영국해군과 프랑스의 나폴레옹 해군이 벌인 트라팔가 해전(1805)은 근대의 세계질서를 결정지었다. 넬슨 제독의 탁월한 전술에 패배한 나폴레옹은 유럽대륙을 석권했던 파죽지세가 꺾이고 파멸의 길로 들어선 반면, 영국의 세기(Pax Britanica)를 여는 계기가 되었기 때문이다.

풍요의 바다에서 육지의 척박함을 극복한 나라들

세계사의 아이러니 중 하나는 풍부한 천연자원, 비옥한 토지, 따뜻한 기후 등을 가진 축복받은 국가보다 혹독한 자연조건에 직면한 나라들이 더 번영했다는 점이다. 전자에 속하는 아프리카나 동남아, 중남미 국가들은 한 번도 세계사를 주도한 적이 없었지만, 후자에 속하는 중세의 베네치아(이탈리아), 스페인, 네덜란드 등은 번영의 역사를 이루었다.

고난과 역경은 사람에게 고통을 주는 것에 그치지 않는다. 시련은 사람에게 강인한 생명력과 도전의식을 불어넣어 주고 교훈을 남긴다. 쇠도 수없는 망치질과 담금질을 통해 단련되는 것과 같은 이치다. 그냥 쇠는 무르고 잘 부러지지만, 뜨거운 가마와 찬물을 오가면서 단련된 쇠는 단단한 강철로 거듭난다.

중세 베네치아만큼 열악한 조건을 극복하고 번영을 이룩한 경우도 드물다. 베네치아는 훈족의 침공을 피하여 바닷가로 쫓기던 일단의 무리가 더 도망갈 곳이 없어 6세기 중반부터 바다 위 갯벌에 말뚝을 박아 만든 이탈리아의 도시국가이다. 그들에게 자원이라고는 물고기와 소금밖에 없었다. 입을 것, 먹을 것을 모두 외부에서 조달하지 않으면 생존할 수 없는 혹독한 조건이었다.

하지만, 그들은 이런 불행을 오히려 창조적으로 활용했다. 바다로 뻗어나가 개척의 길을 열었던 것이다. 지금도 베네치아에 가보면 모든 도로는 배가 다니는 수로이다. 그들은 바다를 통해 활발한 교역을 펼쳐 중세의 무역중심으로 부상했다. 그리고 이렇게 축적된 부를 기초로 문화와 예술을 발전시켜 르네상스 문화를 꽃피웠다. 인류 역사의 암흑기로 일컬어지는 중세에서 벗어나는 결정적 계기가 르네상스임을 고려하면, 베네치아는 세계사의 물꼬를 돌리는 엄청난 역할을 한 셈이다.

15세기 '지리상의 발견'을 주도해 세계사를 새롭게 써내려간 스페인도 마찬가지이다. 스페인은 자연환경이나 지정학적인 면에서 매우 불리한 처지다. 전 국토 중 10%는 돌산, 35%는 불모지, 45%는 겨우 농업이 가능해도 척박하고, 비옥한 땅은 10%에 불과하다. 여기에 피레네 산맥 때문에 유럽대륙으로부터 고립된 악조건을 갖고 있다.

이러한 지리적 특성 때문에 15세기 동서무역의 이득은 대부분 이탈리아상인이 독점하였고, 이베리아반도에 있는 스페인은 철저히 소외되어 있었다. 그러나 그들은 사고의 패러다임을 바꿨다. 동양과 교역하기 위해 반대편인 서쪽으로 돌아가는 모험을 택한 것이다. 그리고 대서양을 넘어 아메리카 신대륙을 발견하면서 식민지를 개척하고 막대한 자원을 획득하여 국가번영의 전기를 찾는 데 성공했다.

풍차의 나라 네덜란드도 혹독한 자연조건을 갖고 있다. 나라 이름 자체가 '낮은 땅'이라는 뜻이 있는 네덜란드는 실제로 국토의 반 이상이 해수면보다 낮다. '물에 대한 투쟁사'라고 해도 지나치지 않을 만큼 그들은 오랜 세월을 두고 조금씩 바다를 몰아내고 땅을 넓혀 왔다. '물의 도시'라는 베네치아보다 더 긴 수로가 구시가를 거미줄처럼 잇는 '물의 땅'이 네덜란드이다. 하지만, 그들은 일찍부터 바다를 막아 도시를 만들고 그 도시에서 오대양으로 상선을 띄워 세계경제의 허브로 발돋움할 수 있었다.

해양경영에 우리의 미래가 있다

우리는 오랫동안 바다와 등지고 살아온 까닭에 해양진출과 해양개발이 늦었고 그런 만큼 오랫동안 역사의 변방에 머물러왔다. 뒤늦게

1960년대 이후 급속한 경제개발로 짧은 기간에 눈부신 성과를 거두는 데 성공했고, 이제 세계 10위권의 해양강국이라 불릴 정도로 급성장하였다. 우리의 경제성장사는 해양개척의 역사 그 자체라 해도 과언이 아니다. 경제성장의 원동력이 무역이었고, 무역의 무대가 바다이기 때문이다. 여기에는 낭만의 바다, 두려움과 공포의 바다라는 선입관을 극복하고 바다를 꿈과 희망의 터전으로 재인식하는 사고의 전환이 있었다.

우리의 해양력을 살펴보자. 선박 건조는 일본을 제치고 세계 1위, 선박보유는 세계 5위, 해상 수출입 물동량은 세계 6위이다. 또한, 수산업은 세계 11위이며, 원양어업은 세계 3위이다. 가히 해양대국이라 할 만한 수준이다. 우리에게 바다는 번영의 터전이자 생명선과 같은 존재이다. 남북분단으로 섬나라 아닌 섬나라가 돼버린 안타까운 현실에서 세계와 교통할 수 있는 유일한 길은 바다이기 때문이다.

우리나라 수출입 물동량의 99.7%가 바다를 통해 이루어지고, 우리나라를 움직이는 힘의 원천인 석유가 100% 바다를 통해 수입되고 있는 사실이 이를 뒷받침한다. 또한, 우리나라의 식량자급도는 30%가 채 되지 않는다. 나머지 70%의 먹을거리는 바다를 통해 우리 식탁에 오르고 있다. 일부 고급 신선식품을 제외하고는 밀, 콩, 옥수수 등 곡물 대부분이 배를 통해 수입되고 있다.

수출을 해야 경제성장이 가능하고, 2/3 이상의 식량과 100%의 석유를 수입에 의존하는 것이 우리의 현주소다. 만약, 한순간이라도 무역이 중단되면 그야말로 대한민국의 모든 부문이 마비될 수밖에 없는 형편이다. 이러한 관점에서 보면 물건과 사람을 수송하는 물류는 대한민국 생존의 전제이자 번영의 동반자라 할 수 있다.

경제가 성장하면 할수록 물류는 그 이상 더 확대된다. 현대 해상수송에 가장 큰 변화를 가져온 선박은 컨테이너선이다. 2007년 5월 〈포브스〉 지는 '20세기 후반 세계를 바꾼 인물 15인'이란 기사에서 컨테이너의 아버지 말콤 맥린을 선정했다. 1960년대 등장한 컨테이너선은 짧은 역사에도 오늘날 정기선 화물 수송의 대부분을 맡고 있다.

컨테이너선은 우리의 고도성장과도 불가분의 관계에 있다. 싼값에 대량수송이 가능하지 않았다면 미주와 유럽시장으로 수출하는 것 자체가 불가능했을지도 모른다. 또한, 우리나라 조선산업이 이렇게 비약적으로 발전한 데에는 컨테이너선을 활용한 해양수송의 증대와 이에 따른 선박수요 확대라는 호조건이 있었다.

▌바다와 관련된 유망직업

한국의 조선산업은 세계 최고의 경쟁력을 가진 대표적 업종이다. 중국 등 후발국의 추격이 있기는 하지만 고부가가치 선박 건조로 차별화한다면 지속적으로 성장할 수 있는 분야이다.

조선 분야에서 유망한 직업으로는 시추선(Drill Ship) 선박공학 엔지니어를 들 수 있다. 시추를 통해 유전을 개발하는 시추선(또는 해저굴착선)을 건조하는 일을 담당한다. 영하 40도의 북극해에서 이런 시추선이 유전 개발을 하려면 특별한 연구가 필요하다. 북극 유전 개발이 확대될수록 수요가 늘어날 것이다.

선박환경기술자도 유망하다. 이들은 수시로 강화되는 국제 선박환경규제 기준을 모니터링하고, 국제 환경기준에 적합한 선박이 제작될 수 있도록 선박설계 및 선박제조 기술자에게 선박환경에 대해 조언을 한다. 이를 위해서는 조선 및 해양공학에 환경공학적 지식을 갖춰야 한다.

선박대체연료 개발자도 유망하다. 이들은 화석연료 대신 알코올, 디메틸에타르(DME) 등 대기오염이 없으면서도 선박에서 활용 가능한 대체연료를 개발하는 일을 담당한다. 친환경선박설계 기술자도 있다. 국제 선박환경 기준과 선박에서 발생 가능한 환경오염을 분석해 친환경 선박을 설계하는 일을 한다.

세계적인 경영학자이며 미래학자인 피터 드러커 교수는 "21세기에 가장 유망한 산업은 수산업"이라고 말한 바 있다. 지구촌의 인구가 급증하여 70억, 100억, 150억으로 증가하고, 기후변화에 따라 식량생산에 차질이 빚어질 가능성이 크다. 부족한 식량을 공급할 수 있는 대안으로서 바다에 주목한 것이다.

고래의 주식으로 남극해에 사는 크릴(새우처럼 생긴 갑각류의 일종)은 엄청난 자원량과 다량의 필수영양소 및 질병예방성분 등 때문에 미래의 식량자원으로 꼽히고 있다. 이뿐 아니라 지구 생물의 80%가 바다에 살고 있으며, 식량뿐만 아니라 의약품, 자원 등 개발할 것들이 무궁무진하다. 또한, 물 부족이 예견되는 미래에 바다는 물을 공급할 수 있는 훌륭한 수원이기도 하다. 바다를 활용한 에너지개발 등 바다는 우주와 함께 인류가 아직 정복하지 못한 미지의 세계로 남아있다.

바다 활용을 염두에 두고 유망직업을 꼽아보면 다음과 같다. 해양생물식량화 연구원은 바다 생물자원의 생태계를 연구하고 해양생물을 식량으로 자원화하기 위한 제반 연구를 수행한다. 해양바이오에너지 연구원은 우뭇가사리 등 해조류를 포함한 해양생물을 정제, 발효해 바이오에탄올 등 바이오에너지를 생산하는 기술을 연구개발한다.

해양에너지 연구원도 유망하다. 해양에너지 연구원은 바다의 힘을 이용해 에너지를 개발하는 방법을 연구하는데 바다를 이용한 에너지 생산방법으로서 조력발전, 조류발전, 파력발전, 해양온도차 발전 등이 있다. 조력발전은 조석간만차가 큰 내만에 조력댐을 설치하여 해수유통을 차단, 조석간만차에 의해 발생하는 댐 내·외측의 수위 차를 이용하여 발전하는 것을 말한다. 조류발전은 조석에 의하여 강한 유속이 발생하는 해역의 수로에 조류발전용 수차·발전기를 댐 없이 직접 설치하여 전기를 만든다. 파력발전은 파도의 상하운동에너지를 원동기의 구동력으로 변환하여 전기를 생산한다. 해양온도차 발전은 표층수와 심층수의 온도 차로부터 프레온과 같은 저온 비등 매체를 이용하여 전기를 생산한다.

전 세계적으로 물 부족 현상이 점차 심각해지고 있다. 지구 상에 존재하는 물의 98%는 바닷물이고 불과 2%만이 인간이 생활용수나 공업용수 등으로 사용할 수 있는 민물이다. 민물도 모두 이용 가능한 상태는 아니다. 민물 중 약 70% 정도가 빙산, 빙하 형태이고, 지하수가 28%에 달하니 민물 중 쉽게 이용할 수 있는 호수, 강 등의 지표수는 겨우 2%뿐이다. 물 부족을 해결하기 위한 노력의 일환이 해수를 담수로 만드는 것이다. 해수담수화는 직접 사용하기 어려운 바닷물로부터 염분을 포함한 용해물질을 제거하여 순도 높은 음용수 및 생활용수, 공업용수 등을 얻어내는 일련의 수처리 방법이다. 해수담수화 연구원은 바닷물을 담수화하기 위한 시설을 설계·개발·제작하는 일을 담당한다. 기계공학적 지식을 기본으로 하며, 해양공학 및 화학공학에 대한 지식 등도 필요하다.

해양심층수 연구원도 있다. 해양심층수는 수심 200미터 아래의 깊은 바다에 있는 물로서 표층에 있는 바닷물과는 다른 성질을 가지고 있다. 해양심층수가 가지는 저온성, 청정성, 부영양성 및 숙성성 등의 특성을 이용하여 산분야(양식), 에너지분야(냉방), 제품분야(식품, 소금, 술, 생수, 화장품) 및 의료분야(아토피성 피부치료) 등의 분야에서 여러 가지 기술을 연구·개발하는 일을 담당한다. 특히, 해수는 필수 미량원소나 각종 미네랄을 균형 있게 포함하고 있기 때문에 담수화 등을 통한 미네랄 워터 생산 등 먹는 물 확보분야에도 이용되고 있다.

바다는 무한한 가능성의 공간이다. 지구에서 인류에게 남은 마지막 미지의 공간이라고 하는 바다를 개척하고 이용하는 직업은 그 잠재력만으로도 매력적이라 할 수 있다.

녹색성장에 주목하라

성장은 스스로 자멸 요인을 내포하고 있다

2009년에는 국제곡물가격이 천정부지로 치솟았다. 미국발 세계 경기침체에 따른 수요 감소로 하향곡선을 그렸던 곡물가격이 가파른 상승세를 보였던 것이다. 시카고상품거래소에서 2009년 2분기에 거래된 대두 가격이 무려 40%나 급등했다. 지난 2007년과 2008년 지구촌 전체를 뒤흔들었던 애그플레이션(농업을 의미하는 agriculture와 물가상승을 의미하는 inflation의 조합어)이 또다시 발생하여 '제2의 식량 위기'가 불어 닥치지 않느냐는 우려가 증폭되었다.

지구촌의 인구는 지속적으로 증가하는데 식량생산은 이에 따르지 못하고 있다. 더구나, 최근 지구온난화에 따른 잦은 기상재해는 농업생산에 많은 차질을 빚고 있으며, 사막화, 병충해 등도 곡물생산에 장애가 되고 있다. 또한, 화석에너지의 고갈에 대비하여 미국 등 선진 농업국들을 중심으로 부는 바이오에너지의 생산 열풍도 곡물가격 상승을 가져오는 주요한 요인이 되고 있다. 바이오에너지의 주요한 원료는 사람과 동물의 식량인 옥수수이다. 사람이 먹어야 할 옥수수를 바이오에너지 생산을 위한 원료로 전용함에 따라 옥수수 가격이 상승하고 이것이 식량난을 가중시키는 요인이 된다고 할 수 있다.

또한, 13.3억의 중국과 11.7억의 인도, 두 나라를 합하여 25억의 인구가 고도성장에 나선 부작용을 원인으로 보는 시각도 많다. 즉, 두 거인이 세계의 공장으로 부상함에 따라 석유소비가 증가하였고 이것이 지구온난화와 유가 상승을 부추긴다는 것이다. 지구온난화가 식량생산 차질을 가져오는 한 요인이니, 중국과 인도의 경제성장이 식량난을 가져왔다고 보는 것이다.

한편, 중국과 인도의 소득수준이 높아지면서 늘어난 육류소비를 충당하기 위해 곡물 중 일부가 사료로 전환되면서 곡물난이 더욱 심해지고 있다는 지적도 있다. 쇠고기 1kg을 생산하는데 7kg의 사료가, 돼지고기 1kg을 위해 4kg, 닭고기와 생선 1kg을 위해 2kg의 사료가 각각 필요하다. 육류 소비가 증가할수록 곡물수요가 늘어나 가격도 크게 오를 수밖에 없는 구조다. 이와 같은 이유로 국제 시장의 일부 곡물가격은 최근 몇 년 사이에 2~3배까지 상승하였고 저개발국의 빈곤층 10억 명 이상이 굶주리고 있다. 지구온난화로 기후변화가 극심해지면, 머지않아 식량은 돈을 주더라도 살 수 없는 무기가 될 수도 있다.

프랑스 소설가 베르나르 베르베르(Bernard Werber)가 "성장은 스스로 자멸 요인을 내포하고 있다."라고 했듯이 곡물가격 폭등은 인류를 재앙으로 내몰고 있다. 아이티에서는 유혈시위가, 멕시코에서는 전국적인 식량 시위가, 카메룬에서는 식량 폭동이, 그리고 아프리카, 아시아, 중남미 등 후진국에서는 식량 소요가 들끓고 있다.

환경혁명의 시대가 다가온다

곡물가격 폭등은 전반적인 식량자급률이 30% 미만에 그치는 우리나라에 치명적일 수 있다. 특히 소득상승과 함께 늘어나는 육류소비는 곡물가격 상승과 밀접한 관련성을 갖는다. 우리 국민의 1인당 육류 소비량은 1998년 28.1kg에서 2007년 35.4kg으로 많이 늘어났다. 그런데 우리나라는 축산용 사료를 거의 미국에서 들여오는 옥수수에 의존하고 있다.

설상가상으로 미국 등에서 옥수수를 이용한 바이오 에너지 생산에 주력하면서 옥수수 값이 치솟고 있다. 옥수수 가격의 상승은 옥수수 재배용 땅값의 상승으로 이어져 옥수수 가격과 땅값 상승의 악순환마저 우려되고 있다. 앞으로 모든 선진국이 본격적으로 에탄올과 같은 바이오 에너지 생산에 나선다면 사료용 옥수수는 돈 주고도 살 수 없는 지경이 될지도 모른다.

식량문제가 가장 중요하기는 하지만, 짧은 기간에 인류가 저지른 지구환경 파괴는 너무나도 극심했다. 지난 100년간, 지구 상의 모든 천연자원 가운데 거의 절반 정도가 대량생산·대량소비로 사라졌다. 그냥 사라진 것이 아니라 그 중 3분의 2는 온실가스로 변해 땅속, 물속, 대기 중에서 지구 온난화의 원인이 되었다. 그리고 숲의 80%가 사라져 버렸다. 기후변화는 이제 전 세계인의 재앙으로 돌아오고 있다.

이 같은 지구촌의 파국을 미리 방지하기 위해 지속 가능한 성장 (sustainable growth)에 대한 관심이 일찍부터 확산되어 왔다. 국제적 미래연구기관인 〈로마클럽〉이 1972년 발행한 『성장의 한계(The Limits to Growth)』라는 책을 빼놓을 수 없다.

이 책은 급속한 인구팽창, 끊임없는 도시화와 산업화로 자원이 고갈되면 한 세기 안에 성장은 한계에 이르고 지구는 파멸된다는 경고로 큰 반향을 일으켰다.

이는 1992년 리우선언으로 이어졌고 이후 일련의 국제환경회의, 민간과 기업차원의 환경보호운동 확산, 환경산업의 성장, 자원재활용 등의 실마리가 되었다. 우리나라에서는 이명박 대통령이 2008년 8.15 경축사에서 발표한 '저탄소·녹색성장 전략'을 계기로 녹색성장이 본격적으로 추진되고 있다.

석유고갈이 현실로 닥쳐 석유가격이 배럴당 2백, 3백 달러가 되고 석유 확보 자체가 어렵게 되면 한국 경제의 장래는 어둡다. 아니 어두운 정도가 아니라 파국에 직면할 수도 있다. 산업생산이 마비되고 식량마저 부족한 생존의 극한상황에 몰릴 수 있기 때문이다. 우리가 먹는 한 끼 식사는 실상 약 90% 정도가 석유에 의해 생산, 운반된 결과물이기 때문이다.

이러한 비관적 전망은 먼 미래의 일이 아니다. 지금의 학생들이 조만간 맞부딪칠 수밖에 없는 현실이 될 수 있다. 대량생산·대량소비 경제의 붕괴, 석유기반 경제의 파산이 10년 내에 닥쳐올 수 있다. 녹색성장은 우리가 살고자 선택할 수 있는 유일한 대안이다. 녹색 경제의 핵심은 지속 가능한 에너지 순환체계를 새롭게 확립하는 것이다. 그리고 여기에 젊은 청년들의 창의력과 도전정신을 마음껏 펼칠 수 있는, 그 누구도 가보지 못한 수많은 녹색 일자리들이 있다.

산업혁명에서 정보혁명을 거친 인류가 이제는 가히 환경혁명을 수행하고 있다 할 만하다. 직업의 관점에서 보자면, 산업혁명으로 제조업이, 정보혁명으로 IT직종과 금융, 물류 등 서비스업이 주목을 받았듯이 환경혁명의 총아도 등장할 것이 분명하다. 신재생에너지, 자원재활용, 탄소거래, 공정개선 등의 분야는 우선 당장 인력수요가 증가할 것으로 기대된다.

녹색성장과 유망직업

그렇다면, 녹색성장에서 가장 주목받을 직업은 무엇일까? 첫째, 무한 청정에너지를 염원하는 인류의 숙원을 해결해줄 대체에너지 개발연구원이다. 인류는 나무→석탄→석유→천연가스를 에너지로 사용하면서 역사발전을 일궈왔다. 그러나 이것들은 모두 부존자원의 고갈과공해배출이라는 치명적 결함을 지니고 있어, 저렴하고도 친환경적인대체에너지원 개발은 더 미룰 수 없는 과제가 되었다. 수소, 바이오, 태양력, 핵융합 등 새로운 에너지원을 찾는 다양한 시도들은 바로 대체에너지 개발 연구원의 두뇌에서 나온다고 할 수 있다.

대체에너지 개발과 관련된 유망직종은 다음과 같다. 바이오에너지연구원, 태양광설비시스템 개발자, 연료전지시스템 설치원 등이다. 바이오에너지 연구원은 식물체, 균체, 동물체를 포함하는 생물유기체인 바이오매스 자원을 에너지로 만드는 발효기술 등을 연구한다. 농·임산 부산물, 매립지 가스, 수생식물, 도시 및 산업 폐기물(유기성)도생산 가능한 자원이어서 잠재력은 거의 무한하다.

태양광설비시스템 개발자는 태양전지 모듈, 축전지 및 전력변환장치에 대한 연구 및 태양열 생산설비를 개발한다. 햇빛이 있는 어디라도 발전이 가능하고, 용도가 광범위하고 간단하여서 앞으로 급속하게 발전할 잠재력이 있다. 연료전지시스템 설치원은 업무 및 산업용, 가정용, 자동차용, 마이크로 연료전지 및 이동형 등 다양한 용도의연료전지 조립 구성품을 전기, 배관, 용접 등의 작업을 통해 정해진

장소에 설치하는 일을 한다.

둘째, 자연환경 오염을 미리 방지하는 환경오염방지 전문가이다. 서해 기름유출 사고에서 우리는 유조선 한 척에서 흘러나온 기름으로 서해 일대가 초토화될 수 있다는 놀라운 사실을 목격했다. 기술의 발전은 우리 생활을 편리하게도 하지만, 환경사고를 대형화하여 지구 전체를 재앙으로 몰고 갈 위험도 높이는 것이 사실이다. 만에 하나 일어날 수 있는 환경오염 사고를 예방하기 위한 기술적 대처는 물론, 일단 발생한 환경사고를 신속하고 효과적으로 처리하여 피해를 최소화하는 전문가의 역할이 더욱 중요해지고 있다.

셋째, 산업적, 경제적, 군사적 측면에서 기상의 중요성이 점차 높아지고, 기후변화는 심각해지고 있어 기상예측연구원에 대한 수요도 꾸준히 증가할 전망이다. 기상예측연구원은 기상 및 기후의 특성을 조사, 분석하고 예보기법을 연구, 개발하는 일을 담당한다. 인공위성, 슈퍼컴퓨터, 지상 관측 레이더 등을 활용하여 미래기상을 100% 정확하게 예보하려면, 날씨 예측뿐만 아니라 대기현상을 파악하는 중요한 도구인 수치 예보모델의 개발이 중요하며, 천문학, 물리학, 기상학 등을 전공해야 한다.

날씨에 대한 정보를 제공함으로써 각종 재난을 예방하고, 기업의 이익을 창출하는데 도움을 주는 기상컨설턴트도 유망하다. 지구온난화로 더욱 잦아진 기상이변은 각종 산업과 비즈니스에도 본격적인 영향을 미쳐 날씨마케팅과 같은 새로운 경영기법이 도입되고 있다.

예컨대, 여름 낮 기온이 섭씨 25도를 넘게 되면 아이스크림 판매가 증가하게 되나 30도를 넘으면 오히려 판매가 감소한다. 이유는 소비자들이 무더위 속에서는 지방이 많고 수분은 적은 아이스크림보다

빙수나 샤베트 등을 더 선호하기 때문이다. 이 밖에도 날씨가 기업 실적에 중대한 영향을 미치는 사례는 많다. 조선소에서 날씨를 살펴 배에 페인트칠하거나, 에어컨 생산업체가 여름철 온도전망에 따라 생산량을 조정한다. 미국 상무부는 미국의 국내총생산(GDP) 중 42% 정도가 날씨에 영향을 받는다는 분석을 내놓기도 했다.

넷째, 피부과 등 의료종사자도 유망하다. 97년과 98년 엘니뇨 현상으로 지구 전체가 온난한 기후를 보이면서, 제약 회사들의 매출이 20~30% 정도 급증했다. 따뜻한 기후 때문에 꽃가루가 많이 날리면서 알레르기 환자가 급증한 탓이다. 국내에서도 말라리아, 뎅기열, 쓰쓰가무시병 등 아열대성 질환이 눈에 띄게 늘고 있다. 또, 대기오염, 화학물질 등의 영향으로 아토피피부염 같은 각종 피부질환이 많이 늘어나는 점도 의료종사자의 중요성을 높이고 있다.

다섯째, 강우, 지하수, 하천, 바다, 댐, 홍수 예·경보 등 물과 관련된 지식을 다루는 수(水)공학자도 유망하다. 최근 지구촌은 기상이변으로 폭우와 가뭄이 빈번해지고 있다. 우리나라만 하더라도 소양강댐은 1967년 설계 당시에는 500년 만에 한 번쯤 올 것으로 예상한 400mm에 맞춰 계획홍수위를 설계했지만, 불과 25년 만에 2차례나 이를 초과했다. 또한, 우리나라는 유엔이 정한 물 부족 국가로서 2011년에 3.4억 톤, 2020년에 26억 톤의 물이 부족할 전망이라고 한다. 우리나라 최대의 담수능력을 자랑하는 소양강댐이 29억 톤이니, 물 부족의 심각성이 어느 수준일지 가늠해 볼 수 있다.

이 밖에도 여러 업종에서 환경과 관련된 유망직업들을 찾을 수 있다. 대기환경기술자, 방사성폐기물관리원, 상수도기술자, 소음진동기술자, 수자원관리자, 수질환경연구원, 자연생태기술자, 토양환경 기술자, 폐기물처리기술자, 폐수처리기술자, 해양환경기사, 환경 오염분석가, 환경설비기술자, 환경시설진단연구원, 환경영향평가기술자, 환경위생관리자, 환경컨설턴트 등이 있다. 비단 환경과 직접적으로 관련된 직업에 종사하지 않더라도 환경에 대한 지속적 관심이 필요한 시대가 되었다.

과학기술자도 예술가와 마찬가지로 자유로운 사고와
상상력을 발휘하는 창조적 직업입니다.

5장

과학기술에서 미래를 찾아라

인류문명 제4의 혁명, 우주

인류 역사에 획을 그은 전환점으로 신석기혁명, 산업혁명, 그리고 정보혁명이 있다. 이들은 모두 인류의 정치, 경제, 사회, 문화생활 전반에 엄청난 변화를 일으켰다는 점에서 공통점을 갖는다. 1만 년 전 농업과 목축을 시작한 신석기혁명은 안정적 식량확보와 인류문명 발달의 출발점이 되었다.

산업혁명은 인력이나 축력에 의존했던 생산방식을 기계로 전환하여 대량생산과 대량소비를 가능하게 했다. 그리고 20세기 후반의 정보혁명은 정보의 저장, 처리, 보급 능력을 획기적으로 증대시켜 지식기반 사회의 토대가 되고 있다.

앞으로 인류문명에 일대 변혁을 가져올 제4의 혁명으로 꼽는 것이 우주개발이다. 세계 주요 나라에서는 이미 발 빠르게 우주개발에 열을 올리고 있다. 미국은 2020년까지 우주인들을 달에 보내고 2024년에는 영구 유인 우주기지를 건설한다는 구상을 하고 있다. 화성에는 2011년 이후에 유인 우주선을 보낼 계획이다. 미국의 우주개발 경쟁국인 러시아 역시 2015~2020년까지 달에 영구 유인 우주기지를 건설한다는 목표를 세우고 있다.

중국도 달에 2012년 무인 착륙선, 2017년엔 유인 우주왕복선을 띄울 예정이다. 일본도 2025년 이전에 달 유인 과학기지 건설에 착수할 계획을 하고 있다. 인도 또한 2020년에는 유인 우주선의 달 착륙을 실현하는 것이 목표다.

우리나라는 이제 막 우주에 역사적인 첫발을 내디뎠다. 이소연 씨가 한국인으로는 최초로 우주에 간 것이 2007년이고, 비록 최종실패로 판명되었지만 2009년에 나로호 우주 로켓을 발사하였으니 말이다. 우주개발은 국가 안보, 우주시장 개척, 기초기술 발전에 필수적 분야이다. 연간 세계 우주시장 규모가 1,000억 달러에 이르는 데다 성장세가 갈수록 두드러진다는 점도 우주개발을 매력적으로 만드는 요인이다. "지금이라도 투자를 늘려 우주 선진국의 기술을 따라잡아야 한다."라는 주장이 설득력이 있는 것도 이 같은 이유에서다.

우리 정부도 2017년에 1.5t급 위성발사체를 개발하고 2020년에는 우리 땅에서 우리 발사체로 달 탐사 위성을 발사해 세계 7대 우주강국으로 도약할 계획을 세우고 있다. 이명박 대통령은 인터뷰에서 애초의 계획을 더 앞당기겠다는 뜻을 비치기도 있다.

하지만, 우주사업은 본질적으로 어렵다. 자동차의 부품 수가 1만 개 정도인 데 비해 우주발사체에는 약 30만 개의 부품이 들어간다. 이렇게 많은 부품이 실패 없이 정교하게 작동되도록 하는 능력이 바로 그 나라의 과학기술력이라 할 수 있다. 따라서 한 국가의 우주사업 성과는 그 나라의 과학기술력 수준을 드러내는 지표가 된다. 30만 개의 부품이 정교하게 조화를 이루도록 하려면 관련산업의 뒷받침이 있어야 하고, 다양한 분야의 과학자들이 총동원되어야 하기 때문이다.

우주에는 지구가 속한 은하계와 같은 은하가 최소 1,250억 개 이상 있을 것으로 추정되고 은하 하나에는 태양 같은 별(항성)이 1,000억 개 이상 있다고 한다. 또한, 우주의 나이는 약 130억 년, 그 끝에서 끝까지의 거리는 930억 광년쯤이다. 우주 대폭발(Big Bang)이론에 따르면 우주는 빛보다 빠른 속도로 팽창 중이며, 별들 사이의 거리도 계속 멀어지는 중이다. 지구에서 북극성까지의 거리는 430광년이고, 우리가 보는 북극성의 별빛은 임진왜란 때쯤 반짝였던 빛이다. 한 마디로 무한한 공간과 시간을 연구하고 탐구하는 것이 우주분야라고 보면 정확한 표현일 것 같다.

무한공간인 우주를 개척하는 데 필요한 것은 대규모 협동연구다. 천재적인 한 명의 과학자, 기술자가 획기적인 성과를 내기엔 우주는 너무도 넓고 광대하다. 우주선 하나만 만들자고 해도 약 30만 개의 부품을 조합해야 하니 말이다. 대규모 협동연구가 필요한 현대과학에서 아시아는 유리한 상황에 있다. 2008년 노벨 물리학상 수상자인 도쿄산업대 교수 마스카와 도시히데의 말을 들어보자.

"21세기 과학은 벼농사하는 민족이 잘할 수 있다. 과거의 과학이 훌륭한 연구자들이 혼자 하는 연구였다면, 앞으로의 연구는 대형화해 1,000명씩 하는 집단연구로 돼 가고 있다. 아시아에서도 특히 한·중·일 3국은 집단적인 협력을 통해 벼농사를 지어 왔다. 논에 물대

기, 모내기, 추수 등 여러 사람이 흐트러짐 없이 일사불란하게 공동
작업을 해야 한다. 아시아 과학은 발전할 것이고, 한·중·일 3국의 협
력이 필요하다."

로봇, 만화영화 주인공에서 산업역군으로

우리에게 로봇이 친숙해진 것은 1963년 일본의 데츠카 오사무가 제
작한 만화영화 '우주소년 아톰'이 텔레비전으로 방영되면서부터다. 아
톰은 실제 로봇을 연구하는 개발자들에게도 많은 영향을 미쳤는데, 사
람을 닮은 외모와 뛰어난 능력 때문이었다. 아톰의 능력은 10만 마력의
힘, 60개국의 언어구사, 선악 구분, 인간 1,000배의 청력, 그리고 어두
운 환경에서 서치라이트처럼 활용하는 눈 등이다. 한편, 우리나라 만화
영화로는 1976년에 개봉된 '로봇 태권 브이'가 선풍적 인기를 끌었다.

로봇계에선 1960년대를 르네상스 시대로 부른다. 이때 산업용 로
봇이 처음 등장하여 주로 용접이나 도장 등 단순반복의 업무를 맡으
면서 관련산업이 태동하였기 때문이다. 로봇은 이후 자동차 등의 대
량생산 공정에 투입되어 작업라인의 생산성과 신뢰성 향상에 크게 이
바지했다.

높은 성장잠재력이 인정되면서 세계 여러 나라는 앞다퉈 로봇산업
을 국가전략산업으로 육성하고 있다. 미국은 로봇기술을 '미래 10대
중요기술'로, 일본은 '4대 신산업'으로, 유럽은 로봇기술의 대규모 협
동연구를 각각 추진 중이다. 우리 정부도 지능형 로봇 개발을 위한
국가 차원의 5개년 기본계획을 수립하는 등 움직임이 활발하다.

로봇은 크게 가정용, 산업용, 그리고 군사용으로 구분된다. 이중,
산업용 로봇은 인간을 대신해 산업현장에서 위험작업이나 반복작업

에 많이 활용되고 있다. 최근에는 세밀하고 정확성을 요하는 반도체 산업, 의료분야 등에서도 주목받고 있다. 로봇의 보급이 널리 이루어지면서 일자리에 미칠 부정적 영향을 우려하는 전문가들도 많다. 대표적으로 제레미 리프킨은 그의 저서 '노동의 종말'에서 기술진보와 혁신이 블루칼라의 종언, 나아가서는 대량실업의 전주곡이 될 것임을 주장했다.

역사적으로 보면 기술진보가 일자리를 줄였다고 보기는 어렵다. 다만, 직종별 명암만은 분명했다. 예컨대, 기계식 대량생산의 길을 연 산업혁명은 오늘날 농부가 없는 경제로 귀결되었다. 현재 농업이 전체 고용에서 차지하는 비중은 영국 1.3%, 미국 1.7%, 캐나다 2.8%, 일본 4.6%, 한국 8.8% 정도다. 산업혁명 이전에 인구의 90%가 농업에 종사했던 것과 비교하면 실로 혁명적 변화라 할 수 있다. 10명이 먹고살려면 산업혁명 이전에는 9명이 농사를 지어야 했다면, 오늘날은 채 1명의 농부도 필요하지 않기 때문이다.

전문가들은 인공지능이 장착된 로봇이 불과 10여 년 후인 2020년에는 실용화될 것으로 내다보고 있다. 그때 가장 타격을 받을 것으로 예상하는 직종은 제조업, 그중에서도 특히 대량생산 조립라인 종사자들이 될 것으로 본다. 저 숙련, 반복작업의 상당한 부분이 로봇으로 대체될 것이기 때문이다. 반면 로봇의 대중화가 이루어지면 로봇 제조, 판매, 보수 등과 관련된 다양한 일자리가 새로 생겨날 것이다. 따라서, 전체적으로 일자리 수 자체가 줄어들지는 않을 것이나 몰락하는 직업과 부상하는 직업의 등장은 필연적이다.

이미 우리나라에서 제조업의 일자리 창출은 한계를 드러내고 있다. 한국은행에 따르면 우리나라 제조업 생산의 취업유발계수(10억 원을 생산하는 데 필요한 근로자 수, 명/10억 원)는 지난 2000년 14.9에서 2006년에는 10.2로 크게 하락했다. 즉, 2000년에 10억 원 어치의 상품을 생산하는데 근로자가 14.9명 필요했다면, 2006년에는 10.2명으로도 충분했다는 뜻이다. 이것은 서비스업의 19.9에 비해 거의 1/2수준에 지나지 않는 수치이다. 그 원인은 기계화, 자동화가 확산되면서 사람의 일손을 과거보다 덜 필요로 하게 되었기 때문이다. 로봇화는 기계화나 자동화와는 비교도 할 수 없을 정도로 엄청난 변화를 몰고 올 가능성이 크다.

이공계 기피증에서 벗어나자

이제 우리 젊은이들도 이공계 기피증에서 벗어나 과학기술자가 되어 획기적인 신기술을 개발하겠다는 원대한 꿈을 꿀 때가 되었다. 자동차, 선박, 반도체, 가전, 디스플레이, 원자력 등 우리가 세계적으로 가장 앞선 분야들이 다수 있다. 각 분야에서 세계 최고의 한국기업들이 속속 등장하고 있다. 이것은 과거와 같이 선진국을 모방해서는 더는 발전할 수 없음을 의미한다. 우리만의 독창적이고 혁신적인 제품을 개발해내지 못하면, 무섭게 우리를 추격해오는 인도, 중국 등에 추월당할 수밖에 없다.

국민소득 2만 달러에 가까이 다가가면 사회 전반에 기초과학에 대한 필요성이 높아지고 이공계 연구원에 대한 수요가 크게 늘어 수학, 물리학 같은 기초학문이 주목받게 된다. 경제의 선진화 과정에서 공대 출신 엔지니어 수요가 매우 증가하기 때문이다. 최근 우리나라의 많은 코스닥 신흥 부호들이 이공계 출신임을 기억할 필요도 있다. 엔씨소프트의 김택진은 전자공학, 흔글의 이찬진은 기계공학, 다음의 이재웅은 컴퓨터과학, 네이버(NHN)의 이해진은 전산학을 전공했다. 우리 정부가 범국가적 차원에서 과학기술에 대한 높은 관심과 투자 의지를 보이는 점도 이공계의 매력을 더해준다.

과학기술이 중요하다는 점에는 모든 국민이 동의하는 바이다. 이렇다 할 자원도 없고 인구는 많은 우리나라가 기댈 것은, 혁신적인 신제품을 만들어 내고 생산성을 획기적으로 높이기 위한 기초라 할 수 있는 과학기술력이다. 역대 우리나라 대통령들은 모두 과학기술의 중요성을 인식하고 이의 발전을 위해 노력했다. 현재 우리나라 연간 연구개발 투자액은 30조 원을 넘어 세계 7위권이며 국내총생산(GDP) 대비로는 세계 3위권이다.

이런 중요성과 정부의 관심에도, 청소년들의 이공계에 대한 인기는 바닥권이다. 이공계 공부가 어려운데 반해 보상은 그리 높지 않다는 사회적 인식 탓이 크다. 현장에서 근무해야 하는 경우가 많고, 나중에 고위직으로 승진하는데도 불리하다는 인식이 강하다. 그러나 실제 자료를 살펴보면 이공계 졸업생의 임금이 인문계보다 전혀 낮지 않다. 또한, 취업도 훨씬 더 잘되는 편이다.

오늘날에는 우수한 이과 인재가 의대, 치대, 한의대를 모두 채우고 난 후에야 공대에 진학한다고 한다. 과거에는 서울공대의 수능점수가 웬만한 대학의 의대 합격선보다 높았지만, 이제는 그 관계가 역전되었다. 모두가 알고 있듯이 컴퓨터 보안업체를 설립하여 크게 성공한 안철수는 의대출신이다. 그가 만약 병원에서 의사 노릇을 계속했다면 아마도 오늘날의 부와 명예를 이루지 못했을 것이다. 우수한 두뇌가 의대 일변도로 편중되는 것은 사회적으로나 개인적으로 바람직하지 않다.

과학기술자들은 '월화수목금금금' 일하는 힘든 직업이 아니다. 오히려, 예술가와 같이 창의적인 일을 수행하는 직업이다. 영어로 예술을 의미하는 'Art'라는 단어의 어원이 기술을 의미하는 라틴어 'Ars'라는 단어에서 유래했음을 이해할 필요가 있다. 즉, 과학기술자는 예술가와 마찬가지로 자유로운 사고와 상상력을 발휘하는 창조적 직업이다. 21세기 과학자는 도구학문에 능통한 기술자와 같은 의미로 이해되어서는 안 된다.

우주시대의 유망직업

그럼 구체적으로 우주관련 유망직업에는 무엇이 있나? 우리나라가 본격적인 우주개발에 나설 시기는 초중고 학생들이 직업세계에 진출할 때이다. 따라서, 앞으로 대략 10년 정도를 내다보고 우주사업 관련 직업에 관심을 둘 필요가 있다.

그럼, 우주분야 유망직업에는 무엇이 있나? 우주비행사는 우주시대의 주인공이 될 전망이다. 우주과학자, 우주엔지니어 등 수많은 직업이 있지만, 우주 하면 가장 먼저 떠올리는 것이 달나라를 처음 밟은 닐 암스트롱이니 말이다. 미국의 우주왕복선에 탑승하는 우주비행사는 크게 세 종류로 나누어진다. 선장과 조종사로 구성되는 우주선 조종사가 있다. 선장은 실제 우주선을 조종하는 최종 책임을 가지며, 조종사는 선장을 보좌한다. 임무 전문가는 로봇팔 조작, 왕복선 시스템 운영, 선외활동 등을 담당한다. 화물 전문가는 전문적인 지식을 요구하는 특수실험장비나 특정 국가의 화물이 탑재될 때 이를 위해 탑승하게 되는 일종의 기술자이다. 우주비행사가 되려면 수학, 물리, 생물 등에 대한 지식이 있어야 한다.

우주체험관 코디네이터 역시 유망하다. 이소연 씨의 우주진출, 나로호 발사 등을 계기로 우주에 대한 전 국민적 관심이 높아지고 있다. 이는 관람객들에게 우주에 대한 다양한 정보를 소개하는 우주체험관에 더 많은 국민이 방문하게 될 것을 의미하며, 관련 인력에 대한 수요증가로 이어질 것이다. 우주과학을 연구하는 우주항공 공학자가 역시 우주기술개발을 위해 많은 과학기술자가 필요하기 때문에 수요증가가 예상된다.

　천체 현상을 물리학적으로 연구하는 천체 물리학자, 한국인 최초의 우주인인 이소연 씨가 9박10일간 머물렀던 국제우주정거장(ISS) 운영자도 유망하다. 특히 우주정거장은 현재 16개국이 공동 운영하고 있는데, 우리나라에 대한 참여요청이 있고 국민적 여론도 나쁘지 않기 때문에 우주정거장 운영자도 앞으로 주목받는 직종이 될 전망이다. 로켓을 우주로 쏘아 올리는 발사체에 관한 업무를 전담하는 발사체 산업정책 전문관료, 이소연 씨가 입었던 '소콜'과 같은 우주복을 개발하는 우주복 디자이너, 우주인의 건강을 챙기는 우주 의료 전문 의사, 우주여행에 대한 소감을 대중들에게 전달하는 일을 담당하는 우주여행 작가도 유망하다. 우주관광 비용이 낮아지고 대규모 우주관광 시대가 조만간 현실화될 때는 우주관광가이드가 인기 직업으로 부상할 것이며, 우주산업컨설턴트, 우주실험전문가, 우주여행 심리상담가 등도 수요가 증가할 것이다.

　미국 해군대학 교장 메이헌(Alfred T. Mahan)은 1890년에 출판한 저서에서 "태평양을 정복하는 자가 세계를 지배한다."라는 유명한 말을 남겼다. 루스벨트 대통령도 이 책의 열렬한 애독자였다고 한다. 미국은 그의 주도 아래 해군력 증강에 박차를 가해 태평양을 장악하고 마침내 세계의 패자가 될 수 있었다. 21세기에는 "우주를 정복하는 자가 세계를 지배한다."라는 말도 나올 법하다. 한 나라의 국운은 미래 주역이 될 청소년들이 얼마나 큰 포부와 꿈을 갖고 있느냐에 좌우된다. 우주개척이야말로 자라나는 청소년들이 도전해봄 직한 일이다.

▌로봇시대 유망직업

다음으로는 로봇시대에 주목받을 유망직업을 살펴보자. 과학기술자, 금융공학자, 엔지니어 등과 같이 로봇이 대신하기 어려운 고도의 지식, 기술, 정보, 판단을 요하는 지식근로자에 대한 수요가 증가할 것으로 예상할 수 있다. 또한, 여가의 증대, 업무 스트레스의 심화, 기계문명 속에서 느끼는 인간의 소외감 등은 여행, 컨설팅, 의료, 미용, 예술, 스포츠, 음식 등 서비스 산업을 더욱 커지게 할 것이다. 기계가 대신해줄 수 없는 인간적인 감정, 환대, 친절, 공감, 교류 등을 제공하는 서비스근로자는 지식근로자와 더불어 로봇시대의 유망직종으로 점쳐진다.

1인 1로봇 시대가 조만간 현실화된다면 로봇제조업의 부상도 예상해볼 수 있다. 국제로봇연맹에 따르면, 2006년 기준으로 세계 로봇시장은 미국과 일본이 50%를 점유하고 있다. 한국은 독일·이탈리아에 이어 세계 5위이지만 점유율은 아직 5.4%에 불과하다.

정부는 지능로봇을 차세대 성장동력 산업으로 선정하여 2013년까지 고용창출 10만 명, 총생산 30조 원, 수출 200억 달러를 달성한다는 야심 찬 목표를 설정했다. 정부의 계획대로 된다면 관련된 일자리가 많이 늘어날 것임은 물론이다.

로봇 개발과 제조를 위해서는 기계공학, 컴퓨터공학, 인공지능, 소프트웨어 등 현대 과학기술의 정수가 총동원돼야 한다. 로봇은 우주 분야만큼이나 다양한 분야의 과학기술을 결합하여야 한다. 로봇산업이 대량 양산 단계로 진입하면 로봇기술엔지니어, 로봇디자이너, 전자공학기술자, 컴퓨터공학기술자, 시스템소프트웨어개발자, 재료공학자, 제어공학자, 인공지능공학자 등 다양한 공학분야 전문가에 대한 수요증가를 예상할 수 있다.

로봇을 개발하는 직업으로는 로봇연구원이 있다. 주로 산업용, 의료용, 해저자원개발용 및 실생활에 이용할 수 있는 로봇을 연구하고 개발한다. 인공지능, 기계공학 등 로봇설계의 원리와 이론을 바탕으로 다양한 분야에서 활용할 수 있는 로봇을 개발하는 것이 주된 일이다. 최근에는 스스로 판단하고 행동할 수 있는 지능형 로봇을 제조, 보급하는 분야가 크게 주목받고 있다. 일본에서는 애완용 로봇엔지니어가 유망직업 1순위로 선정되기도 했다.

로봇감성인지 전문가도 있다. 인간과 로봇의 감성적 소통(Human-Robot Interfacing)에 대해 연구하여 로봇이 가장 효율적으로 인간의 의도에 따라 작동할 수 있게 하는 업무를 수행한다. 로봇인식기술 연구원은 로봇에게 외부 환경에 대한 정보를 줘 대응해야 할 물체나 위치에 대한 인식능력을 갖출 수 있도록 하는 일을 한다. 로봇이 스스로 움직이도록 하려면 외부 환경을 인식할 수 있어야 하며, 이에 반응하도록 개발하는 것이 주된 임무이다.

저명한 컴퓨터 과학자인 프레드 킨은 전 우주 역사의 3대 사건으로 우주창조, 생명의 출현, 인공지능의 출현을 꼽았다. 인공지능이 가져올 변화의 폭과 깊이가 그만큼 혁명적이라는 뜻일 것이다. 우리나라는 이미 2005년에 세계 최초로 안드로이드형 휴머노이드(인간의 외양과 몸체를 닮은 로봇) 개발에 성공한 기술력을 보유하고 있다. 인공지능 로봇이 제2의 반도체 신화를 창조한다면, 국가 경제에는 물론 관련 직업 종사자에게도 커다란 기회가 될 것이다.

우주와 로봇은 21세기 과학혁명의 극히 일부분에 지나지 않는다. 정보통신(IT), 생명공학(BT), 나노기술(NT) 등 인류 생활에 혁명적 변화를 몰고 올 과학기술 분야는 재능있는 젊은이라면 인생을 걸고 한번 도전해 볼만한 매력적인 분야다.

6장

베이비붐 세대 은퇴의 격변을 활용하라

베이비붐 세대의 은퇴가 가져올 직업세계 변화

미국 캘리포니아 도시계획국에서는 베이비붐 세대의 은퇴와 함께 로스앤젤레스에서 1백만 명, 캘리포니아 전체에서 3백만 명의 일자리 공백이 우려된다는 전망을 했다. 베이비붐 세대가 미국 인구의 3분의 1을 차지하는 만큼 이들이 일시에 노동시장에서 은퇴하면 대규모 구인난이 쓰나미처럼 닥쳐오리라는 것이다. 일례로 로스앤젤레스 수도 전력국은 앞으로 5년 내에 전체 인원의 3분의 1인 8,300명이 은퇴할 것에 대비하여 신규채용과 함께 기존직원의 재교육에 나서고 있다.

사정은 한국도 비슷하다. 우리나라의 베이비붐 세대(55~63년생) 733만 명 중 취업자는 564만 명으로 전체 취업자 2,343만 명의 24.1%에 달한다. 취업자 4명 중 1명이 베이비붐 세대라는 뜻이다.

경제개발의 실질적 주역이자 수혜자였던 이들의 은퇴가 2010년부터 2020년 사이에 본격화된다.

이에 따라 앞으로 10년간 직업세계도 크게 요동칠 전망이다.

첫째, 베이비붐 세대의 은퇴는 경제개발과정에서 쌓은 그들의 전문성과 숙련도도 함께 퇴장함을 의미한다. 이들은 2,30대였던 개발연대(1960~70년대)에는 도전정신과 실무능력을 익혔을 뿐만 아니라 40대에 들어선 90년대에는 IT기술까지 익힌 전천후 세대이다. 한마디로 직업세계에서 필요한 기초역량부터 응용기술까지 모든 사이클을 체험으로 습득했다.

그러나 지금 우리 생산현장에는 이들로부터 기술, 비법 등을 전수받을 젊은 세대가 절대적으로 부족하다. 베이비붐 세대는 기술공의 17.1%, 기능원의 32.1%, 장치조작원의 30.5%에 달한다. 이들이 본격적으로 은퇴할 시점이 되면 현재 외면받는 숙련공 몸값이 치솟을 수 있다.

둘째, 베이비붐 세대가 차지하고 있던 좋은 일자리들이 젊은 세대에게 열릴 가능성에도 주목해야 한다. 1970년대 후반 직장생활을 시작해 단군 이래 최고호황이었던 80년대를 누렸고 외환위기도 무사히 넘긴 전문직종의 베이비붐 세대가 많다. 관리자의 39.3%인 22만 개, 전문가의 17.1%인 35만 개, 합쳐서 57만 개의 일자리에 이들이 종사한다. 물론 이들이 은퇴하더라도 젊은 층이 바로 그 자리에 진입하기는 어려울 것이다. 하지만, 승진, 이직 등에 따른 연쇄효과까지 생각하면 파급 효과는 젊은 층에까지 미치게 된다. 베이비붐 세대가 누렸던 좋은 일자리의 상당수가 열리는 호기가 다가오는 셈이다.

셋째, 베이비붐 세대의 노령화 자체가 가져올 변화이다. 2008년 말 우리나라 총인구는 4,860만 명이다. 2009년 통계청 발표를 보면 우리나라 인구는 2018년에 4,934만 명에 도달한 다음 점차 감소하게 된다. 출산율이 1.2명에 불과하니 인구가 줄어드는 것이 당연하다. 더욱 심각하게 2100년에는 한국 인구의 3분의 1이 사라지게 될 것이라는 전망도 나왔다.

〈한국의 인구추이〉

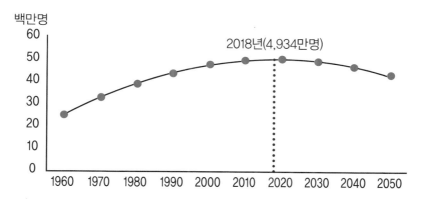

인구감소 시대의 유망직업

인구감소는 사회에 대지각변동을 몰고 온다. 생산인구가 줄어들면 경제규모 자체가 축소될 것이니 성장이 아니라 축소에 익숙해져야 한다. 기업도, 정부도, 가계도 모두 어떻게 효과적으로 줄여갈 것인가를 고민해야 한다. 축소경제는 직업의 안정성을 떨어뜨린다. 철밥통이라고 하는 교사, 공무원도 예외가 아니다. 학생이 줄어드니 학교나 교사도 줄어야 하는 것은 당연한 이치다. 국민이 줄어들면 공무원 수도 함께 감축해야 하는 것은 필연이다.

국민연금, 공무원연금, 사학연금도 뿌리째 흔들릴 수 있다. 젊은 층의 감소로 노인을 부양할 사회적 여력이 크게 위축될 것이기 때문이다. 부동산 가격의 폭락도 우려된다. 사회보장이 약한 우리나라에서 노년층이 기대는 것은 부동산이다. 부동산을 팔아 생계를 해결하려는 노년층이 늘어나는 반면 수요는 제한적이기 때문에 부동산 가격 하락이 발생할 수 있다.

베이비붐 세대의 노령화는 곧 환자 수의 증가와 함께 많은 의사의 노령화도 동반하게 된다. 이미 미국에서는 잘못된 의사수요 추산으로 미국이 '수술대란' 위기에 몰릴 수 있다는 경고가 나왔다. 조지아주의 주요 신문사인 애틀랜타 저널 컨스티튜션의 보도에 따르면, 20여년 전 의사수요를 잘못 추산한 결과 외과의사 부족 위기에 봉착해 2007년부터 의대 정원을 늘렸으나 앞으로 외과의 대란은 불가피하다고 한다. 우리나라 역시 급속한 고령화로 장차 의료인력이 부족할 것이라는 전망이 나와 있다. 일반적인 의사, 간호사 등은 물론이고 노인전문의사, 노인전문간호사, 물리치료사, 간병인, 경로도우미, 병원서비스 코디네이터 등에 대한 수요증가가 예상된다.

노인전문의는 치매, 중풍, 노인성 정신병, 우울증 등 노인성 정신질환을 전문으로 치료하는데 현재 우리나라에 노인전문병원이 생겨나는 등 노인 관련 의료 서비스는 발달하고 있어도 노인전문의는 거의 없는 실정이다. 노인의 신체적, 심리적 특성을 잘 이해하고, 노인들에게서 주로 발생하는 질병을 전문적으로 치료하는 노인전문의에 대한 수요는 고령화와 함께 크게 증가할 전망이다. 정부 차원에서도 고령친화산업 등을 적극적으로 육성할 계획이 있기 때문에 유망직종으로 손꼽힌다.

다음으로, 고령화 시대에 유망한 직업으로는 경로도우미(silver

sitter)가 있다. 경로도우미는 육체적, 심리적으로 생활이 불편한 노인들에게 편안하고 안락한 삶을 영위할 수 있도록 다양한 서비스를 제공하는 역할을 한다. 노인에게 가장 큰 적은 질병이다. 경로도우미는 노인이 건강을 유지할 수 있도록 건강검진, 응급상황에서의 간단한 조치 등의 업무를 수행한다. 가사, 간병, 말벗, 상담 등 정서적, 일상적 생활의 동반자 역할도 중요한 일이다. 노인이 심리적 소외감, 무기력감 등에 빠지지 않도록 지원하는 일도 중요하다.

경로도우미는 일반병원, 요양병원, 양로원, 실버타운 등에서 채용되어 일하기도 하지만, 더 나아가 창업을 통해 독립적인 사업을 하는 것도 가능하다. 도시에서 소규모 주택을 임차하여 고령의 노인들을 대상으로 간병, 간호 등의 서비스를 제공하는 일부터 실버타운에서 관련 서비스를 제공하는 형태에 이르기까지 다양하게 사업을 전개할 수 있다. 이를 위해서는 사회복지, 노인복지, 안전관리, 건강관리, 의료, 컴퓨터, 회계 등의 지식을 갖출 필요가 있다.

물리치료사도 유망할 것으로 예상한다. 물리치료사는 의사의 지시에 따라 물리 치료를 시행하는 의료 기사로서 온열 치료, 전기 치료, 광선 치료, 기계 치료, 마사지 따위의 물리 요법에 따른 치료를 한다. 노화에 따라 각종 관절, 근육, 인대 등의 기능저하가 진행되기 때문에 인력수요는 지속적인 증가가 예상되며, 이에 덧붙여 교통사고, 산업재해 등도 인력수요를 증가시키는 요인이 되고 있다.

한·미 자유무역협정(FTA)도 물리치료사에 대한 전망을 밝게 한다. 한미 양국은 의사, 약사, 수의사, 간호사, 물리치료사 등 7개 보건의료 직종에 대해 자격상호인정에 노력한다는 내용이 포함되어 있기 때문이다. 자격이 상호인정 되면 우리나라 물리치료사 자격증으로 미국에서도 인정을 받고 취업할 수 있게 된다. 미국의 물리치료사 인력수요가 증가하고 있지만, 미국 내에서는 원활한 인력수급이 어려운 상황이기 때문에 우리나라 물리치료사의 미국진출 전망은 밝다고 할 수 있다.

현재, 미국 물리치료사는 미국에서 6년제 대학을 졸업하거나 호주·필리핀 등지에서 5년제 대학을 졸업해야 응시기회를 얻는다. 외국인은 미국학력평가위원회와 물리치료면허시험위원회의 평가를 받는다. 미국 물리치료사의 평균연봉은 2008년 기준 73,000달러로 1달러당 환율 1,200원을 적용하면 한화로 약 8,700만 원에 달한다. 2008년 현재 미국에는 186,000명의 물리치료사가 있으며, 2018년까지 78,000개의 일자리 증가가 예상된다.

한편, 베이비붐 세대의 높은 구매력과 연결하여 그들의 은퇴생활에도 주목할 필요가 있다. 현대경제연구원은 65세 이상 고령자를 대상으로 한 고령친화형 산업의 시장규모는 2010년 31조 원, 2020년에는 116조 원까지 급증하고, 고용창출 효과도 2010년 41만 명에서 2020년 66만 명으로 급증할 것으로 내다봤다.

이른바 '애플족(APPLE: Active, Pride, Peace, Luxury, Economy, 활동적이고 자부심 강하고 안정적으로 고급문화를 즐기는 경제력 있는 노인층)'의 전성시대에 발맞추는 업종이 떠오를 전망이다. 노년층의 1/4가량은 레저, 여행, 운동 등 다양한 취미생활을 즐길 의향을 가지고 있다. 골프와 관련된 여행이 매년 100% 이상 증가하는 데는 노년층의 영향이 크다고 한다.

여행가이드, 여행상품개발자, 항공기조종사, 항공기정비사 등 노년층의 여가와 관련된 직종도 주목받을 가능성이 크다. 국내에서도 7080세대(1970년대와 1980년대에 20대를 보낸 사람들)를 겨냥한 콘

서트 붐이 일어나기도 했지만, 미국에서는 베이비붐 세대들이 공연 시장을 주도하고 있다. 베이비붐 세대들을 위한 공연산업, 미용산업, 출판, 의료기 렌털, 건강식품, 여행, 주택산업 등도 유망해 보인다.

취업포털 인크루트가 2008년에 예측한 '10년 뒤 유망직종'을 보면, 노령화와 관련한 유망직종 1위는 경로도우미로 나타났다. 건강에 대한 관심이 늘면서 다이어트 프로그래머와 운동치료사(공동 2위), 장기이식코디네이터(5위) 등도 고소득 직업으로 부상할 전망이다.

베이비붐 세대의 은퇴는 고령화에 따른 사회적 부담을 만들지만, 새로운 일자리를 창출하는 효과도 낳습니다.

다양성을 존중하고 포용력을 키우는 것이
세계시민으로 살아가는 큰 바탕이 됩니다.

7장

남북통일과 다문화 시대에 대비하라

유럽의 병자 독일과 통일

"독일은 의사의 치료가 필요한 병자다." 유럽의 대표적 경제학자인 한스 베르너가 조국의 경제 상황에 대해 내린 진단이다. 통일 당시에 서독경제의 규모는 동독보다 10배나 더 컸다. 서독이 통일비용을 부담스럽게 보지 않은 배경이다. 그럼에도, 통일독일이 10년간 겪은 성장둔화와 고실업 증세의 '독일병'은 막대한 통일비용 탓이 크다. 통일 정부는 1991년부터 1999년까지 1조 6천억 마르크를 동독지역에 쏟아부었지만, 독일은 지금까지도 그 후유증에서 벗어나지 못하고 있다.

7세기 후반 신라가 삼국을 통일한 이래 한반도에는 천 년 이상 통일국가가 이어졌다. 한 나라의 백성으로 살아온 역사의 길이만큼이나 질기고도 강한 민족공동체 의식이 형성된 것은 어쩌면 당연하다. 이처럼 강고한 민족공동체 의식은 오늘날 남북통일의 당위론으로 이어지고 있다. 하지만, 당위론을 떠나서 현실론으로 돌아오면 사태는 그리 간단치 않다. 만약 통일이 된다면 우리와 사고방식, 생활수준이 다른 국민이 한순간에 2,000만 명 이상 증가하게 되는 셈이다. 특히, 독일의 통일과정에서 나타난 각종 부작용은 우리가 막연히 품어왔던 통일 유토피아가 위험할 수도 있다는 인식을 심어주기에 충분했다.

독일은 우리와는 비교할 수 없을 정도로 통일 이전에 이미 동서독 간 인적, 물적 교류를 활발히 했고 통일준비도 철저했다. 동서독은 분단 직후인 1950년대부터 서신 교환을 허용했고, 1960년대 말에는 빌리 브란트 서독 총리의 동방정책을 계기로 교류확대에 나섰다. 마침내 1972년에는 서독과 동독이 기본조약을 맺었다. 골자는 상호 승인과 유엔 동시 가입이었다. 본 조약 외에 통행규제 완화, 이산가족 재결합, 우편물 교환 확대 등을 포함하는 각서도 교환하였다. 이 결과 동서독은 1973년에 유엔 동시가입을 이루었고, 교류를 확대해 연간 500만 명 이상의 동독인이 서독을 방문하고 동독 시청자의 70%가 서독 텔레비전을 시청하는 성과를 이루었다.

조약 체결 이후 통일이 되기까지 서독은 연간 평균 32억 달러를 동독에 지원하여 동독경제 성장을 도왔다. 이 같은 노력의 산물로 마침내 1990년 10월, 동서독은 분단 45년 만에 통일국가로 다시 태어났다. 하지만, 천문학적 통일비용을 피할 수 없었다. 우리가 진정으로 통일을 소망한다면, 통일이 가져올 파장과 변화에 대비하는 자세가 중요함을 일깨운다.

오늘날 구동독 지역에서는 10명 중, 단 한 명만이 과거의 직업을 그대로 유지하고 있을 뿐이라고 한다. 특히, 구동독 당시 정부부처의 고위공무원, 공산당 간부 등은 독일이 통일되면서 직업이 소멸하여 가장 큰 타격을 입게 되었다. 구동독의 외교관이 통일 이후 하루아침에 거리에 나앉게 되었다는 이야기는 유명하다.

한 나라의 국민이 어떤 특징을 가진 사람들로 구성되어 있는가는 직업세계에도 커다란 영향을 미친다. 특히, 국민의 구성이 짧은 시간 내에 급격히 바뀔 때는 더욱 그러하다. 통일은 북한뿐 아니라 남한에도 직업세계에 일대 변혁을 가져오리라는 점에서 예상되는 시나리오별로 대처할 필요가 있다.

통일 이후의 직업세계 변동

독일통일의 경험을 바탕으로 한반도 통일 이후의 직업세계 변동을 전망해보자.

첫째, 통일 이후 가장 긴급한 현안은 아무래도 북한지역의 경제재건이다. 북한의 소득수준을 획기적으로 증대시키지 못하면, 대량난민의 발생을 막을 수 없고 이는 남한지역의 혼란으로 이어질 것이기 때문이다. 붕괴상태에 있는 북한경제를 회생시키기 위해 통일 정부는 막대한 재정투자를 동원하여 기간시설 구축, 시설현대화를 추진하고, 민간투자 유치에 총력을 기울여야 한다. 또한, 남북한 주민 간의 생활수준 격차의 해소를 위한 보조금 지원, 사회안전망 구축도 미룰 수 없는 과제다.

정부의 북한지역 인프라 및 사회안전망 구축을 위한 재정투자와 관련해서는 건설엔지니어 등을 비롯한 건설관련 직종, 사회복지사, 직업훈련교사, 직업상담사 등 사회서비스 직종 등의 수요증대를 기대할 수 있다. 또한, 북한의 낙후된 농업생산력을 높이기 위한 비료, 농기자재, 관개시설, 산림녹화 등도 시급하므로 농업관련직, 산림관련직 등의 수요증가도 예상된다.

둘째, 자유와 개성보다는 집단주의 문화 속에서 타율적인 생활방식에 젖은 북한 주민을 재교육하는 문제도 시급하다. 단기적으로 북한경제는 남한의 원조에 의해 지탱되어야 할 것인데, 이 과정에서 북한주민들이 복지병에 물들지 않고 시장경제 원리에 동화되도록 도와야 한다.

통일비용을 낮추려면 무엇보다 북한 주민들의 자활의지를 일깨울 필요가 있다. 자율과 책임의 원칙, 시장경제에서 생존할 수 있는 능력을 키워주어야 한다는 말이다. 북한주민에 대한 대대적인 시장경제교육, 직업교육훈련이 이루어져야 하며, 경제전문가, 교육전문가, 직업교육훈련교사, 진로전문가 등의 활약이 요청된다.

셋째, 북한 지역에 견고한 행정·치안체제를 단기간에 구축해야 한다. 독일은 통일정부의 행정·사법체계에 적합한 인력확보를 위해 구동독 공무원을 대상으로 자격 심사와 재교육을 거쳐 재임용하거나, 일부 서독 공무원들을 파견·전보하는 방식으로 대처했다. 통일과정에서 발생할 수 있는 행정 공백, 치안 공백을 최소화하려면 공무원, 경찰, 교원 등 북한지역에서 행정·사법 업무를 담당할 인력에 대한 수요가 단기간에 크게 증대할 것으로 예상할 수 있다.

넷째, 소유권 등 재산권의 처리와 관련된 법적 분쟁의 증대도 가능성이 있다. 독일은 토지 반환권 소송이 200여만 건에 달할 정도로 사법수요가 단기간에 집중되었다. 북한토지에 대한 소유권을 어떻게 처리할 것인가에 관한 원칙에 따라 달라질 수는 있겠지만, 법적 분쟁이 많이 늘어나면 법률가, 조사관 등의 수요가 증가할 것이다.

1,000만 이산가족, 북한이탈주민, 납북자 등의 친족, 상속 등과 관련된 분쟁이 대량으로 발생하면 자칫 사법시스템의 마비로도 연결될

수 있다. 친자확인소송, 재산권 다툼 등은 필연적으로 발생할 것이므로 관련 인력이 대량으로 필요할 수 있다. 보도에 따르면, 북한의 이산가족이 월남한 부모의 유산을 놓고 이미 소송에 참여 중이라고 한다. 북한 당국 모르게 비밀 통로를 통해 남한법원에 소송을 냈지만, 통일이 된다면 이러한 사례들은 부지기수로 발생할 수 있다.

마지막으로 통일 이후의 변화된 사회시스템에 제대로 적응하지 못하는 계층에 대한 대응이다. 남북한 주민 간의 이질감, 열등감, 분노, 차별의식 등은 만만치 않은 심리적, 사회적 비용을 수반할 수 있다. 남북한 주민 간의 심리적 단절을 극복하고 진정한 화합을 이끌어내기 위한 다양한 사회프로그램의 개발 및 운영이 필요해질 것이다. 통일 이후 '독일병'을 앓는 독일의 사례를 반면교사로 삼아 미리미리 대비하는 지혜가 필요하다.

▌다문화 시대는 필연

법무부에 따르면 우리나라의 외래 이주민은 2008년 5월 현재 116만 명으로 전인구의 약 2%에 달한다. 이주민의 구성을 보면 단순 기능인력이 약 50만 명, 90일 이내의 단기 체류자가 약 30만 명, 그리고 결혼 이주민이 약 16만 명이다. 이밖에 유학생(5만여 명)과 전문인력(3만여 명), 예체능인력(4천 600여 명) 등이 있다.

특히 농촌 지역은 새로 결혼하는 남성 10명 중 4명이 외국인 아내를 배우자로 맞는다는 통계가 나올 만큼 '다문화 가정'이 보편화되었다. 더욱 놀라운 것은 2050년이 되면 한국 내 이민자와 그 자녀가 전체 인구의 21%에 달할 것으로 유엔이 예측하고 있다는 점이다.

2010년 4월 통계청에서 발표한 인구 추계에 따르면, 외국인 유입이 우리나라 인구구조를 뒤흔들 정도로 커다란 영향을 미친 것으로 나타났다. 외국인 유입 증가세는 통계청의 예상을 뛰어넘는 수준으로, 우리나라의 인구감소 시기가 애초 2019년에서 5년가량 늦춰질 것이란 전망도 나왔다. 이제는 외국인을 우리의 노동력 부족을 메우기 위한 임시적 방편으로 인식하는 노동경제학적 접근에서 벗어나 사회통합과 인구사회학적 파급력을 고민해야 할 시기가 되었다.

인적자원 이론으로 노벨 경제학상을 받은 미국 시카고 대학의 게리 베커 교수는 교육훈련, 건강 등과 같은 인구의 질적 요소를 강조했다. 머릿수보다 지식과 능력을 갖춘 유능한 인력이 중요하다는 뜻이다. 하지만, 인력의 질을 중시한 그도 인구 자체가 감소하는 것이 경제성장에 부정적이라는 점에 대해서는 이견이 없다. 강연을 위해 얼마 전 한국을 방문한 그는 한 인터뷰에서 "한국의 출산율은 일본이나 미국보다 낮다. 출산율을 급격히 높일 수 없다면 이민을 늘리는 방안도 고려해야 한다."라고 강조하였다.

이미 1990년 초반을 정점으로 총인구 감소를 경험한 일본은 더욱 심각하다. 현재 일본 인구는 약 1억 3천만 명이지만 2046년에는 1억 명 이하로 떨어지고 2055년에는 9천만 명을 밑돌 것이라는 비관적 전망이 나와 있다. '이민 쇄국'이라 불릴 정도로 세계에서 가장 폐쇄적이라고 알려진 일본마저도 긍정적 개방으로 이민정책의 방향을 돌린 이유다. 국력 유지를 위해선 '1억 명 인구'가 필요하다는 전제 아래 2055년까지 1천만 명을 외국에서 받아들이자는 주장이 힘을 얻고 있다. 즉, 그간의 단순기능인력 중심의 노동이민 정책으로부터 전문가, 고급두뇌 유치로 전환함으로써 인구부족과 국가경쟁력 강화를 동시에 꾀하겠다는 계산이다.

최근 우리 사회는 급속히 다문화 시대에 진입하고 있지만, 우리의 법적, 제도적, 정신적 뿌리는 여전히 단일민족, 순수혈통 신화에서 벗어나지 못하고 있다. 이것은 외국인 노동자에 대한 차별, 외국인을 가족으로 받아들이는 데 대한 거부감, 백인에 대한 맹목적 우대와 저개발국 국민에 대한 멸시 등으로 나타나고 있다. 그러나 우리가 다문화 시대를 살아가려면 독선, 독단, 아집을 버리고 다양성, 개방성, 포용력을 길러야 한다. 우리가 외래이주민을 어떻게 대하느냐에 따라 2005년과 2007년에 프랑스 파리에서 발생한 이민자에 의한 대규모 폭동이 우리의 현실이 될 수도 있기 때문이다.

다문화 시대의 유망직업

현재 우리나라에는 1백만 명 넘는 외국인이 들어와 있는데, 이들이 정착하여 자녀를 낳고 국민의 일원으로 자리 잡아 가는 것 역시 우리 직업세계에 커다란 영향을 미치게 될 것이다. 우리나라에서는 다문화 시대에 대응한 입법조치로 '다문화가족지원법'이 2009년에야 비로소 이루어졌다. 이 법은 "다문화 가족 구성원이 안정적인 가족생활을 영위할 수 있도록 함으로써 이들의 삶의 질 향상과 사회통합에 이바지함"을 목적으로 입법화된 것이다. 이를 중심으로 외래 이주민의 증가가 직업세계에 가져올 변화를 살펴보자.

우선, 법에서는 다문화가족이 대한민국에서 생활하는 데 필요한 기본적 정보 제공, 사회적응 교육과 직업교육, 훈련 등을 받을 수 있도록 지원한다는 것을 명문화하고 있다. 이를 위해서는 영어뿐만 아니라 다양한 인종에 적합한 언어구사능력을 갖춘 한국문화 강사, 직업훈련교사, 직업상담사 등의 인력이 필요하다.

둘째로, 다문화 가정에서 발생하는 가정폭력 피해자 보호 및 지원과 관련된 직업들이다. 다문화 가정에서 가정폭력이 발생할 때 필요한 의료지원, 이혼수속을 위한 의견진술 및 사실 확인 등에 있어서 언어통역, 법률상담 및 행정지원 등의 서비스 제공이 필수적이며, 관련 인력의 수요 증대가 예상된다.

셋째는 아동보육 및 교육과 관련된 직업들이다. 다문화 가정의 아동들은 사회화 과정을 처음으로 경험하게 되는 유치원이나 초등학교에서 자신의 외모적, 언어적 특성으로 또래 아이들로부터 놀림을 받기 일쑤다. 또한, 이들은 주 양육자인 어머니의 능숙하지 못한 한국어 능력 때문에 언어 습득에서도 또래 아이들보다 늦다.

그뿐만 아니라 이들은 사춘기를 겪으면서 정체성에 혼란을 겪게 되고 한국 사회에 제대로 적응하지 못해 한국의 주류 사회로 진입하지 못하고 주변인으로 계속 머물 가능성이 크다. 이민자 2세들을 한국으로 동화시키는 정책도 중요하지만, 이주한 부모의 나라말, 문화 등을 배울 수 있는 여건을 만드는 것도 중요하다.

이것은 그들이 정체성을 잃지 않도록 하는 동시에 우리 사회가 문화적 다양성을 건강하게 공유하는 길이기도 하기 때문이다. 이를 위해서는 방과 후 학교, 별도 교과과정, 담당교사의 배정 등의 프로그램이 필요하며, 다양한 언어구사능력과 외국문화에 대한 이해를 갖춘 유치원교사, 학교교사, 교육공학자 등의 인력수요 증대로 이어질 것이다.

넷째로, 외국인을 대상으로 한국문화 교육을 위한 콘텐츠번역가의 수요증가가 예상된다. 우리나라에서는 외국인들을 위한 방송이나 언어교육, 직업 훈련 프로그램 등이 크게 부족한 실정이다.

최근, 양방향 인터넷텔레비전(IPTV)을 이용해 다문화 가정의 정보 격차 해소를 위한 베트남어 자막 방송이 시작됐는데, 이것이 태국어, 필리핀어, 중국어 등으로 확대될 예정이라고 한다. 외래 이주민이 증가할수록 한국어 콘텐츠를 다양한 외국어로 번역하는 일이 더욱 늘어날 전망이다.

대한민국의 인구구성에 변화를 가져올 대표적 변수는 남북통일과 외국인의 유입이다. 우리와 다른 생각과 문화를 가진 대한민국 구성원이 대규모로 증가하면서 몰고 올 변화를 염두에 두고 직업세계를 차근차근 준비해야 한다.

8장

금융의 불모지를 개척하라

다가올 금융의 시대

'농부는 굶을지언정 씨앗을 베고 죽는다.'라는 얘기가 있다. 농부에게 있어 씨앗보다 더 중요한 것은 없다는 뜻이다. 그럼 볍씨 한 알을 뿌리면 얼마나 수확할까? 이삭 하나에는 약 80개의 낱알이 열린다. 벼 한 포기엔 약 20개의 이삭이 달린다. 따라서, 벼 1알을 뿌리면 이론적으로 벼 한 포기에 20(이삭 수) X 80(이삭당 낱알 수) = 1,600개의 낱알을 수확하게 된다. 1알의 볍씨가 파종 후 성숙하기까지의 기간인 3~6개월 만에 1,600배로 증식되는 마술이 펼쳐진다. 비록 수확을 위해 많은 땀을 흘려야 하지만.

오늘 소비하지 않은 비용의 지출이 장기에 걸쳐 지속적으로 수익을 발생시키는 것을 투자라고 한다. 투자는 토지나 아파트 등과 부동산에 하는 실물투자도 있지만, 역시 주식, 채권 등과 같은 금융투자가 대세다. 미국이나 일본에서는 가계 자산의 약 2/3가량은 금융자산이 차지한다. 부동산은 겨우 1/3 정도밖에 되지 않는다. 우리나라는 선진국과 정반대다. 금융자산은 불과 14%에 지나지 않고 자산 대부분을 부동산 형태로 보유하고 있다. 그러나 우리나라 국민의 소득수준이 높아지고 선진국으로 가까워질수록 가계의 금융자산 비중은 적어도 50% 혹은 그 이상으로 증가할 가능성이 크다.

〈2005년도 가계 금융자산 비중(%)〉

구 분	미국	영국	일본	한국
금융자산	66.8	46.0	61.0	14.0

자료: 자산운용협회

선진국으로 다가갈수록 금융자산의 비중이 증가하리라 보는 근거는 무엇인가? 경제가 발전하면 소득이 점차 증가한다. 국민 1인당 소득을 기준으로 했을 때 우리나라는 2008년 19,231불이었다. 1970년 254불과 비교하면, 40년이 채 지나기도 전에 소득이 75배 증가한 셈이다. 소득이 낮을 때는 기본적인 의식주에 모든 돈을 지출한다. 그러나 여유가 생기면 먼저 집을 장만한다. 가계자산 대부분이 부동산인 셈이다. 집을 장만하고도 여유가 있으면 그때부터는 집을 더 살 것인지, 아니면 주식이나 채권에 투자할 것인지 고민하게 된다.

그러나 모두가 부동산에 투자하게 되면 부동산 가격이 지나치게 폭등한다. 집의 효용성은 주거에 있기 때문에 정부는 부동산 가격 폭등을 내버려둘 수 없다. 부동산가격 안정을 위해 정부는 여러 가지 규제를 동원하고 주택공급을 확대하는 조치를 내놓는다. 결론적으로 부동산 가격의 상승에는 일정한 한계가 존재하기 마련이다. 반면 금융시장에는 각종 파생상품이 개발되면서 실로 다양하고 새로운 투자기회가 생긴다. 따라서 소득이 증가할수록 부동산보다 금융자산의 비중이 늘어나게 되는 것은 필연이다.

또 하나 중요한 요인이 있다. 오천 년 역사에서 유산이라는 것이 전국민적 관심사가 되는 시대가 도래한 점이다. 가난을 숙명처럼 살아온 우리 민족에게 유산이라는 것은 소수 특권 계급에나 익숙한 단어였다. 그러나 이제 개발연대에 주택, 토지, 예금 등을 소유하게 된 노인인구가 크든 작든 자녀에게 유산을 물려주는 일이 더는 낯설지 않게 되었다.

예를 들어 자녀가 둘인 부모님이 집을 한 채 물려주고 돌아가셨다고 가정해보자. 집을 반으로 잘라서 자녀가 나누어 가질 수는 없는 노릇이다. 그럼 어떻게 하겠는가? 아마 집을 팔아서 그 돈을 반으로 나누어 갖게 될 것이다. 현재 부모 세대들이 가지고 있던 토지, 주택 등 부동산 자산이 자녀에게 유산으로 돌아가는 순간 금융자산으로 변화하게 될 가능성이 크다는 뜻이 된다.

▌국부를 지키는 힘, 금융

금융은 가계의 투자수단으로서 의미만 갖는 것은 아니다. 왜 그런가? 지금은 경제의 국경이 사라진 세계화 시대다. 특히, 돈은 국경을 넘어 하루에도 전 세계 곳곳을 휘젓고 다닐 수 있다. 컴퓨터 엔터키만 누르면 몇십 억 달러도 순식간에 다른 나라로 보낼 수 있는 시대다. 금융, 즉 돈놀이를 잘하지 못하면 피땀 흘려 일한 성과가 순식간에 국외로 빠져나갈 수 있다.

대표적인 사례가 제일은행이다. 외환위기 이후 제일은행을 살리고자 정부에서는 무려 8조 4천억 원의 공적자금을 투입했다. 하지만,

결국 단돈 5천억 원에 뉴브리지 캐피탈이라는 외국계 펀드에 경영권을 넘겨주고 말았다. 1999년 제일은행을 인수한 뉴브릿지 캐피탈은 금융감독을 피하려고 주식상장을 폐지했다. 뉴브릿지 캐피탈은 5년 만에 제일은행을 영국계 스탠다드 차타드은행에 되팔아 1조 원이 넘는 차익을 남겼다.

외국인들이 선진 금융기법으로 무장하고 사모펀드 등으로 조성한 막대한 자금력을 바탕으로 우리 금융시장을 주무르는데도 우리의 대응은 미흡했다. 자동차, 조선, 가전, 반도체 등에서 피땀 흘려 번 돈을 금융시장에서 한순간에 손해 보기 일쑤였다. 선물이나 옵션 등과 같은 파생금융상품을 이용한 위험분산에 대해서도 무지하여 속수무책으로 당했다. 환율변동 파생상품인 키코(KIKO) 때문에 중소기업들이 도산하고 엄청난 피해에 직면한 것도 따지고 보면 모두 금융에 대한 무지 탓이라 할 수 있다.

국내 금융기업 최고경영자(CEO)들은 우리 금융산업의 경쟁력 수준이 미국 등 주요 선진국의 62% 수준에 불과할 정도로 상당히 뒤져 있다고 보았다. 대한상공회의소는 최근 전국 금융기업 134개사 CEO를 대상으로 '우리나라 금융기관 CEO가 바라는 금융의 미래 조사'를 실시한 결과 국내 금융기업의 경쟁력은 선진국 수준(100)과 비교했을 때 62.4점에 불과한 것으로 나타났다.

우리나라는 제조업에서 세계적 경쟁력을 확보하고 있다. 반도체, 자동차, 철강, 조선, 가전 등이 대표적이다. 그러나 금융에서만은 절름발이다. 이것은 기업인과 근로자들이 피땀 흘려 일한 성과물을 알지도 못하는 사이에 외국에 빼앗겨 버리는 결과로 이어질 수 있다. 알고 당하기라도 하면 그래도 괜찮다. 최소한 다음에는 당하지 않을 테니까. 하지만, 지금 우리의 수준은 수십 조의 수업료를 내면서야 겨우 깨닫는 수준이다.

1997년 외환위기는 전형적으로 금융에 대한 무지 탓에 빚어진 현상이다. 중국이나 대만, 일본은 위기에 휩쓸리지 않았지만, 경제규모가 세계 10위권이라고 뽐냈던 한국은 고스란히 직격탄을 맞았다. 적정규모의 외화보유액을 쌓기보다 정부가 앞장서 해외투자와 해외여행을 장려한 결과였다. 또, 해외투자를 적정하게 관리하지도 못했다.

제조업이 주도해온 성장의 바통을 금융산업이 이어야 한다. 금융이 튼튼해진다면 우리 기업과 국민의 소중한 재산이 쉽사리 외국 자본의 희생양이 되지 않을 수 있다. 국가의 소중한 부를 지키고 증가시키는 첨병이 금융산업인 것이다. 금융산업의 발전은 경제성장에 기여하는 정도가 다른 업종보다 높은 편이다. 금융산업의 발전 없이 제조업만으로 성장을 이어가는 것은 한계가 많다. 영국은 제조업의 몰락으로 1970년대의 경제위기를 맞았으나 1980년대의 금융발전을 통해 극복했다. 우리도 제조업의 경쟁력을 잃는 순간 그동안 축적한 자본으로 성장을 지속할 방법은 금융에서 찾을 수 있을 것이다.

금융계의 신화는 로스차일드 가문이다. 250년 이상 금융재벌로 군림하며 국제정세를 좌우한 것으로 평가받는다. 세계 최고 갑부로 일컬어지는 빌 게이츠도 이들에 비하면 초라할 정도라고 한다. 오늘날 금융계를 쥐락펴락하는 로스차일드 가문의 시조는 마이어 로스차일드다. 그는 대부업으로 시작해 나폴레옹 전쟁 때 자체 정보망을 통해 영국 국채를 사재기해서 어마어마한 자산을 불렸다고 알려졌다.

『세계 금융의 미래』를 쓴 아베 요시히로(安部芳裕)는 로스차일드 가문이 그저 금융계에서만 활동한 것으로 보지 않는다. 제1, 2차 세계대전은 물론, 미국 대통령 링컨과 케네디의 암살, 각종 세계 위원회 설립, 중동문제, 통신, 자원에 이르기까지 그들은 국제정세를 자신의 뜻대로 좌우했으며, 최종적으로는 하나의 세계 통일정부를 구성하려는 야심을 품고 있다고 의심한다.

이 책의 내용 중 어디까지가 사실인지는 확실치 않다. 하지만, 이러한 종류의 책들이 계속해서 나오고 이미 몇 가지 사실은 확인되었기 때문에 모두 음모론으로만 치부할 수도 없다. 만에 하나 우리나라가 국제금융자본가의 검은 탐욕의 대상이 된다면 어떻게 할 것인가? 희생양이 되지 않으려면 그들보다 더 뛰어난 금융기법과 국제금융정보로 무장하는 수밖에 없다. 즉, 한국이 더 이상은 만만한 상대가 아님을 인식시켜 주어야 한다. 금융은 단순히 수익을 몇 % 내느냐의 게임이 아니라 국가의 운명까지도 좌우할 수 있음에 주목해야 한다.

▌최고 두뇌가 일류산업을 만든다

영국 런던의 리버풀 스트리트(Liverpool Street)와 지하철 킹스 크로스(King's Cross) 역 사이는 고층빌딩 숲이다. 이곳이 바로 런던의 더 시티(The City)로 미국의 금융 중심지 월스트리트와 같은 곳이다. 옥스브리지 졸업생들은 더 시티에 들어가는 것을 최고로 친다. 옥스브리지는 옥스퍼드대학과 케임브리지대학을 합쳐서 줄인 것으로 우리로 치면 연고대쯤에 해당하는 말이다. 보통, 학부를 졸업하고 금융서비스산업에 취업하면 다른 직종의 동료보다 몇 배 높은 연봉을 받는다. 물론 출퇴근 시간이 일정하지 않고 그만큼 일을 많이 한다는 단점은 있지만, 명문대 출신이 행정고시나 사법고시를 최고의 직업으로 치는 우리와 많이 다르다.

최고의 두뇌가 진출하는 산업은 세계 일류로 성장할 잠재력을 확보하게 된다. 영국이 금융 중심지로 성공할 수 있던 것도 따지고 보면 케임브리지와 옥스퍼드의 최고 인재가 있었기 때문이다. 이런 사정은 우리도 마찬가지다. 1960년대 경제개발 초기에 최고의 두뇌가 정부에 들어가 경제계획을 성공으로 이끌었기 때문에 고도성장이 가능했다. 당시 민간에는 이렇다 할 직장이 없었고, 오늘날 세계적 기업으로 성장한 삼성이나 현대조차도 지금과 비교하면 구멍가게 수준인·때였다. 대학을 졸업해서 고시에 합격하고 공무원이 되는 길은 조선시대와 마찬가지로 입신양명의 상징이었기 때문에 최고엘리트가 정부에 포진했다.

그러나 지금은 사정이 다르다. 정부의 역할도 여전히 중요하지만, 시장의 비중이 크게 증대되었고 정부의 민간부문에 대한 영향력도 많이 줄어들었다. 민간부문 중에서도 특히 금융산업의 중요성은 앞서 설명한 바와 같다. 우수 인재들이 금융산업에 진출해서 금융을 세계일류로 키워야 비로소 명실상부한 선진국으로 도약하는 것이 가능하다.

영국과 마찬가지로 미국도 하버드대나 예일대 등과 같은 명문대학 경영학과, 경제학과 졸업생들의 최고 직장은 월가에 있다. 공직은 민간부문에서의 성공경험을 바탕으로 국가와 사회를 위해 봉사하는 관점에서 생각하는 것이 보통이다. 만약, 대학교를 졸업하자마자 젊어서부터 공무원이 된 사람이 있다고 한다면 다른 사람들에게 유능하다는 인상을 주기 어렵다. 왜 그런가? 세계 금융의 중심인 뉴욕의 월가에서는 대학을 갓 졸업한 젊은이라도 연봉 10만 불은 매우 흔하다. 하지만, 미국에서 공무원이 이 정도 연봉을 받기는 거의 불가능에 가깝다.

이뿐이 아니다. 금융업종에서 성공할 때 주어지는 보상은 상상을 초월한다. 98년 노벨경제학상은 머턴과 숄스에게 공동으로 주어졌다. 금융계 파생상품의 가격결정 모형을 개발한 공로를 인정받았기 때문이다. 최근 파생금융상품은 기초자산 외에 그 자체가 다른 파생금융상품과 결합하여 새로운 파생상품을 낳고 있다. 파생상품의 파생상품이 등장하는 형국이다. 2008년 하반기 시작된 미국발 경제위기도 이러한 파생상품이 낳은 또 다른 파생상품이 꼬리에 꼬리를 물고 덩치를 키운 것이 원인이었다는 지적이 있다.

그런데 이와 같은 금융파생상품은 고도의 수학적인 분석능력 없이는 그 가치조차 제대로 평가하기 어렵다. 미국 등에선 금융계에 진출하는 수학전공자의 비중이 나날이 높아지고 있다. 새로운 금융상품 모델을 개발하고 금융시장에서 부딪히는 다양한 문제를 푸는 데 필요한 금융수학이 이공계 학생의 유망분야로 떠오른 것이다. 실제로 월스트리트를 움직이는 인물 20명에 이공계 출신이 무려 17명이나 포함되어 있을 정도라고 한다.

우리 금융시장도 단순히 직관이나 경제적 지식만으로 판단해서는 복잡한 파생상품 시장을 고스란히 외국인에게 내줄 수밖에 없다. 미래의 금융경쟁력은 곧 금융수학에서 비롯된다고 해도 과언이 아니다. 따라서, 금융계에 진출할 뜻을 세운 젊은이라면 마땅히 금융수학에 관심을 두어야 한다.

▌금융분야 유망직업

그럼 금융분야에서 유망직업은 무엇이 있을까?

우선 금융자산운용가를 들 수 있다. 금융자산운용가는 투자신탁,

연금 등의 기관 및 개인투자가들이 최대한의 투자수익을 올릴 수 있도록 투자전략에 대한 정보를 제공하고 계획을 세워 운용하는 일을 담당한다. 더 구체적으로는 투자자를 위해 자문을 하거나 고객으로부터 돈을 맡아 운용해주는 증권투자전문가, 여러 사람으로부터 투자금을 모아 만든 펀드를 운용하는 펀드매니저, 옵션, 선물 등의 파생상품에 투자하는 선물자산운용가, 고객의 돈을 위탁받아 운용하는 개인 재무상담사(PB: Private Banker) 등이 있다. 지금도 고령화 시대에 발맞추어 6~70대 재력가들을 상대로 특별한 VIP급 서비스와 자산관리를 1:1로 해주는 개인 재무상담사(PB)가 인기이다. 노인인구가 증가하게 되면 시장이 확대될 것이고 지금보다 더 많은 직종이 생겨날 것으로 기대된다. 금융운용자산가가 되려면 증권투자상담사, 금융자산관리사(증권 FP(Financial Planner), 은행 FP), 선물거래상담사 등의 자격증을 취득하는 것이 좋다.

흔히 애널리스트(Analyst)라고 불리는 투자분석가도 유망하다. 자신의 회사나 회사고객들에게 금융 및 투자자문을 제공하기 위해 경제예측, 거래량, 회사의 재무상태, 과거의 성과 및 주식, 채권 및 기타 투자수단들의 추세 등과 같은 금융시장 정보를 수집하고 분석하는 일을 한다. 투자분석가에게 필요한 업무수행능력은 글쓰기, 논리적 분석, 판단과 의사결정, 수리력, 읽고 이해하기 등이다.

신용분석가는 금융이 정상적으로 작동하기 위해 가장 중요하다고 할 수 있는 경제주체의 신용에 관한 분석업무를 담당한다. 신용기간 연장이나 대출과 관련된 위험 정도를 판단하기 위하여 대출자의 신용자료 및 재무제표를 분석하는 일을 한다. 이에 요구되는 능력은 판단과 의사결정, 글쓰기, 논리적 분석, 모니터링 등의 능력이다.

소득이 증가할수록 질병, 사고, 재해 등의 위험에서 벗어나고 싶은 욕망도 커진다. 장래 발생할지도 모르는 위험에 대비하기 위한 대표적 수단이 보험이다. 선진국일수록 보험산업이 크게 번창하는 것은 위험을 꺼리는 인간의 심리 때문이다. 보험과 관련된 직업으로 보험대리인과 중개인이 있다. 이들은 회사나 개인에게 자동차, 화재, 생명, 재산 등과 관련된 보험을 판매하는 일을 한다. 보험회사에 고용되어 해당 회사의 상품을 고객에게 판매하거나 여러 보험회사와 독립대리점 계약을 체결한 보험대리점에서 고객을 대신해 여러 회사의 보험상품을 비교하고 적합한 보험상품을 추천하고 판매한다.

손해사정인은 각종 보험사고 시 보상심사사무원이 조사한 보상청구에 대해 자세히 심사하고, 사고원인을 조사하여 적정한 보험금을 산출하며 지급을 허가한다. 업무수행의 형태에 따라 일반보험회사에 근무하는 고용손해사정인과 독립하여 손해사정인 법인체 또는 개인사무소를 운영하는 독립손해사정인으로 나누어진다. 따라서 손해사정인은 보험회사의 본사 및 지점에서 일하거나 손해사정인 법인체나 개인사무소를 낼 수도 있다.

보험계리인은 수학, 확률, 통계적 방법을 응용하여 보험, 연금, 퇴직연금 등에 대한 보험료 및 보상지급금을 계산한다. 보험, 연금과 관련된 미래의 위험도를 계산하기 위해 수학, 확률, 통계 및 위험이론을 응용하며 미래의 수익가치에 대한 지표를 제공한다. 보험 및 연금회사의 상품개발부, 수리부, 계리부나 연금컨설팅 회사나 보험계리법인 등에서 일하게 된다.

이 밖에도 금융과 관련된 직업은 다양하다. 외환딜러는 외환중개인이라고 불리기도 하며, 달러를 비롯한 엔화, 마르크화 등 국제 금융시장에서 통용되는 외환과 파생 상품을 가장 싼 시점에 사들여서 가장 비쌀 때에 팔아 그 차액을 많이 남기는 일을 수행한다.

투자인수심사원(투자언더라이터)는 기업의 현재상황과 발전가능성을 평가해 자금을 투자하고 이를 회수하는 금융전문가를 말한다. 특히 벤처를 양육하고 성장시켜 기업을 공개해 투자한 금액을 회수한다.

2008년 미국발 금융위기 이후 전 세계 금융산업은 직격탄을 맞았다. 런던의 더 시티에는 빈 사무실이 넘쳐났고, 일자리를 잃은 고급두뇌가 한둘이 아니었다. 이 사태는 파생금융상품의 무분별한 생산과 이로 말미암은 거품 형성, 그리고 이를 제대로 관리·감독하지 않은 정부의 방만함 때문이라고 평가되고 있다. 본질적으로 금융이 실물이 아닌 신용에 기반을 둔 시장이므로, 앞으로도 이런 위험이 완벽하게 제거되리라고 단언할 수는 없다. 그러나 2008년의 금융위기를 거치면서 세계적으로 정부와 금융시장 사이에 새로운 관계가 형성되고 있으므로, 위험의 수위는 점차 낮아질 것으로 보인다. 더구나 한국은 아직 금융산업 분야의 발전이 초보 상태이므로 개인에게는 무한한 잠재력을 지닌 분야라고 평가된다. 자본시장통합법을 2009년 국회에서 통과시켜 금융산업의 발전을 이뤄낼 법적, 제도적 장치를 마련한 점도 긍정적으로 평가된다.

9장

놀이문화를 선도하라

개미보다 근면한 한국인

세계에서 가장 열심히 일하는 국민은 한국인이다. 경제협력개발기구(OECD)의 조사에 의하면 2007년 기준으로 우리 국민은 연간 2,316시간 근로하여 세계 1위이다. 이 수치는 2000년에 비해 204시간, 2005년에 비해 48시간 각각 감소한 것이지만, 경제협력개발기구회원국 평균(1,770시간)과 비교하면 일하는 시간이 30% 이상 더 긴셈이다.

나는 유럽으로 출장을 갈 경우 가끔 렌터카를 이용한다. 한 번은 차를 반납하는데 렌터카 직원이 "한국사람이시죠? (Are you a Korean?)"하고 말을 걸어왔다. 어떻게 알았느냐고 물으니, "이틀 동안 1,500킬로미터를 달리는 사람은 한국사람밖에 없잖아요."라고 한다.

정말이다. 한국사람만큼 노는 것도 일하는 것처럼 목숨 걸고 하는민족은 드물다. 대개 유럽인들은 여행이라고 하면 한적한 해변이나 이국적인 여행지에서 책을 읽거나 산책하는 것을 떠올린다. 한마디로 조용히 쉬는 것을 여행이라고 생각한다. 하지만, 한국인은 기를 쓰고 하나라도 더 보려고 돌아다닌다. 가만히 있으면 마치 몸이 근질거리기나 하듯이. 그리고 자랑한다. 내가 하루에 몇 킬로를 운전했는지, 한 번에 쉬지 않고 얼마를 달렸는지를 말이다. 어디를 갔는지는 중요하지 않다. 무엇을 봤는지도 말하지 않는다. 다만, 얼마를 쉬지 않고 달렸는지가 자랑거리다.

근면의 상징처럼 알려진 것은 개미이다. 개미는 고도의 사회를 조직하여 움직인다. 사회발전을 위해서는 근면과 더불어 연대나 유대의 정신도 필요하다. 개미의 배 속에는 '사회 위(社會 胃)'라는 제2의 위장이 있는데, 먹이를 소화시키지 않고 보관만 한다. 굶주린 이웃 개미가 다가와 입을 벌리면 자신의 사회 위에 보관한 먹이를 아낌없이 준다. 개미사회가 유지되는 비결이다. 또 개미는 근면하다. 곤충학자가 말한 바로는, 개미의 하루 평균 노동시간은 약 6시간이라고 한다. 개미에게 휴일이 없을 터이니 이에 맞춰 계산해보면, 우리 국민의 하루 평균 노동시간은 6.3시간에 달해 개미보다 더 근면한 셈이다. 놀랍지 않은가?

인류학자들의 계산으로는, 풍요로운 석기 시대에는 일주일에 2~3일 정도만 사냥과 채집활동을 하면 공동체의 대부분이 먹고살기에 충분했다고 한다. 15개월 동안 칼라하리 부시맨족과 함께 지낸 인류학자 리처드 리는 그곳의 성인 남자들이 식량을 찾는 데 1주일에 2~3일만 쓰고 나머지 시간은 노는 데 쓴다는 사실을 확인했다. 또 아프리카 하자족은 사냥하는 데 하루 평균 2시간 정도로 제한한다고 한다. 일하는 목적이 무엇인가? 잘 놀고 잘 먹으려고 일하는 것은 아닐까? 이러한 관점에서 보자면, 현대인이 추구하는 풍요롭고도 여유로운 삶은 어쩌면 수 만 년 전 원시인들이 이미 성취한 것일 수도 있다.

최초의 인류가 등장한 것이 500만 년 전, 그리고 현생인류가 3~4만 년 전에 등장했으니 인류에게 익숙한 것은 노동보다 여가라고 하는 편이 옳다. 원시인의 삶에서 노동이 차지하는 비중은 극히 미미했으니 말이다. 인류 역사 대부분을 여가중심의 문화가 차지했다면, 노동중심의 문화로 역전된 것은 언제쯤부터일까? 학자들은 대략 청동기시대에 농업이 본격화되면서 일하는 시간이 더 길어진 것으로 보고 있다. 농사를 짓게 되면서 봄에 씨를 뿌리고, 가을에 추수하는 등 계절에 따라 필수적으로 해야 할 일들이 생겼다. 제때를 놓치면 농사는 불가능하기 때문이다.

또한, 농사는 물과 분가분의 관계를 갖는다. 물 없이는 농사를 지을 수 없다. 처음에는 강가나 자연호수 근처에서 농사를 짓지만, 농경지가 점차 넓어지면서 저수지를 만들고 수로를 만드는 일이 중요해진다. 그리고 이러한 일들은 많은 사람이 장기간에 걸쳐 협동 작업을 해야 하기 때문에 농사를 짓기 이전과는 비교할 수 없을 정도로 일을 많이 하게 만든다. 농사 그 자체에 필요한 일이야 얼마 되지 않았지만, 저수지, 수로 등과 같은 시설을 새로 만들고 유지하는데 엄청난 노동력이 필요해진 것이다.

한편, 『로마인이야기』의 저자인 시오노 나나미에 따르면 로마의 1년 휴일은 120일 전후, 하루 노동시간은 대략 7시간을 넘지 않는 정도였다고 한다. 중세의 수도원에서는 하루 노동시간이 6시간 내외였다. 100년 전 한국의 머슴들 역시 연간 200일 정도밖에 일하지 않았다는 연구도 있다. 농한기인 겨울이 길었고, 농사철에도 주기적인 절기가 있어 노동일수는 많지 않았던 것이다. 오늘날과 같이 노동시간이 길어진 것은 산업사회의 산물이다. 쉴 새 없이 돌아가는 기계에 맞춰 공장에 모여 일을 하다 보니 근로시간이 증가하게 된 것이다.

유희하는 인간과 관광

그렇다면, 미래 세계는 어떨까? 미국의 경제학자 데오발드는 컴퓨터 기술의 발달로 전체 인구의 2%만이 식량과 제품생산 활동에 종사하는 날이 머지않았다고 예측했다. 그러면서, 생산력의 향상이 빈곤 퇴치, 노동시간 단축, 인간 삶의 풍요와 창의력 발전으로 연결될 것이라는 낙관론을 펼쳤다. 현재는 수면, 식사 등 필수 활동을 제외한 나머지 시간 중 노동이 80%, 여가가 20%를 차지하지만, 앞으로 50년쯤 뒤에는 여가가 80% 노동이 20% 정도로 역전되리라는 전망이다. 하위징아가 제창한 유희하는 인간, 즉 호모루덴스(homo ludens)의 세계가 열리는 것이다.

"열심히 일한 당신, 떠나라!" 이것은 몇 년 전 등장한 어느 신용카드사의 광고문구다. 주5일제 도입과 맞물려 현대인의 욕망을 압축적으로 담아 인기를 끌었다. 실제 통계청 조사에서도 주5일제 시행 이전에는 휴일에 집에서 빈둥거리며 쉬운 게 1위였지만, 주5일제 도입 이후에는 여행, 레저, 취미 활동을 하는 국민이 매우 증가했다. 호모루덴스의 세계에서는 인간의 여가와 관련된 직업의 부상이 예상된다. 2005년 현재 여가산업의 규모는 국내총생산의 28.8%인 232조 원에 이르는데, 여가가 늘어날수록 외식, 관광, 스포츠, 미용, 문화 등의 산업비중은 더욱 높아질 전망이다.

특히 관광산업은 여가가 확대될수록 성장세가 두드러질 것으로 예상하는 분야이다. 세계 1위의 관광대국 프랑스에는 매년 8천만 명(한국은 6백만 명) 이상의 외국인 관광객이 입국한다. 프랑스 본토인구 6천만 명보다 훨씬 많은 외국인 관광객이 4백억 유로 이상을 매년 쓰고 간다는 얘기다.

제조업 분야에서 한국은 프랑스에 거의 다가섰다. 항공우주, 원자력, 철도 등에서는 프랑스가 앞섰지만, 반도체 가전, 조선, 철강, 자동차 등에서는 한국이 우세하다. 전체적으로 제조업에서는 양국이 대등한 것으로 평가할 수 있다. 그런데 프랑스의 1인당 국민소득은 3만 5천 달러로 한국의 1만 8천 달러와 비교해 거의 2배에 달한다. 이러한 차이는 왜 벌어졌을까? 이의 상당 부분은 프랑스와 한국의 외국인 관광객 수가 '8천만 명 : 6백만 명'이라는 사실을 반영하는 것은 아닐까? 프랑스의 관광자원은 무진장하다. 루브르 박물관, 에펠탑, 베르사이유 궁전으로 상징되는 문화유산, 보르도로 대표되는 프랑스 와인, 에르메스·루이뷔통·샤넬 등 패션 유명 상표, 카르티에와 같은 보석 상표 등이 대표적이다.

취약한 관광산업, 좀 더 넓게는 서비스 산업의 낮은 경쟁력이 한국 경제 성장의 발목을 잡는 요인이다. 세계경제포럼의 지난해 관광경쟁력(2009년) 평가에서 싱가포르는 10위, 홍콩은 12위 정도인데 한국은 31위였다. 싱가포르와 홍콩은 도시국가 수준인데 여기에도 미치지 못한 것이다. 이러한 관광경쟁력의 약화는 관광수지 적자로 나타나, 2007년에는 108.5억 달러에 달했다.

우리나라 관광산업은 경제규모나 교역비중 등 잠재력을 고려할 때 주요 선진국과 비교해 매우 취약한 실정이다. 연간 세계관광객 9억 명 중 한국은 645만 명으로 0.7%에 불과하다. 또 우리의 국내총생산(GDP) 중 관광산업 비중은 6.7%로 경제협력개발기구 회원국(평균 11.5%) 중 꼴찌다.

관광산업이 세계경제에서 차지하는 비중은 갈수록 커져 2008년 9.9%에서 2018년엔 10.5%로 높아질 전망이다. 고용에서 차지하는 관광산업의 비중도 2008년 8.4%에서 2018년엔 9.2%로 커진다. 또한, 관광산업은 파급 효과가 큰 고부가가치 산업이다. 부가가치 유발 계수(최종수요가 한 단위 발생할 때 국민경제 전체에서 직·간접으로 유발되는 부가가치단위를 보여주는 계수)는 산업 평균적으론 0.787인데 비해 관광산업은 0.855로 한결 높다. 또 10억 원을 투자할 때 생기는 일자리 수에서도 IT산업은 10명, 일반 제조업은 25명인 데 반해 관광산업은 52명으로 훨씬 많다.

사실 우리의 관광자원은 빈약하다. 중국, 일본에 비해 뚜렷하게 내세울 만한 문화유적, 자연환경 등이 부족하다. 인정하기 싫지만, 베이징의 자금성이나, 도쿄의 왕궁을 본 외국인은 우리의 경복궁에 그다지 큰 감흥을 느끼지 못한다.

그러나 우리 관광산업에도 기회는 있다. 그 첫 번째가 한류다. 한국의 드라마, 영화, 음악 등 문화산업에 대한 세계 각국의 호평에 따라 한국문화를 체험하고자 하는 관광수요가 뜨겁다. 또 있다. 동북아의 허브공항으로 자리매김한 인천공항은 전 세계인이 쉽게 우리나라를 방문할 수 있는 조건을 만들고 있다. 인천을 거쳐 동북아의 각 도시로 가는 여행 및 화물수요가 증가하면서 서울에 있는 호텔, 컨벤션시설, 우수한 인력 등은 전시컨벤션을 경쟁력 있게 만들고 있다. 실제 많은 국제회의와 행사들이 서울에서 열리고 있다.

유희하는 인간과 유망직업

유희하는 인간의 세계에서 유망한 직업들은 무엇인가? 잠자기 이외에 우리 국민이 여가 중 가장 많은 시간을 보내는 것은 텔레비전 시청이다. 문화체육관광부가 발표한 '2009 국민독서실태조사'에 따르면 성인의 30.4%가 여가를 활용해 TV를 시청하는 반면 4.1%만이 책을 읽는다고 응답하였다. 앞으로 당분간은 텔레비전 시청을 능가할만한 여가활동은 쉽게 나타나지 않아 보인다. 이것은 그만큼 방송의 위력이 점차 막강해지고 관련직업이 성장할 것임을 시사한다.

방송과 관련된 직업에는 무엇이 있나? 가수, 개그맨, 영화배우 등과 같은 연예인이 우선 떠오른다. 이 밖에도 프로듀서, 작가, 조명, 의상, 분장, 소품 등 방송과 관련된 직업은 수없이 많다. 방송분야에서 최고로 주목받는 분야는 연예기획사다. 연예기획사는 소속 연예인들의 방송출연, 음반, 공연, 광고 등 일체의 활동을 관리하며 기획을 통해 연예인을 양성하는 일도 담당한다. 최근에는 한류열풍을 일으키며 아시아는 물론 미국 등 세계시장으로 진출하는 문화수출의 첨병 역할을 하고 있다.

최근 국내 최대의 연예기획사인 SM 엔터테인먼트의 최대주주 이수만 씨가 연예인 주식 부자 1위에 오르며 화제가 된 적이 있다. 재벌닷컴에 따르면 이수만의 지분 시가총액은 2010년 3월 현재 약 262억 원으로 조사 대상 연예인 가운데 1위를 차지했다. 이처럼 연예기획사의 수입이 좋은 데에는 이유가 있다. 국내적으로 음반 등에 대한 저작권 보호조치가 강화되어 이익이 창출되고 있으며, 중국, 일본, 동남아 등지에서 거세게 부는 한류열풍으로 문화수출이 확대된 효과를 톡톡히 보고 있기 때문이다.

방송작가도 주목받는 직업이다. 타인의 구속을 받지 않고 자유롭게 창의력을 발휘할 수 있으며 능력만 있다면 천문학적인 보상을 받을 수도 있기 때문이다. '드라마 작가=고수익'이라는 등식을 만든 이는 김수현이다. 그녀는 1992년 최고 평균시청률 59.5%를 기록한 MBC의 '사랑이 뭐길래'를 비롯해 수많은 히트작을 남겼다.

방송작가는 드라마, 쇼, 예능, 다큐, 교양 등 방송의 콘텐츠를 채우는 일을 담당한다. 드라마 대본을 쓰는 드라마 작가와 드라마를 제외한 모든 방송 프로그램(쇼, 예능, 라디오, 다큐, 교양 등)을 집필하는 구성작가로 나누어진다. 방송작가는 공채시험이 따로 없고 회사에 소속된 것이 아니라 프리랜서로 활동하며 방송프로그램별로 방송국, 제작업체와 계약을 맺는다.

놀이문화와 파티문화도 확대되고 있다. 특히, 정부에서 강한 육성의지를 보이는 게임 산업은 유망직업의 출현이 기대되는 분야다. 재미있는 게임을 만들려면 흥미진진한 이야기 구조가 필수적인데, 게임의 줄거리를 설계하는 게임 시나리오작가의 부상이 예상된다.

또한, 게임 방송채널이 인기를 끌고 게임실력을 높이려는 젊은 층들이 증가하기 때문에 다양한 게임기술을 전수해주는 게임 전문강사도 유망하다. 놀이나 파티관련 소품준비, 프로그램 설계, 진행, 음식료품 준비 등을 일괄적으로 담당하는 파티 메이커나 플레이 매니저의 영역도 넓어질 것이다.

여가의 증대는 친구, 가족, 연인 간의 만남을 더욱 확대한다. 만남과 관련된 직업으로서 대표적인 것이 바리스타이다. 누구나 즐기는 커피를 만드는 전문가가 바리스타인데, 좋은 원두를 선택하고 커피 기계를 활용하여 고객이 원하는 커피를 만들어 제공하는 일을 담당한다.

새로운 커피를 개발하는 일은 물론 고객이 편안하게 커피를 즐길 수 있도록 배려하는 자세를 가져야 한다. 최근에는 바리스타를 전문적으로 양성하는 다양한 교육기관이 등장하고 있는데, 사설학원은 물론 대학부설 평생교육원 등이 있다.

그리고 요즈음 격조 높은 만남에 빠지지 않는 것이 와인인데, 와인문화의 첨병은 소믈리에다. 소믈리에는 호텔이나 고급 레스토랑에서 와인을 주문받아 서비스하는 것은 물론 품목 선정과 와인 리스트 작성, 와인의 보관 등을 책임지는 일을 맡는다.

만남에는 음식도 빠질 수 없는데, 음식과 관련해서는 요리연출가(Food Stylist)가 대표적이다. 요리연출가는 방송, 영화, 광고 등에서 음식을 연출하는 직업이다. 음식을 먹음직스럽고 세련돼 보이게 하는 일을 담당하며, 음식뿐만 아니라 식기나 소품 등을 조화롭게 배치하여 색, 맛, 모양, 구도 등을 종합적으로 연출한다. 이 밖에도 술 만드는 일을 하는 조주사, 제과제빵사, 호텔 조리사, 출장 요리사, 전통식품 제조자 등이 유망하다.

스포츠의 산업화 물결을 타자

소득수준이 높아지고 여가가 늘어날수록 운동인구의 증가는 필연적이다. 몸매, 건강, 스트레스 해소, 사교 활동 등에 운동만큼 적절한 대안이 없고, 선수들의 경기관람을 통해 대리만족도 가능하기 때문이다. 또, 이종격투기와 같이 사람들의 흥미와 관심을 유도하기 위한 신규 종목들이 속속 개발되고, 스크린 골프와 같은 새로운 스포츠 비즈니스 모델이 시장을 지속적으로 확대할 것으로 보인다.

스포츠 시장의 확대는 새로운 직업들을 등장시키고 있다. 1997년

영화 '제리 맥과이어'에서는 우리에게 다소 낯선 스포츠 에이전트라는 직업을 가진 주인공(톰 크루즈)이 등장하여 화제를 모은 적이 있다. 스포츠 에이전트는 문자 그대로 선수를 대신해서 스포츠 구단과 연봉, 이적 등을 포함한 계약조건에 대해 협상하고 법률적 문제를 처리하는 일을 한다. 연예인의 일정을 관리하고 활동을 지원하는 매니저와 달리 그야말로 대리인으로서 법률행위를 한다는 점에서 구분된다.

스포츠 마케팅 시장에서 에이전트는 '보이지 않는 손'으로 통한다. 슈퍼스타가 하나의 상품이라면 그 상품을 가공하고 포장하는 역할은 순전히 에이전트의 몫이다. 단순히 능력만 뛰어나다고 슈퍼스타가 될 수 없다는 것은 상식이다. 선수 개인의 능력을 최대로 끌어올려 구단과 팬이 원하는 모습으로 탈바꿈시키는 것이 바로 에이전트의 역할과 책임이다. 그런 면에서 볼 때 에이전트는 스포츠 마케팅의 '연금술사'와 같다.

스포츠 에이전트는 선수들이 최고의 환경에서 그 능력에 합당한 보상을 받으면서 운동을 할 수 있도록 도와주고 조율하는 역할을 한다. 현재 우리나라에도 많은 에이전트가 선수들을 위해 활약하고 있으며, 박지성, 박찬호 등의 외국진출에 결정적인 역할을 한 것도 이들이다.

현대 스포츠에서 에이전트의 업무는 굉장히 넓다. 쉽게 말해 구단과 선수 간 가교 역할을 한다고 보면 된다. 해당 선수의 체력관리에서부터 이미지 만들기, 후원사 섭외, 언론 홍보는 물론 사생활관리까지도 모두 에이전트의 업무 영역이다. 스포츠 마케팅이 발달한 외국은 에이전트의 역할이 후원 유치, 연봉 유치는 물론 텔레비전 중계권 판매, 캐릭터·로고 판매 사업, 이벤트 기획, 홍보, 관중 동원 전략 수립까지 광범위하다.

국내에서 스포츠 에이전트 문화가 정착된 종목은 축구다. 지난

1991년 국제축구연맹(FIFA)이 에이전트 제도를 공식 도입하면서 에이전트라는 직업이 국내에 처음 소개됐다. 지금도 협회 차원에서 에이전트 제도를 공식 채택하는 경우는 사실상 축구가 유일하다. 야구, 농구, 배구 등은 아직도 제삼자 개입을 원칙적으로 금지하고 있다. 오로지 구단과 선수 개인 간 협상만이 가능하다. 종종 스포츠용품이나 광고 출연 등 개인적인 후원(스폰서)계약이 필요한 유명 선수들이 에이전트를 고용하지만, 극히 일부에 지나지 않는다. 이 경우 수입은 대개 선수 7 대 에이전트 3 비율이다. 골프, 스케이팅 등 개인 종목은 에이전트에 관한 특별한 규정조차 없는 상황이다.

축구 에이전트로 활동하려면 국제축구연맹이 주관하는 공식 에이전트 자격시험을 통과해야 한다. 국제축구연맹 산하 각국 축구협회가 주관해 치르는 인증 시험은 국제축구연맹 국제 규정 15문항, 국내 규정 및 민법과 관련해 5문항이 출제되는데 철저히 사례 위주다. 주로 선수 계약, 이적 규정, 분쟁 사례 등을 중심으로 문제가 출제되고 있다. 국내 민법과 관련해서도 상당한 지식을 요한다. 피파 관련 규정은 전부 영어로 출제된다.

합격은 상당히 까다롭다. 2009년 3월 말 치러진 시험에는 총 139명이 응시해 단 1명이 합격했다. 현재 대한축구협회에 등록된 국제축구연맹 공식 에이전트는 100여 명에 달하지만 실제로 활동하는 에이전트는 40~50명에 불과하다.

▍스포츠의 상품화, 비즈니스화와 유망직업

박지성이 소속된 영국의 축구구단 맨체스터 유나이티드는 10년 이상의 흑자경영을 한 우량기업으로 평가받는다. 무명선수를 육성하여 전성기 때 엄청난 이적료를 받는 것으로 유명한데, 지난 2003년 최고의 스타 데이비드 베컴을 레알 마드리드에 이적시키면서 650억 원가량을 챙겼다. 또 맨유는 텔레비전 중계료, 입장권 판매는 물론 후원업체 선정, 캐릭터 상품 판매 등 수익원을 다양화하고 있으며 적극적인 마케팅을 통해 외국시장도 확대하고 있다.

이처럼 산업적 관점에서 스포츠를 이해하고 다양한 부가가치 창출 수익원을 발굴하여 경영을 효율화하는 직업이 스포츠경영관리사이다. 우리나라에서는 2005년 처음으로 자격시험을 시행하여 아직은 일반에게 생소하나, 스포츠를 산업으로 발전시키는 데 있어서 핵심적 구실을 할 것으로 기대된다. 구체적으로 하는 일은 경기촉진, 스타생산, 중계권의 텔레비전 방송국에 대한 판매, 후원사 모집, 선수와 팀에 대한 매니지먼트, 스포츠에서 파생되는 제품과 서비스의 개발과 판매, 시설관리 및 이와 관련된 부가가치 창출 등이다.

흔히 스포츠를 각본 없는 드라마라고 한다. 예상치 못한 극적인 반전, 선수들 불굴의 의지와 투혼, 그리고 시련을 극복한 인간 성공신화로 가득 찬 것이 스포츠이기 때문이다. 이를 다양한 방식으로 상품화하고 비즈니스로 발전시키려는 노력이 활성화될수록 관련 직업들이 더욱 확대되고 더불어 새로운 직업들도 등장하게 될 것이다.

그럼, 스포츠와 관련하여 에이전트 이외에 유망한 직업에는 무엇이 있나? 운동치료사는 아직 일반인들에겐 생소한 직업이지만 한국직업능력개발원에서는 '웰빙 열풍'을 주도할 유망 직업으로 꼽았다. 2006년 다보스포럼에서 일레인 차오 미국 전 노동부 장관은 앞으로 10년 안에 운동치료사가 340만 명 필요하리라 전망한 바도 있다.

운동치료사는 각 개인의 건강상태와 체력, 그리고 질병의 특성 등에 따라 적합한 운동과 운동량을 선택해주는 사람이다. 담당 의사와 함께 환자가 건강을 회복할 수 있도록 적절한 운동 프로그램을 처방하고 결과를 평가하는 일도 한다. 이들은 신체를 과학적으로 분석하여 운동계획을 수립해야 하므로 의학적인 전문지식이 풍부해야 한다.

재활치료와 비만·노인성 질환 환자 치료에서 운동선수 관리 등 진출 범위가 계속 넓어지고 있다. 운동처방학, 스포츠 심리, 인체생리학, 운동생리학 등을 전공하면 진출이 유리하다. 운동치료분야가 유망하다면 관련 사업을 창업하는 것도 고려해봄 직하다. 교통사고 등 각종 사고 후유증, 장시간 근로에 따른 직업병, 고령화에 따른 관절 등의 통증 등으로 고생하는 사람들이 증가하고 있기 때문이다.

남녀를 불문하고 예쁜 몸을 만들기 위한 '몸짱' 열풍이 불면서 맞춤형 체형 및 건강관리를 직업적으로 하는 개인 트레이너도 인기다. 개인 트레이너는 일부 연예인이나 재벌의 전유물이 아니다. 몸에 대한 관심이 높아지면서 일반인들도 자신에게 특화된 운동처방을 받고 꾸준히 관리하는 추세다. 최근 고소득 전문직으로 주목받는 프리랜서 개인 트레이너가 되려면 일반 운동시설(피트니스센터)에서 5년 이상 경력을 쌓으면서 나름대로 실력을 발휘해 주변에서 인정을 받아야 한다. 프리랜서 개인 트레이너가 될 정도로 실력을 쌓으면 연예인, 재벌 등을 고객으로 하지 않더라도 수입이 상당하다고 한다.

개인 트레이너가 되려면 대학에서 체육학을 전공하는 것이 유리하며, 체육과학연구원에서 발급하는 생활체육지도자(보디빌딩) 자격증과 에어로빅 강사 자격증 등을 갖춰야 한다. 여기에 덧붙여 이들은 고객들의 식단관리도 해야 하는 만큼 영양학에도 상당한 식견을 갖춰야 한다. 개인 트레이너는 무엇보다 건강한 신체와 강인한 체력을 가져야 한다. 스스로 완벽한 몸매를 갖춰 누가 봐도 한눈에 탄력적인 느낌이 들어야 고객을 유치하는데 유리하다. 또한, 고객이 원하는 시간에 돌아다니면서 개별 방문지도를 해야 하므로 체력이 약하면 버텨내기 어렵다.

앞서 소개한 사례들 이외의 스포츠관련 유망직업으로는 스포츠 강사, 스포츠경기 아나운서 또는 해설자, 경기장 아나운서, 국제경기연맹 직원, 선수 영입전문가(스카우터), 단체판매 대행인, 운동시설 매니저, 스포츠캠프 운영자 등이 있다.

10장

인문학의 미래를 잡아라

기술 과잉과 왜소해지는 인간

18세기 중엽 산업혁명과 그 이후의 기술발전은 인간의 생활양식을 완전히 바꿔놓았다. 기껏해야 말이나 소를 타던 것이 자동차, 비행기로 바뀌었고 달나라에까지 인간의 발자국을 찍는데 이르렀다. 과거에는 옆 동네 소식도 한참이 지나서야 전해들을 수 있었으나, 지금은 지구 반대편 일들을 안방에서 실시간으로 들여다보는 시대가 되었다. 1990년대 초 미국의 이라크 침공 장면이 대표적이다. 씨엔엔(CNN)에서 실시간으로 비춰주던 미군의 바그다드 폭격과 이라크군의 대공사격 장면은 전쟁을 안방으로 끌어들인 가히 혁명적인 사건이었다.

오늘날 기술의 발전에는 가속도가 붙었다. 기원 원년 당시의 지식과 기술의 양이 2배로 늘어난 것은 1750년 산업혁명기였다. 이것이 다시 2배로 늘어난 것은 1900년, 여기에 세 번째로 2배가 된 것은 1950년대, 네 번째 2배 증가는 1960년에 일어났으며, 최근에는 지식과 기술의 양이 5년마다 이전의 두 배로 늘어나고 있다고 한다. 사람들은 그동안 과학기술의 발전이 인간의 삶을 더 풍요롭게 만들 것이라는 믿음을 가져 왔다. 그러나 컴퓨터와 로봇의 발전 속도가 상상을 초월하고 인간을 능가하는 인공지능이 등장할 날이 머지않았다는 이야기가 나오면서 서서히 비관론이 퍼지고 있다.

사람들은 기술발전 속도가 자신들의 통제력 밖에 있음을 서서히 깨닫고 있다. 기술의 발전으로 기계가 인간의 영역을 점차 잠식해 들어오는 것이다. 실제 과거 인간이 담당했던 많은 일을 지금은 기계가 대신하고 있다. 더욱이 인간의 근육이 담당했던 대부분의 일을 10년 이내에는 로봇들이 대신하게 될 것이라고 한다. 단순히 육체노동뿐만이 아니다. 이미 인공지능은 체스시합에서 인간을 압도하기에 이르렀고, 스스로 책을 써서 문단에 데뷔하는 상황이다.

인공지능은 전문직 영역까지 넘보고 있다. 이미 혈압측정, 당 측정, 심박수측정과 같은 간단한 내용의 원격진료시스템이 보급되기 시작하고 있다. 앞으로 원격진료시스템을 통해 인공지능 컴퓨터가 내리는 진단을 받는 일도 머지않았다. 이렇게 되면 의사들의 역할은 현재보다 위축될 것이다. 의사뿐만 아니라, 변호사, 회계사 등의 전문직들 역시 인공지능 로봇에게 현재 역할 중 많은 부분을 양보하게 될 것이다. 즉, '근력'뿐만 아니라 '지력' 역시 기계가 대신하는 시대가 열리는 것이다.

기계와 인공지능의 등장은 인간을 점차 왜소하게 만들고 있다. 한마디로 인간의 설 자리가 점차 좁아지고 있는 것이다. 변화에 대한 적응문제도 심각하다. 컴퓨터와 기계를 다루는데 서투른 사람은 일자리를 구하기가 점차 어려워지기 때문이다. 작업의 핵심적인 부분을 기계와 컴퓨터가 대부분 담당함에 따라 소수 지식근로자를 제외하고는 대부분이 부차적인 직무를 수행하게 되었다. 이에 따라 노동으로부터 인간의 소외문제는 심각성을 더하고 있다. 기계, 컴퓨터와 인간이 더 많은 영역에서 경쟁을 벌이는 것이 피할 수 없는 추세라면 인간의 존재 의미는 어디에서 찾을 수 있을 것인가? 이것이 오늘날 인문학에 다시 주목하는 근본적 이유다.

인문학에서 구원을 찾는다

21세기 기계와 컴퓨터에 세계를 내준 인간은 자신의 존재의미를 다시 묻지 않을 수 없게 되었다. 오늘날 제기되는 인간의 본성, 인간다움에 대한 관심은 가히 르네상스와 비견될 만한 것이다. 중세와 근대 사이인 14~16세기에 서유럽 문명사에 나타난 문화운동인 르네상스는 학문 또는 예술의 재생·부활이라는 의미가 있다. 중세와 근대 사이의 첫 번째 르네상스가 종교 과잉에서 비롯되었다면, 오늘날 맞이하는 두 번째 르네상스는 물질 과잉에 대한 반작용이라 할 수 있다.

인문학은 인간이 처한 조건을 연구하는 학문이다. 니체는 인문학을 '인간 삶의 경험에 대한 이해와 그 의미 탐구를 통해 궁극적으로 성숙한 삶을 형성하게끔 하는 공부'로 정의했다. 철학, 문학, 역사학, 고고학, 언어학, 종교학, 미학, 예술, 음악 등이 이에 해당한다.

사실, 인문학이니 이공학이니 하는 것들이 지금처럼 분과학문으로 나뉜 것은 그리 오래되지 않았다. 과학기술 발전을 이끈 물리학만 하더라도 근대적인 학문체계는 14세기경 이탈리아의 물리학자 갈릴레오 갈릴레이에 의해 비로소 정립되었을 정도이다. 공학과 이학은 산업혁명 이후 물질문명의 진보와 선순환을 일으키면서 그야말로 비약적으로 발전했다.

대량생산–대량소비의 산업사회를 건설하는데 결정적으로 유용한 지식을 제공해 준 이학, 공학과 달리 인문학 유용성은 그리 인정받지 못했다. 이것은 인문학이 차지하고 있던 위상의 추락을 가져왔고, 학문의 위기로 이어졌다. 인문학의 위기는 1990년대 이후 신자유주의적 가치가 득세하면서 절정에 달했다. 무차별적 시장논리와 효율성에 대한 맹신이 팽배하게 되면서 대중의 인식 속에서 인문학은 가치 없는 학문, 지나치게 사변적인 학문으로 전락하였다. 한마디로 인문학은 상대적으로 한가하고 쓸모없다는 인식이 퍼졌다.

인문학의 위기는 박사가 연봉 1,000만 원도 안 되는 시간강사로 전전하는 현실에서 극명하게 드러났다. 박사 학위를 받아봐야 근로빈곤층(working poor)으로 떨어질 것이 불을 보듯 뻔한 상황에서 대학원 진학은 급속히 줄었다. 이에 따라 대학원 교육의 질이 떨어지고 학문후속세대의 양성에도 빨간불이 들어왔다. 대학원에 오겠다는 학생들이 없어 실력과 상관없이 무조건 받아들이는 상황이 되었다. 그러다 보니 원서도 읽기 어려운 학생이 태반이다. 이대로 가면 인문학은 고사하고 학문의 재생산이 불가능해지게 될 상황이다. 한마디로 인문학 학문시스템이 무너지고 있다.

그러나 최근 들어 인문학에 대한 관심이 새로이 높아지고 있다. 서울대가 2010학년도부터 인문학 강좌를 대폭 강화하겠다고 밝힌 것을 비롯해 철학, 심리학 등이 입시나 재학생 수강과목에서 인기를 회복하고 있다는 소식도 있다. 교육과학기술부는 수년 전부터 인문학에 대한 공적 지원을 크게 늘리고 있으며, 최근 우리 기업 경영인들 사이에서도 인문학 공부가 상당한 붐을 일으키고 있다.

인문학에 대한 산업계의 관심은 전 세계적인 현상이다. 미국 100대 기업 최고경영자(CEO)의 절반이 인문학 전공자이며 최근 게임업계에서 인문학적 상상력을 갖춘 사람들을 선발하려는 경향이 늘고 있다. 또, 광고캠페인만 보더라도 과거 제품의 특징과 기능 중심에서 특정 가치나 이미지 전달로 바뀌고 있다. 예를 들어 코카콜라는 과거 제품의 맛을 표현하는 데 집중하다 라이트 콜라를 출시하며 '웰빙'이라는 가치를 팔았다. 최근에는 코카콜라를 마신 뒤 즐거워하는 모델의 모습을 보여주며 '쾌락'이나 '즐거움'이라는 정서를 파는 데 집중하는 모습이다.

인문학적 접근을 통해 시장에서 큰 반향을 일으킨 사례로는 아이폰 열풍을 들 수 있다. 아이폰은 기능면에서 삼성이나 엘지의 제품에 못 미친다. 하지만, 고객들의 휴대전화에 대한 다양한 욕구를 반영하기 위해 개인이 원하는 프로그램을 직접 만들고 거래할 수 있게 만든 응용프로그램 온라인 장터인 '앱스토어(Application Store)'가 성공하면서 스마트폰 시장을 장악할 수 있었다.

애플사가 수요자의 이런 욕구를 읽어낼 수 있는 능력은 바로 인간 중심 학문, 즉 인문학의 토대 위에서 가능했다고 분석한다. 스티브 잡스는 인문학 소양이 훌륭한 것으로 알려졌다. 사고의 전환, 상상력의 발휘는 과학기술 그 자체만을 파고들어서는 한계가 있다. 인간에 대한 이해와 풍부한 감성이 기술과 만날 때 아이폰과 같은 혁신이 가능한 것이다.

인문학 붐의 이면에는 아이러니하게도 그 유용성이 재조명되는 시대적 흐름도 있다. 우선 인문학의 대표로 일컬어지는 문사철(문학, 역사, 철학)에 대한 관심은 '기초 사고 훈련'으로서 주목받고 있다. 역사는 수많은 경험사례를 통해 미래에 대한 안목을 키워 귀납적 사고력을 강화하는 학문이다. 철학은 연역적 사고를 통해 사고력을 강화하고 확장하는 학문의 성격을 갖는다. 세계와 인간을 이해하고 해석하는 다양한 철학적 입장을 접하면서 자신의 세계관, 인생관을 정립하는데 도움을 받을 수 있다. 마지막으로 문학은 자신의 생각이나 느낌을 정확하게 표현하고 상대방과 소통하는 능력을 키우는데 도움을 준다. 또, 인간 내면의 섬세한 심리와 감정을 이해하고 간접체험을 통해 다양한 삶의 방식을 접하게 되면서 더욱 폭넓은 사고력과 사회에 대한 애정을 키울 수 있다.

인간만의 특성이자 강점이라 할 수 있는 감성이 더욱 빛을 발하도록 하려면 기본적인 자질을 길러야 한다. 모든 운동의 기본이 튼튼한 기초체력에 있듯이 인문학은 어떤 학문분과를 막론하고 길러야 할 기초로서의 성격을 갖는다. 과학자, 엔지니어, 금융인 등 어떤 직업을 막론하고 문사철과 같은 인문학적 소양은 해당 분야에서 전문성을 인정받고 최고로 성장하기 위한 기초가 되고 있다.

또 하나 인문학이 주목받는 이유는 콘텐츠에 대한 갈증 때문이다. 오늘날의 과학기술 수준은 인간이 상상할 수 있는 모든 것을 제품으로 만드는 것이 가능할 정도로 발전하여 있다. 지금 필요한 것은 근력이나 지력이 아니라 상상력과 창의력이다. 참신한 아이디어만 있으면 자본은 물론이려니와 지식과 기술을 모으는 것이 그리 어렵지 않기 때문이다.

영화의 경우를 보자. 오늘날 좀 더 실감 나는 장면을 찍으려고 지구 상의 어느 곳을 막론하고 현지에 가서 촬영하는 일이나, 정교한 세트를 만드는 것은 이미 일상화되었다. 컴퓨터그래픽을 이용하면 전대미문의 괴물을 창조해내고, 지구의 종말을 생생하게 구현하는 것이 얼마든지 가능하다. 상상보다 더 구체적이고 실감 나는 영상을 만들어 낼 수 있는 것이 오늘날의 기술력이다.

따라서 역사 속의 수많은 이야기, 문학 속의 다양한 삶의 모습들이 무궁무진한 상상력의 소재가 되고 있다. 텔레비전 드라마로 시작해 한류 문화의 원형이 된 대장금도 실은 '중종실록'에 나오는 몇 줄의 기사에서 비롯되었다고 한다. 이름(장금)과 의녀라는 직업, 그리고 몇 가지 서술에 작가의 상상력이 더해져 인기 콘텐츠가 탄생한 것이다. 이제는 인문학이 눈부시게 발전한 기술 위에 탑재되는 콘텐츠로서 다시 한 번 황금기를 맞게 될 것으로 전망된다.

마지막으로 인문학은 0과 1의 이분법적인 디지털 세계에 지친 인간에게 따뜻한 위안과 휴식을 제공해준다. 디지털 세계는 0과 1 이외에는 그 어느 것도 용납되지 않고 한 치의 빈틈도 없으며 모든 것이 광속으로 처리되기 때문에 인간의 생체리듬이나 사고방식과는 본질적으로 맞지 않는다.

우리가 빠르다는 것을 표현할 때 쓰는 '순식간'은 눈을 한 번 깜빡이거나 숨을 한 번 쉴 만한 아주 짧은 동안을 의미한다. 광속으로 움직이는 디지털 시대에 순식간은 빠른 축에도 들지 못한다. 0과 1로는 표현될 수 없는 인간의 미묘하고 섬세한 감성을 어루만지는 일은 기계가 영원히 대신할 수 없는 인간 고유의 영역이다.

물질적으로 풍요해지고 생물학적인 차원의 욕구인 의식주가 충족되면서 문화적 수요가 더 높게 생겨나고 있다. 주5일제가 도입되면서 여가도 많이 늘어났다. 언젠가부터 유행하는 '웰빙', '느리게 살기' 등도 이제는 좀 여유를 갖고 살자는 반성의 표현이라고 할 수 있다. 속도보다는 여유를, 디지털의 숨 막히는 정확성과 엄밀함보다는 아날로

그의 감성과 정서가 다시금 주목받는 시대적 흐름은 인문학이 다시 꽃피는 훌륭한 토양이 되고 있다.

❙ 콘텐츠 중시 시대의 유망직업

앞으로 등장할 첨단로봇, 새로운 통신기기, 각종 제품의 성패는 콘텐츠에 의해 판가름날 전망이다. 앞서 예를 들었던 애플사의 아이폰 경우도 결국 응용프로그램이라는 콘텐츠가 다양했기 때문에 전 세계 소비자의 호응을 얻을 수 있었다. 기계에 담을 콘텐츠가 무엇이냐, 누가 양질의 콘텐츠를 만들어내느냐가 기업과 개인의 성패를 좌우한다고 해도 지나치지 않다. 그리고 그 양질의 콘텐츠를 만들어 내는 기반은 바로 인문학이다. 인문학이 우리의 미래로 가는 열쇠인 셈이다.

게임의 경우를 보자. 이제 게임시장은 기획에 의해 승부가 갈리는 환경으로 바뀌었다. 과거 온라인게임이 처음 소개될 때는 어떤 게임이 화려한 그래픽을 제공하느냐에 의해 승부가 갈렸다. 그러나 소비자들이 다양한 게임을 접하면서 이제 그래픽의 화려함은 별다른 흥미를 끌지 못하고 있다. 또, 기술의 발전으로 그래픽에서 차이를 내기란 점차 어렵게 변하고 있다.

이러한 환경에서 새롭게 부상하는 직업이 게임기획자이다. 게임기획자는 탄탄한 게임스토리를 만드는 한편, 게임 기획단계에서 게임을 지속적으로 업그레이드할 여지를 마련해 둠으로써 사용자의 요구를 반영하여 지속적으로 게임의 완성도를 높일 수 있도록 한다. 게임의 스토리 구조, 완성도를 높이는 것과 더불어 게임에 다양한 방식의 수익창출 구조를 부가함으로써 게임이 하나의 비즈니스 영역으로 자리잡을 수 있게 하는 것도 게임기획자의 업무영역이다.

게임기획자로서 세계적으로 명성이 높은 사람은 미국인 빌 로퍼이다. 그는 스타크래프트와 디아블로를 성공시켰으며, 빌 로퍼가 블리자드를 떠날 때 씨엔엔은 속보로 이를 방송할 정도였다. 그의 경제적 가치는 자그마치 1억 달러로 평가받는 세계 최고의 게임 크리에이터이다.

빌 로퍼가 기획한 스타크래프트와 디아블로는 게임업계를 비롯하여 디지털 경제 전반에 엄청난 영향을 미쳤다. 스타크래프트라는 콘텐츠를 통해 게임과 초고속 인터넷 보급을 확산시켜 한국 정보통신 산업의 기초를 다지는데 계기가 되었다. 또 디아블로는 한국 온라인 게임의 씨앗이 되어 리니지 같은 게임에 많은 영감을 제공했다.

역사는 콘텐츠의 보고이다. 동서양의 인류 역사는 연극, 영화, 소설, 회화, 음악 등의 소재가 되어왔고 지금도 끊임없이 작가의 상상력을 자극하고 있다. 우리가 당면한 현실을 역사 속의 사실과 비교하는 신문기사나 주장은 언제나 독자의 호기심을 끈다. 역사를 대중과 소통하는 콘텐츠로 활용하는 대표적 직업은 역사저술가이다. 역사저술가는 역사적 사실에 대중들이 쉽게 다가갈 수 있도록 분석하여 새로운 해석을 가미해 책을 저술하여 전달하는 일을 한다.

역사저술가 이덕일 박사는 대중적 역사서의 새로운 지평을 연 인물로 평가받는다. 역사학계에서는 별로 높은 평가를 못 받지만, 기존의 역사 해석에 의문을 던져 역사학 대중화에 크게 기여하였다. '당쟁으로 보는 조선 역사'를 펴내고 나서 '이덕일'이라는 이름만으로 최소 수만 권의 판매를 보장할 정도로 영향력을 확보하고 있다.

판타지소설가 역시 최근 주목받는 직업이다. 판타지소설은 신화와 역사, 문학적 표현력이 결합되어 웅대한 스케일과 몽환적 분위기로 독자들을 모은다. 판타지소설은 그 자체로서 그치는 것이 아니라 영화, 드라마, 게임 등으로 연결된다. 컴퓨터그래픽(CG) 등 영상기술의 발전으로 소설보다 더 실감 나는 영상을 표현하는 것이 가능해졌기 때문이다.

판타지소설 작가로서 당대 최고는 해리 포터 시리즈를 쓴 영국의 조앤 롤링이다. 미국 포브스 잡지에 따르면 2007년 그녀의 소득은 1억 6,000만 파운드(3,460억 원)에 달해 전 세계 작가 중 1위를 차지했다. 롤링의 수입은 2위부터 10위까지의 작가 9명을 모두 합친 것보다 더 많고, 그녀의 재산은 2007년 기준 5억 6,000만 파운드(1조 2,110억 원)로 추산되어 엘리자베스 여왕을 능가할 정도다.

인문학은 그 자체로서만이 아니라 다른 분야와 융합될 때 더 큰 가치를 발휘한다. 대표적으로 인문학과 여행 혹은 관광과의 융합을 시도하는 테마여행기획자가 있다. 요즈음의 관광추세는 단순히 보는 것에서 벗어나 역사나 문학 등 특정 테마를 현장답사와 결합시키는 테마여행이 확산되는 추세이다. 움베르트 에코의 '다빈치 코드'와 같은 팩션(fact + fiction)의 무대를 따라 여행하는 상품이 세계적으로 인기를 끌었던 것이 단적인 예다.

국내에서도 시민단체 등에서 인문학 강좌가 인기를 끌더니 이것을 현장 답사로 심화, 발전시키는 양상이다. 과거의 독자들은 책 속의 무대를 상상 속의 장소로 치부하고 별로 주목하지 않았지만, 오늘날의 독자는 직접 현장을 방문하여 좀 더 생생하게 작품을 감상하는 경향을 드러내고 있다. 특히, 인문학자들이 현장 답사에 동행하여 특정 장소나 유물에 얽힌 역사와 이야기를 풀어내는 프로그램의 인기는 뜨겁게 달아오르는 중이다.

최근 서울을 비롯해 많은 지자체가 걷기 코스를 개발하는데 열을 올리고 있다. 관광자원의 확대와 다양화를 위해 바람직하다. 그런데 여기에는 한 가지 결정적인 약점이 있다. 스토리가 빠져 있는 것이다.

관광기획자는 바로 문화재, 역사적 사건 및 문학의 무대, 자연환경 등의 관광자원을 물리적으로 개발하는 것에 인문학적 상상력을 덧붙여 관광상품에 의미를 부여하는 일을 담당한다. 관광지를 어떤 컨셉을 가지고 개발할 것인지, 관광지의 전체적인 이미지를 어떻게 설정할 것인지, 관광코스별로 관광객에게 어떤 메시지를 전달할 것인지 등을 기획하는 것이 주된 업무이다.

제주도의 올레길이나 지리산의 둘레길은 단순히 보는 관광에 익숙한 우리 국민에게 느끼고 체험하는 관광을 소개하여 관광형태를 다양화하는 중요한 시금석이 되었다. 그러나 현재 지자체들이 개발에 열을 올리는 걷는 길 조성사업은 1%가 부족하다. 인문학적 상상력과 콘텐츠가 부족하기 때문에 걷는 것 이상의 의미부여가 어려운 한계가 그것이다. 아름다운 길이 관광상품으로서 갖춰야 할 조건의 99%에 해당한다면 나머지 1%는 그 길에 얽힌 이야기이다.

걷기코스로 세계적인 명성을 얻은 스페인의 '산티아고 가는 길' 그리고 일본의 '오헨로(お遍路)' 등이 있다. 우리나라의 제주도 올레길이나 지리산 둘레길도 풍광의 아름다움 면에서는 이들에 절대 뒤지지 않는다. 그러나 그 길에 담긴 역사와 이야기, 걷는 사람에게 주는 의미는 사뭇 다르다. 스페인의 '산티아고 가는 길'은 구도자의 염원이 담겨 있고, 일본 '오헨로'는 일본의 역사와 전통을 담고 있다.

예수의 제자 야고보가 걸었던 것으로 알려진 '산티아고 가는 길'은 파울로 코엘료의 소설 '순례자'가 엄청난 반향을 일으키며 세계 최고의 인기 여행지로 등장했다. 일본 '오헨로'는 시코쿠 해안선을 따라 크게 한

바퀴 돌며 1,400킬로미터나 이어진다. 일종의 불교 의례에서 비롯됐지만, 불교 신자가 아니어도 오헨로를 걷는 일본인은 오늘도 줄을 잇는다.

눈이 즐거운 아름다운 걷기 코스를 건설하는 것만이 능사는 아니다. 사람들이 걷고 싶은 길, 이야기가 담긴 길, 그 길을 걷는 사람이 의미를 새기는 길을 만드는 것이 더 중요하다. 그 길을 걸으면 영혼의 안식과 마음의 평화가 깃들게 되는 것은 토목기술자의 머리가 아니라 인문학자의 지식과 상상력에서 나온다.

스토리의 중요성이 높아지는 경향에 발맞춰 이야기 소재를 확보하고, 가능하다면 저작권이나 판권을 미리 확보해두는 사업도 유망할 전망이다. 실제 미국 영화의 메카 할리우드에서는 영화를 만들기 위한 이야깃거리가 바닥을 드러내자 각국의 설화, 전설, 문학, 시나리오 등에 눈을 돌려 이를 싼값에 수집하기 시작했다고 한다. 사실 미국은 독립한 지 200년 남짓한 나라이기 때문에 역사와 전통의 측면에서 영화의 소재가 빈약한 한계를 안고 있다.

제3세계 각국의 재미있고 흥미진진한 스토리를 싼값에 미리 확보하는 것은 문화산업의 지속적 발전을 위한 기초가 된다. 이것은 마치 20세기 초 서구의 과학자들이 세계 각국의 식물, 농작물의 유전자를 확보하는데 혈안이 되었던 것에 비견될 수 있다. 우리나라의 대표작물인 콩의 경우만 하더라도 정작 이 땅에서는 사라진 종자들이 미국의 종자연구소에는 잘 보관되어 종자개량에 활용되고 있다.

유구한 역사와 전통을 가진 우리는 스토리 소재를 굳이 외국에서 찾을 필요는 없을지도 모른다. 각 지방, 농촌에 전승되어 내려오는 이야기만이라도 체계적으로 수집한다면 우리 정서에 맞고 세계인에게 호소력 있는 스토리를 얼마든지 만들 수 있을 것이다.

이야기가 있는 길을 만드는 기본은
인문학적 상상력에서 나옵니다.

〈한 눈에 보는 10대 트렌드와 유망분야, 유망직업〉

국제질서 변화

1 중국의 부상

- 중국과의 경쟁보다는 보완성이 높은 분야로
- 서비스업종, 첨단·디자인·고급화 제조업종 유망
  - 관광업종 : 관광기획자, 관광가이드, 호텔매니저 등
  - 컨벤션산업 : 국제회의 전문가, 통번역가, 행사전시회 기획자, 컨벤션 코디네이터

2 세계화의 심화

- 해외취업에 유리한 여건: 자유무역협정(FTA), 지역공동체의 확산, 정부의 '신아시아구상'발표
- 외국어, 전문자격증, 포트폴리오, 글로벌 기업에서의 인턴경험 등 필수
  - IT인력, 간호사, 항공기승무원, 태권도사범, 요리사, 호텔종사자, 한국어강사, 국제기구 종사자 등 유망

기술 변화

3 해양의 중요성 증대

- 해양을 통한 물류와 바다를 활용한 식량, 에너지, 담수, 광물자원 등의 개발 필요
  - 조선산업 : 드릴십 선박공학 엔지니어, 선박환경기술자, 선박대체연료 개발자
  - 물류산업 : 물류관리전문가, 물류컨설턴트, 물류IS개발자
  - 자원연구 : 해양생물식량화 연구원, 해양바이오에너지 연구원, 해양에너지 연구원

4 녹색성장

- 환경과 성장의 조화, 지속가능한 성장의 필요성 증대
- 정부차원의 '저탄소·녹색성장' 추진
  - 바이오에너지 연구원, 태양광설비시스템 개발자, 연료전지시스템 설치원, 환경오염 방지 전문가, 기상컨설턴트, 의료종사자,

5 과학기술 투자 증대

- 우주개발 국책사업으로 추진 : 과학기술 투자증대, 관련산업의 발전
  - 우주체험관 코디네이터, 우주항공 공학자, 천체 물리학자, 국제우주정거장(ISS) 운영자, 발사체 산업 정책 전문 관료
- 인공지능 장착 로봇의 등장 예상 ⇨ 2020년 이후 직업세계의 변동 심화
- 여행, 컨설팅, 의료, 미용, 예술, 스포츠, 음식 등 서비스 산업의 확대
  - 로봇기술엔지니어, 로봇디자이너, 전자공학기술자, 컴퓨터공학기술자, 시스템소프트웨어개발자, 재료공학자, 제어공학자, 인공지능공학자

인구구조 변화

6
베이비붐 세대 은퇴

- 대량은퇴, 노인인구 급증으로 기존 노동시장이 변화, 새로운 직업기회 생성
  - 의료 : 노인전문간호사, 물리치료사, 간병인, 경로도우미, 병원서비스 코디네이터, 장기이식 코디네이터
  - 실버산업: 공연, 미용, 출판, 의료기 렌털, 건강식품, 여행, 주택산업관련

7
남북통일과 다문화 시대

- 통일 후 전개될 직업세계의 변화
  - 북한 인프라구축, 시설현대화, 농업기반조성
  - 북한 주민에 대한 시장경제교육, 직업교육훈련
  - 북한 지역의 행정·사법 업무, 법적 분쟁에 대비한 법률가, 조사관
- 다문화 사회로의 전환을 위한 신생직업 등장
  - 외국어 능력을 갖춘 한국문화 강사, 직업훈련지도자, 직업상담사
  - 통역, 법률상담 및 행정지원, 유치원교사, 학교교사, 교육공학자

문화 변화

8
금융의 중요성 부각

- 경제 성장에 따라 금융산업의 중요성 증대, 국가의 경제력은 금융역량에 의존
  - 금융자산운용가, 개인자산관리사(PB), 투자분석가, 신용분석가, 보험대리인, 손해사정인

9
여가의 증대

- 한국은 세계 최장의 근로국가로 여가 확대가 예상 ⇨ 스포츠, 여행, 놀이, 만남과 관련된 직업의 증대 전망
  - 스포츠 : 스포츠 에이전트, 운동치료사업, 스포츠경영관리사
  - 여행 : 여행상품기획자, 호텔홍보기획자, 국제관광마케터
  - 놀이 : 게임 시나리오작가, 게임 전문강사, 파티메이커
  - 만남 : 바리스타, 소믈리에, 요리연출가

10
인문학의 부상

- 과도한 물질문명에 지쳐 문학, 역사, 철학, 예술 등의 인문학을 통해 감성을 키우고 새로운 삶의 가치와 철학을 재정립하고자 하는 욕구가 증대
  - 게임기획가, 역사저술가, 판타지작가, 테마여행기획가, 이야기수집가

3부

진로설계 10계명

장래희망은 미래와 관련된 것이기 때문에 불확실성이 높다. 그래서 계획을 세울 당시의 의도와 다른 결과가 나올 수 있다. 이런 상황에 맞닥뜨리지 않으려면 장래희망을 진로로 설계할 때 유의해야 할 원칙들이 있다. 여기 제시된 진로설계 10계명은 바로 이러한 원칙들을 10가지로 압축해 정리한 것이다.

　　우선 자녀의 장래희망을 구체화하는 방법과 기준을 명확히 할 필요가 있다. '진로설계에도 순서가 있다', '직업선택의 기준은 행복이다'의 두 가지 원칙이 여기에 해당한다.

　　다음으로, 대학진학 및 희망직업을 선택할 때 특히 유념해야 할 원칙, 다섯 가지가 있다. '대학보다 전공이 중요한 시대다', '직업에 귀천은 없지만 부침은 있다', '미래의 유망직업이 있다', '선진국은 우리나라 직업변화의 나침반이다', '공무원의 시대는 저물고 있다' 등이다.

　　마지막으로 직업세계에서 성공하기 위한 원칙 3가지가 있다. 여기에는 '평생직장, 평생직업에서 평생취업으로 바뀐다', '남들과 달라야 최고가 된다', '성공방정식, 성공=능력×열정×사고방식' 등이다.

　　이 원칙들은 아직 사회생활 경험이 없는 자녀들에게는 매우 낯설 것이다. 따라서 부모가 먼저 자신의 경험에 비춰보고, 이 원칙들을 자녀가 내면화할 수 있도록 작은 계기를 잡아 끊임없이 대화할 필요가 있다.

자녀와 함께 다음 질문에 답해 봅시다.

- 나는 무엇을 추구하는가? 내가 소중하게 생각하는 가치는 무엇인가?
- 내가 잘할 수 있는 것은 무엇인가? 나는 무엇에 관심을 두고 있는가?
- 구체적으로 내가 갖춘 능력은 무엇인가?

1장

진로설계에도 순서가 있다

인생의 목표를 정하게 하라

진로설계는 자신이 원하는 인생의 최종적인 목표를 찾고, 이를 성취하기 위해 어떻게 중간과정을 설계하느냐 하는 문제이다. 최종 목적지와 그곳에 도착하기 위한 여행일정을 짜는 것이 진로설계의 뼈대이다. 인생에서 중요한 진로설계는 진학진로와 직업진로이다. 물론 이두 가지는 별개가 아니라 서로 밀접하게 연결되어 있다. 왜 그런가? 많은 경우 전공이 직업과 밀접한 관련성을 맺고 있기 때문이다. 공대를 졸업하면 엔지니어가 되고 상대를 마치면 증권사나 기업체의 사무원이 되는 것이 일반적이기 때문이다.

물론 예외도 있다. 공대를 나왔으나 시인이 되는 경우도 있고, 법대를 나왔으나 음악가가 되기도 한다. 또, 요즘은 철학과를 졸업한 증권사 직원, 역사학과를 졸업한 자동차 영업인 등 전공과 무관하게 직원을 뽑는 직종도 많이 생기고 있다. 한마디로 전공과 직업이 곧바로 대응하지 않는 경우가 점차 늘어나고 있다.

그러면, 왜 진학진로와 직업진로가 연결되어 있다고 하는가? 그 이유는 전공과 무관한 직업에 진출하면 직무수행에 필요한 지식과 기능을 별개로 또 배워야 하기 때문이다. 철학과를 졸업하고 증권 종사자가 되면 경제학, 회계학, 경영학 등을 익히지 않으면 업무수행에 많은 어려움을 겪게 된다. 불가피하게 이런 상황에 부닥칠 수도 있지만, 되도록 자신의 전공과 일치하는 직업을 찾는다면 시간과 비용의 낭비를 줄일 수 있다.

진로설계에서 가장 중요한 것은 무엇인가? 인생의 목표를 설정하는 것이다. 내가 태어나서 한 세상 살아가면서 무엇을 추구할 것인가를 명확히 해야 한다. 인생의 목표가 불명확하면 마치 목적지 없이 여행을 떠나는 격이 된다. 정처 없이 발길 닿는 대로 여행을 하다가는 고생하기 십상이다. 준비 없는 여행이다 보니 좋은 물을 만나도 즐기기 어렵고 훌륭한 산을 만나도 타기가 쉽지 않다. 수영복도 없고 등산화도 없어서는 물이 됐든 산이 됐든 그림의 떡일 뿐이다. 사회가 복잡해지고 변화가 빠를수록 목표를 세심하게 잡고 차근차근 준비하는 지혜를 발휘해야 한다.

1단계 : 자신을 파악하라

진로설계는 자신을 이해하고 자신에 대한 정보를 집중시키는 것에서부터 시작해야 한다. 자녀가 자신의 가치관, 삶에서 가장 소중히 여기는 것, 내가 좋아하는 것, 내가 잘할 수 있는 것, 가정환경, 신체적 조건 등을 명확히 파악하는 것이 중요하다. 특히 자신의 흥미, 적성, 가치관 등을 명확히 파악해야 한다. 직업흥미검사, 직업적성검사,

직업가치관검사 등의 다양한 도구들이 개발되어 있으므로 이를 이용하여 좀 더 객관적으로 자녀가 자신을 이해하게 할 필요가 있다.

한국직업능력개발원의 커리어넷(www.careernet.re.kr)에는 직업과 관련된 다양한 욕구와 가치들에 대해 각 개인이 상대적으로 무엇을 얼마나 더 중요하게 여기는가를 알아볼 수 있도록 검사서비스를 제공하므로, 이를 이용하면 좋다. 앞서 설명한 노동부의 워크넷(www.worknet.go.kr)도 유용하다. 이러한 정보는 어떤 전공을 선택할 것인지, 장차 어떤 직업을 목표로 할 것인지 등에 대한 중요한 판단근거가 될 수 있으므로 적극적으로 활용할 필요가 있다.

가장 이상적인 진로는 내가 좋아하는 것과 내가 잘할 수 있는 것이 일치하는 경우이다. 직업이 취미가 되고 취미가 직업이 되는 것이다. 내가 무엇을 잘하는지는 자신의 주관적 평가도 있을 수 있지만, 커리어넷의 주요 능력효능감검사, 대인관계검사 등을 이용해서도 알아볼 수 있다. 내가 잘하는 것, 내가 좋아하는 것이 자신을 파악하는 출발점이다.

자녀와 함께 다음과 같은 질문에 답해 봅시다.
- 나는 무엇을 추구하는가? 내가 소중하게 생각하는 가치는 무엇인가?
- 내가 잘할 수 있는 것은 무엇인가? 나는 무엇에 관심을 두고 있는가?
- 구체적으로 내가 갖춘 능력은 무엇인가?

2단계 : 진로를 탐색하고 방향을 정하라

자녀가 자기 자신의 특성과 가치관 등을 정확히 이해하였다면 다음 단계에서는 더욱 적극적으로 진로정보를 수집하고 방향을 설정해야 한다. 진로정보에는 교육정보, 직업정보, 개인정보, 사회적 정보 등이 모두 포함된다.

첫째, 교육정보란 어느 학교, 어느 학과에서 자신이 원하는 지식과 기술을 학습할 수 있는지, 학비는 얼마나 소요되고 배우는 기간은 적정한지 등에 관한 것이다. 교육정보는 주로 한국대학교육협의회에 설치된 대학입학정보센터(http://univ.kcue.or.kr/)를 이용하면 쉽게 수집할 수 있다. 대학별 입학정보, 전형요소별 입학정보, 대학탐방, 진학진로 상담, 그리고 각종 입시자료 등을 인터넷으로 확인할 수 있다.

둘째, 직업정보는 보수, 직업전망, 필요한 교육수준과 자격 등에 관한 것으로, 관심을 둔 분야의 직업정보를 중점적으로 수집해야 한다. 노동부의 워크넷(www.worknet.go.kr) 취업자료실에 접속하면 직업정보가 있고, 각종 직업의 하는 일, 필요한 학력, 자격증, 임금수준 등이 자세히 나와 있다. 외국에서 기회를 찾고자 한다면 해당 국가의 이러한 사이트를 찾아보는 것도 좋다. 미국의 직업정보에 관해서는 O*NET(http://online.onetcenter.org)에 접속하면 유망직업, 연봉수준, 직업별 직무 등에 대한 자세한 정보가 소개되어 있다.

셋째, 개인정보는 가정에서 어느 정도의 교육비용을 감당할 수 있는지, 직업을 얻기까지 얼마나 지원할 수 있는지 등이 주요 내용이다. 예를 들어, 자녀가 변호사를 꿈꾼다고 할 때 법학전문대학원 수학비용을 감내할 수 있는지가 중요한 고려요소가 되어야 한다.

넷째, 사회적 정보로서 중요한 요소는 결혼할 때의 직업 선호도, 직업의 사회적 지위나 위상 등으로, 관심을 두고 살펴야 한다. 이 단계에서는 책이나 신문 등의 정보도 중요하지만, 현 직업에 종사하는 다양한 사람들을 만나 이야기를 듣는 게 필수적이다. 활자화되고 나서는 이미 가치를 잃은 '죽은 정보'일 확률이 높다. 또, 그 직업의 숨

겨진 애환이나 밝히기 어려운 비밀은 통상 활자화되기 어렵다. 왜 그런가? 공식적인 정보는 밝혀서 아무런 문제가 없는 것에 한정되는 수가 많다. 사회적으로 논란의 쟁점이 될 조짐이 있으면 공개하지 않는 경향이 있다. 정보를 공개하여 곤경에 처할 것이 뻔하다면 누가 이를 밝히겠는가?

노동부의 워크넷은 취업상담/지원, 취업자료실 등 다양한 직업별 정보를 찾아볼 수 있기 때문에 유용하다. 또한, 워크넷을 운영하는 한국고용정보원에서도 다양한 직업정보를 제공한다. 또 여기에 있는 보고서나 각종 자료 등도 활용할 필요가 있다.

인생은 선택이라는 말도 있는데, 올바른 선택을 위해서는 자신의 삶의 원칙, 기준이 있어야 한다. 삶의 원칙, 기준이란 앞의 '1단계 : 자신을 파악하라'에서 강조한 흥미, 적성, 가치관을 의미한다. 이를 진로선택의 유용한 기준으로 활용할 수 있도록 좀 더 구체화할 필요가 있다. 선택이라는 것은 좋은 대안을 취한다는 적극적인 의미도 있지만, 반대로 좋지 않은 것을 버리는 소극적 의미도 있다. 세상에 공짜는 없다. 하나를 취하면 다른 하나를 버려야 한다. 상품을 사들이는 순간 그 상품은 내가 가지지만, 주머니 속의 돈은 상인에게로 간다. 자녀가 어떤 학과나 학교를 선택한다는 얘기는 다른 학교, 다른 학과를 선택하지 않고 포기했다는 의미도 된다.

경제학에서는 이를 기회비용이라고 한다. 만 원을 가지고 친구와 함께 자장면을 먹기로 했다면, 만 원으로 할 수 있는 다른 모든 것을 포기하였다는 의미가 된다. 만 원으로 할 수 있는 일 중에 자신에게 가장 가치가 높은 것이 자장면이기 때문이다. 금강산도 식후경이고, 가격대비 만족도가 가장 높은 것은 자장면이라는 자신의 선택 기준이 작용한 셈이다.

기회비용이라는 개념은 모든 선택에서 반드시 고려해야 한다. 지금 선택하려고 하는 대상이 여러 가지 대안 중에서 자신에게 가장 유리한 것인지 반드시 따져봐야 한다. 학교, 학과, 직업을 선택할 때 자신에게 유리한 것이 무엇인지 알려면 결국은 선택 기준을 확실히 해야 한다.

자녀가 가장 중요하게 생각하는 가치, 적성, 장래희망 등을 하나하나 따져보자. 자녀의 적성은 문과인가, 이과인가? 문과라면 이과는 더 볼 필요가 없다. 숫자를 좋아하는가? 싫어한다면 상과 계통은 지워버려라. 그러면 선택지로 남는 것이 확 줄어든다. 이런 식으로 원칙에 따라 하나하나 줄여나가다 보면 자연스럽게 최종 선택에 이르게 된다. 따라서 원칙을 세우는 일이야말로 올바른 선택을 위한 가장 중요한 기초다.

자녀와 함께 다음과 같은 질문에 답해 봅시다.
● 어떤 직업이 나의 가치관에 가장 가까운가?
● 내가 원하는 직업을 가지려면 어떤 학력, 자격을 갖춰야 하나?
　준비하는 데 드는 비용은 얼마인가?
● 나 혹은 가족이 교육, 직업준비 등에 지원할 수 있는 수준은 어떠한가?
● 원하는 직업을 얻었을 때 노력, 투자비용 등을 상쇄하고도 남는가?

3단계 : 구체적 직업목표를 세우고 실천하라

충분한 정보수집을 바탕으로 인생의 방향을 결정했다면, 이제는 진로목표를 구체적으로 설정하고 실천에 돌입해야 한다. 중고등학생에게 가장 중요한 것은 대학진학이다. 어떤 학교, 어떤 학과에 진학하느냐가 최종적인 인생목표인 직업에 다가서는 지름길이기 때문이다.

예를 들어, 가난하고 힘없는 이들을 질병으로부터 구하려고 의사가 되기로 목표를 세웠다고 하자. 의사가 되려면 의대에 진학해서 의사자격시험에 합격해야 한다. 그렇다면, 당연히 의대진학을 목표로 공부해야 할 것이고, 수능 고득점을 달성해야 한다. 의대에 진학하지 않고 의사가 되는 방법은 현실적으로 없다. 다른 직업진로도 대개 이와 유사하다.

만약 구체적인 직업목표가 정해졌다면 이를 달성하기 위해 땀을 흘리는 노력이 필요하다. 수능 고득점이 필요하다면 이를 위해 밤잠을 줄이고 꾸준히 공부하여 점수를 올려야 한다. 의상 디자이너가 되고 싶다면, 창의력, 상상력을 키우는 것과 더불어 스케치 등의 미술적 소양을 갖추는 것이 필요하다. 혹은 컴퓨터를 이용한 디자인을 할 수 있도록 관련 프로그램을 익히는 것도 유용하다. 또, 디자이너가 되려면 의상학과에 어떻게 진학할 것인지 계획도 수립해야 한다. 가장 높이 평가받는 학교는 어디인지, 어떤 교수가 가장 자신의 희망분야와 가까운지, 원하는 학교의 입시전형·수능점수 수준 등은 어떠한지, 학비나 통학여건 등은 적정한지 등을 검토하고 준비해야 한다.

직업별로 구체적으로 어떤 준비가 필요하고 무엇을 학습해야 하는지는 한국고용정보원(www.keis.or.kr)의 직업정보자료실을 참조할 필요가 있다. 직업정보자료실에서는 '청소년을 위한 한국직업전망', '학과정보', '신생 및 이색직업', '미국 속 별난 직업', '직업사전' 등 다양한 정보가 소개되어 있다.

다만, 공공기관에서 제공하는 직업정보는 평균적인 직업의 실상을 보여줄 뿐이고 구체성이 떨어지는 경우가 많다. 직업에 대해 좀 더 구체적으로 알고 싶다면 부모님, 친척, 이웃 등 주변 사람에게 해당 직업에 종사하는 사람을 소개받아 궁금한 것을 묻는 게 좋다.

해당 직업에서 성공한 사람이 쓴 자서전이나 신문 및 방송인터뷰, 기사 등을 검색해서 필요한 정보를 얻을 수도 있다. 만약 더 자세한 이야기를 듣고 싶으면 해당 직업에서 성공한 사람에게 직접 이메일을 보내는 것도 시도할만하다. 어린 학생이 자신의 진로 때문에 편지를 보내거나 편지나 이메일을 보내왔을 때 매정하게 무시할 사람은 많지 않을 것이다. 이 사람과 지속적으로 교신하면서 유용한 정보를 얻고 도움이 되는 충고를 받는다면 자신의 목표에 성큼 다가섰다고 할 수 있다.

또한, 대학진학을 염두에 두고 고민하고 있다면, 한국대학교육협의회(www.kcue.or.kr)를 활용할 필요가 있다. 한국대학교육협의회는 전국 4년제 대학의 학사, 재정, 시설 등 주요 정보를 제공하고 있다. 특히 「대학입학정보」를 보면, 대학별 입학전형에 관한 사항을 손쉽게 파악할 수 있다. 아울러 「대학알리미」에서는 교육여건, 대학재정 및 교육비, 취업률 등을 알려줘 대학별로 대학 진학 시 학비는 얼마나 드는지, 교육여건은 어떠한지, 졸업 후 취업은 잘되는지 등을 파악할 수 있다.

대학에 진학했거나 졸업한 학교 선배 또는 친척 등을 통해 이야기를 듣는 것도 좋은 방법이다. 공부하느라 시간은 없겠지만, 자신의 미래에 대해 구체적이고 피부에 와 닿는 이야기를 많이 듣는 것은 동기유발을 일으켜 학습 능률을 높이는 지름길이다.

자녀와 함께 다음 질문에 답해 봅시다.
- 대학 진학 시 학교가 중요한가, 아니면 학과나 전공이 중요한가?
- 현재 실력으로 갈 수 있는 학교는 어디인가?
- 목표한 대학의 전형방법, 수능점수 수준 등은 적합한가?
- 대학입학 이외에 추가로 준비할 사항은 무엇인가?

2장

직업선택의 기준은 행복이다

▌ 당신은 하는 일에서 행복을 느끼십니까?

▌ 몇 해 전 한국방송(KBS)의 유명 여자 아나운서가 방송국에 사표를 던지고 여행 작가로 변신해 화제가 됐었다. 그녀는 휴가를 내고 해외여행을 즐기던 중 만난 한 외국인으로부터 "당신은 지금 하는 일에서 행복을 느끼십니까?"라는 질문을 받은 것이 계기가 되어 인생의 방향을 바꾸게 되었다고 한다. 내가 하는 일이 진정 나를 행복하게 만들고 있는지 자문하며 자신을 돌아보고 여행작가로 변신할 것을 결심했다는 것이다.

방송국 아나운서가 어떤 직업인가? 입사경쟁률만 해도 수천 대 일에 달하며, 그야말로 돈과 인기가 보장된 직업이다. 이 시대를 대표하는 인기 직업의 상징으로 손색이 없다. "그 좋은 직장을 그만두다니 무슨 배부른 짓인가?", "집이 부유해서 먹고 사는 생계 걱정이 없으니 벌인 일이겠지", "여자 아나운서니 곧 시집가겠지", "남편감이 부자인가 보네." 온갖 억측이 생길 수 있다. 나는 솔직히 그녀가 어떤 이유 때문에 그 좋은 직장을 그만두었는지 언론에 보도된 이상으로는 알지 못한다. 다만, 돈벌이와 출세라는 잣대로만 직업을 재단하는 우리 사회분위기에서 행복이라는 가치를 내세웠다는 점 때문에 신선한 충격을 받았다.

우리는 거의 모든 것이 돈으로 측정되는 물질 만능의 사회에 살고 있다. 사람들 대부분은 자연스럽게 더 많은 소비와 더 값비싼 것을 항상 더 좋은 것으로 생각한다. 이러한 사회에서 삶의 만족도를 높일 수 있는 가장 확실한 방법은 돈을 많이 버는 것이다. 그리고 멋진 차와 근사한 집을 사고 맛있는 음식과 명품 옷을 소비해야 한다. 문자 그대로 '물질이 그대를 자유롭게 하리라.'라는 주술이 통하는 시대다. 그러나 과연 이게 전부일까?

통계적으로도 돈이 많을수록 삶에 대한 만족도가 높아지는 것으로 확인된다. 하지만, 소득이 일정수준을 넘어서면 그때부터 소득과 행복은 무관하다. 2010년 3월 한국방송공사(KBS) 방송문화연구소에서는 15세 이상의 국민을 대상으로 행복에 관한 설문조사를 했다.

"당신은 행복하십니까?"라는 질문에 전체 응답자의 62.9%가 "행복하다."라고 답했다. 연령(50대 이상 6.21점)과 학력(대재 이상 6.10점)이 높을수록 행복도가 높은 경향을 보였으며, 특히 소득수준이 500만 원 이상일 경우 행복감도 높게 나타났다. 그러나 소득이 이수준을 넘어서면 소득과 행복은 반드시 비례하지는 않았다.

이것은 어느 정도의 소득이 행복을 위한 기본적인 조건이 되기는 하지만, 소득만으로는 행복해질 수 없음을 의미한다. 가령, 의사 월급이 800만 원, 엔지니어 월급이 600만 원이라고 해서 본인의 적성,

가치관 등을 모두 무시하고 무조건 의사를 지망하는 것은 다시 생각해볼 일이라는 뜻이다.

중국도 유사한 경향이 나타났다. 중국의 일간지 충칭완바오(重慶晩報) 2010년 3월 18일 자에는 중국의 한 보험사에서 실시한 행복지수 조사 결과가 보도되었다. 중국 사람들은 연간 소득이 11만~20만 위안(1,800만~3,300만 원)인 소득 중상위 가정의 사람들이 행복감을 가장 크게 느끼는 것으로 나타났다. 또한, 가난했을 때는 소득이 늘어날수록 행복감이 비례하여 커지지만, 소득이 20만 위안 정도의 일정한 수준에 도달하면 수입이 높아질수록 행복감이 오히려 떨어지는 것으로 조사됐다.

소득이 일정수준을 넘어서면 지금 하는 일이 만족스럽거나, 가족 또는 친구관계가 좋거나, 봉사활동 같은 사회적 기여에 대한 보람 등이 행복을 결정하는데 더 중요하다고 한다. 행복한 인생을 만들려면 소득과 물질 만능의 직업관, 세계관에서 우선 벗어날 필요가 있다. 행복한 삶을 위해 돈이 필요한 것은 사실이지만, 전부가 아니라는 평범한 진리를 되새기자.

행복의 결정 요소

2007년 미국 워싱턴의 정책연구기관인 카토연구소(CATO Institute)에서는 행복과 관련하여 주목할 만한 연구결과를 내놓았다. 행복을 결정하는 가장 중요한 요인은 '유전자'라고 한다. 대략 50%가 유전자에 의해 결정되고, 우리가 중요하게 생각하는 사회적 지위, 결혼, 건강, 소득 등은 행복을 결정하는데 겨우 10~15%의 비중만 차지한다는 것이다.

또 다른 연구도 있다. 경제학자인 프레이와 스터쳐는 국민소득이 높을수록 국민의 행복감이 높아지지만, 1만 5천 달러를 넘는 국가에서는 국민소득과 행복 간에 유의미한 관계가 없다고 분석하였다. 소득이 일정수준을 넘게 되면 물질적 풍요만으로 국민의 행복수준을 높이기는 쉽지 않다는 뜻이다. 경제 정책의 성공 여부를 국민소득의 크기로 측정하고 국민의 행복이 주로 국민소득에 의해 결정된다고 간주해 온 경제학의 상식과는 배치되는 결과다.

각국의 소득수준을 가로축에 놓고 삶에 대한 만족도를 세로축에 잡아 분석해보면 소득이 높은 나라 사람들의 만족도가 가난한 국가의 국민보다 반드시 높은 것은 아니다. '이스터린의 역설(Easterlin paradox)'로 불리는 이런 현상에 대해 많은 학자나 기관들이 연구를 거듭해봤으나 결과는 비슷했다. 가난한 나라들이 행복지수에서 상위권에 속하는 이유를 경제학자 레이야드는 두 가지 요인으로 설명한다.

첫째는 소득수준과 소비수준이 높은 사람들은 너무 쉽게 더 좋은 여건에 적응해 버린다는 것이다. 좋은 옷을 사면 하루가 즐겁고, 좋은 차를 사면 한 달이 즐겁고, 좋은 집을 사면 일 년이 즐겁고, 좋은 사람을 만나면 평생이 즐겁다는 말이 있다. 이 말은 좋은 옷, 좋은 차, 좋은 집은 일정 시간이 지나면 원래부터 갖고 있던 것처럼 느껴지기 때문에 기쁨의 원천이 못됨을 의미한다. 고급 외제차를 사면 처음에는 기분이 하늘을 날아갈 것 같지만, 언제부턴가 배기량이 더 높고 더 좋은 사양의 차에 눈을 돌리는 것이 인간의 속성이다.

둘째는 절대적 소득수준보다 상대적 소득수준이 행복감에 더 큰 영향을 미친다는 것이다. 우리는 고교동창회에서 흔히 이런 경험을 하게 된다. 학교 다닐 때 공부도 잘 못하던 친구가 돈을 많이 벌어 한턱내게 되면 그 친구가 없을 때 시기 반 질투 반으로 뒷이야기를 하는 경우가 그것이다. 경제적으로 결핍감을 느끼지 못하다가도 동창회에서 오랜만에 만난 친구들과 비교해 재산이나 소득이 낮은 것을 확인하게 되면, 왠지 기분이 상한 자신을 발견하게 된다.

이튼 교수(캘거리대)와 에스워런(브리티시컬럼비아대) 교수는 2010년 3월 경제학 학술지 '이코노믹 저널'에 게재한 논문에서 국가가 일정 수준의 부를 축적한 다음부터는 부를 증진하는 일로부터 얻는 것이 없고, 오히려 사회적 박탈감만 커진다고 결론지었다. 돈을 벌수록 사람들은 부유층 유명 인사들을 따라 하려고 고급 의류나 보석, 값비싼 자동차 등 내재적 가치가 크지 않은 이른바 '신분 상징'의 소비에 집착하게 되는데, 이를 살 수 없는 사람 다수는 상대적 박탈감을 느끼게 돼 국민 전체의 행복 총합이 줄어든다는 것이다.

한국의 국민총생산(GDP)은 1970년(2조8,000억 원)부터 2008년(1,024조 원)까지 약 370배 증가했다. 같은 기간 1인당 국민소득은 9만 원에서 2,120만 원으로 역시 233배나 늘었다. 하지만, 행복이 소득과 비례해서 증가한 것은 아니었다.

영국의 신경제재단(NEF : New Economics Foundation)의 조사 결과에 따르면 한국의 생활만족도 지수(최고 10)는 1970년 4.6에서 2005년 6.0으로 고작 30% 상승하는데 그쳤다. 그래도 오른 게 어디냐면 할 말은 없다. 경제협력개발기구가 발표한 '2009 통계연보'에 따르면, 국가별 '삶의 만족도' 조사에서 한국은 100점 만점에 23.1점으로 경제협력개발기구 회원국 전체평균(54.3점)의 절반에도 미치지 못하고, 30개 회원국 중 24위라는 하위권에 속해 있다.

직업에 귀천은 없다

흔히 직업을 생계유지, 사회적 역할분담, 자아실현을 목적으로 하는 일 또는 노동으로 정의한다. 다시 말해서 직업은 먹고살기 위한 생계수단인 동시에 사회에 기여하고 긍지와 보람을 느끼게 하는 일이어야 한다. 그러나 우리 사회에서 직업을 통한 사회적 기여와 자기만족이라는 정신적 가치는 상대적으로 등한시되어 온 것이 사실이다.

일을 통해 느끼는 보람과 긍지, 만족감은 개인적이고 상대적일 수밖에 없다. 각자가 가진 인생관, 가치관에 따라 직업적 가치에 대한 평가와 의미부여가 달라지기 때문이다. 그래서 직업을 통한 사회적 기여와 자기만족을 중시하는 사회일수록 직업 간 우열을 심하게 따지지 않는다.

예를 들어, 미국에서는 배관공, 목수 등과 같은 직업이 의사나 교수 등에 결코 뒤진다고 생각하지 않는다. 배관공, 목수 등은 전문적인 능력, 적당한 육체적 활동, 위계질서에서 벗어나 자유롭게 일할 수 있다는 점 등에서 오히려 더 높은 자긍심을 갖는 경우도 많다.

하지만, 농경문화적 특성이 강한 우리나라 사람들은 자신만의 독특한 주관이나 개성보다는 공동체적 가치관에 묻혀 있다. 그래서 남들이 나를 어떻게 볼까 하는 체면이나 외부의 시선을 판단이나 행동의 기준으로 삼는 경우가 많다. 따라서 다양한 생각이나 가치관이 공존하기 어렵고 획일적인 기준과 가치만이 존재한다.

우리가 직업을 생계 수단으로 강하게 인식하게 된 배경에는 전쟁과 기아라는 경제적 궁핍이 자리 잡고 있다. 불과 1960년대만 하더라도 보릿고개라는 춘궁기가 있었고, 쌀밥에 고깃국을 먹는 것이 지상과제였다. 이러한 절대빈곤의 상황에서 직업은 생계의 수단이었을 뿐이었고, 보수의 높고 낮음에 따라 좋은 직업과 나쁜 직업이 분명하게 구분되었다.

우리의 유교적 전통 역시 획일적 직업관 형성에 영향을 미쳤다. 사농공상(士農工商), 관존민비(官尊民卑)와 같은 조선시대의 계급사회적 전통은 공무원, 사무직을 높이 평가하고 기술자, 사업가를 낮춰보는 그릇된 사회적 분위기로 이어졌다. 머리가 좋고 똑똑할수록 고시를 통해 관료가 되는 것을 최고의 성공으로 여기는 문화가 자리 잡게 된 것이다.

직업의식 국제비교에서도 우리 사회의 직업에 대한 귀천의식은 주요 선진국보다 유독 강하다. 즉, 좋은 직업과 나쁜 직업을 구분하는 사고가 국민의 머릿속에 강하게 자리 잡고 있다. 직업에 대한 귀천 의식이 강한 사회에서는 자신의 재능이나 적성은 무시한 채 모두가 보상수준이 높은 직업만을 추구하기 마련이다. 꿈과 희망을 좇아 직업을 찾기보다 세상 사람들이 좋다고 하는 잣대에 맞춰 직업을 선택하는 것이다.

이에 따라, 소위 '좋은 직업'을 가진 사람은 적성이 맞지 않아서, '나쁜 직업'을 가진 사람은 열등감 탓에 사회 전체가 불행해지는 결과를 낳게 된다. 대표적 고소득 직업이자 선망의 대상인 의사들이 정작 직업 만족도가 가장 낮다는 한국직업능력개발원의 조사결과가 이를 뒷받침한다.

직업은 정거장이 아니다

직업에서 추구하는 것은 단지 조금 더 많은 월급만은 아니다. 일반적으로 사람이 80년을 산다고 볼 때 짧게는 30년, 길게는 40년 이상

직업을 가지고 살아가게 된다. 직업은 단지 돈벌이 수단이 아니라 한 개인의 황금기를 함께할 동반자와 같다. 인생의 황금기라 할 30, 40 대의 시간 대부분을 쏟는 것이 직업이며, 50, 60대의 원숙함과 함께 하는 것도 직업이다. 아무리 좋은 직장에서 좋은 대우를 받는다고 해도 자신의 꿈과 거리가 있다면 그 직업은 언제든 떠날 수 있는, 단지 '정거장'에 불과하다.

꿈을 이룬다는 것은 비로소 원하는 직업을 갖는다는 말과 같은 뜻이다. 더 많은 월급을 보장해주는 직업만을 추구하는 사람에게 직장은 '수단'에 불과하다. 하지만, 자신의 '적성과 능력'을 발휘할 수 있는 동반자로서의 직업, 꿈과 가치를 얻을 수 있는 직업이라면 직장은 '기회'가 된다.

흔히 21세기에 필요한 인재는 프로여야 한다고 말한다. 자기가 맡은 일에 보람과 긍지를 가지고 누구보다 잘할 수 있는 실력을 갖춰야 한다는 뜻이다. 지난 98년 노벨생리의학상을 받은 루이스 이그내로 교수가 2006년 한국에 방문했을 때, 노벨상을 타려면 어떻게 해야 하느냐는 질문에 인상적인 답을 남겼다.

"과학은 9시 출근, 4시 퇴근하는 일이 아니다. 일주일 내내, 24시간 내내 '왜, 어떻게'가 머리를 떠나지 않고 해답을 얻었을 때 보상을 받는다고 생각하는 열정이 있어야 한다."

열정은 자기가 정말 좋아하고 잘할 수 있는 일을 할 때 발휘될 수 있다. 아침에 눈을 떠 출근하는 것이 가슴 설레고, 일 그 자체를 즐기고 행복해 하는 사람을 누가 당할 수 있을까? 누군가 던질지 모르는

"지금 당신은 행복하십니까?"라는 질문에 자신 있게 "예"라고 대답할
수 있는 일을 찾는 것, 그것이 직업선택의 출발점이 되어야 하지 않을
까?

대학브랜드가 전문성과 실력을 대신할 수는 없습니다.

3장

대학보다 전공이 중요한 시대다

학교냐 학과냐, 그것이 문제로다

대학 입시의 계절이 다가오면 누구나 직면하는 고민이 있다. 학교의 명성이나 지명도를 고려하여 진학할 것인가, 아니면 학과나 전공을 학교보다 더 중시할 것인가 하는 고민이다. 수시모집 탓에 입시가 연중 내내 진행되고 있지만, 아무래도 아직은 정시모집이 대세다. 매년 입시 철만 되면 "그래도 남들이 알아주는 대학을 가야 하는 거 아닌가?", "전공이야 대학에 들어가서 더 배우면 되지!"라는 생각과 "간판이 무슨 소용 있나. 능력이 중요하지", "내가 진출할 직업을 고려해서 전공을 선택해야지"라는 생각이 충돌한다. 물론, 아무 생각 없이 점수에 맞춰 대충 진학결정을 내리는 부류도 없는 건 아니다.

대학진학의 기준으로 "대학이 먼저다."와 "학과가 먼저다."라는 두 주장에 대해 모두가 수긍할만한 명확한 답은 없다. 아직도 출신대학을 따지는 사회적 경향이 강하고, 어느 대학을 다니느냐에 따라 동문회를 통해 맺는 인간관계에 차이가 생긴다. 또, 일생의 중대사라 할 수 있는 결혼에서도 어느 대학을 나왔느냐가 배우자 선택의 범위를 결정하는 데 영향을 미치기도 한다. 특히 맞선을 통해 결혼하려는 경우 출신대학은 커다란 고려요소가 된다.

▌서울대 로망

대학에 진학하려는 이에게 서울대는 꿈의 상징이다. 그러나 서울대에 대한 맹목적 선망은 깨진 지 이미 오래다. 외환위기 이후 서울공대에 진학할 바에야 지방대 의대에 진학하는 것이 낫다는 인식이 자리를 잡았다. 언론에서는 이를 두고 '이공계 기피'니 '성장잠재력의 훼손'이니 매년 야단법석이지만, 대학선택의 기준이 학교라는 간판에서 경제적 실리로 넘어갔음을 상징적으로 보여주는 현상이다. 서울공대의 인기가 하락한 것은 외환위기를 겪으면서 대기업의 공대출신 연구원들이 대거 해고되면서부터다. 이때부터 보수도 높고 직업정년이 없는 의사에 대한 선호가 크게 높아졌다.

한국대학교육협의회에서 얼마 전 흥미로운 조사결과를 냈다. 24개 주요 기업 부서장들을 대상으로 소속 신입사원의 출신대학별 직무능력 만족도를 조사한 결과였다. 이에 따르면, 주요 대기업에 취직한 신입사원 중 금융 분야에서는 고려대와 서강대 출신이, 건설 분야에서는 연세대와 한양대 출신이, 자동차 분야에서는 성균관대 출신이 가장 일을 잘하는 것으로 평가되었다.

한 가지 재미있는 점은 조사된 모든 분야에서 서울대 출신은 인정을 받지 못했다는 사실이다. 서울대 출신이 주요 기업 신입직원의 상당수를 차지하지만, 이들에 대한 평가는 그리 좋지 않음을 보여주는 사례다. 물론 이것을 보편적이거나 일반적인 현상이라 단언하기는 어려울 것이다. 그럼에도, 이 조사결과는 중요한 사실을 보여준다. 서울대학교에 뛰어난 인재들이 몰리는 것은 틀림없지만, 적어도 회사에 취업하여서 일 잘하는 인재로 평가받는 데는 그다지 보탬이 되지 않는다는 사실이다.

샐러리맨의 꿈은 임원승진이라 할 수 있다. 직장생활을 통해 올라갈 수 있는 최고 자리이기 때문이다. 군인이 장군으로 진급하길 소망하는 것과 같다. 2009년 취업전문기관 잡코리아가 우리나라 30대 대기업 임원의 최종학력을 분석한 결과를 보면, 해외유학파가 18.7%로 가장 많고 서울대 출신은 12.0%에 그친 것으로 조사됐다. 물론 해외유학파 중에는 서울대 출신이 상당수 있겠으나, 생각보다 서울대 비율이 높지 않은 것은 사실이다. 부산대, 경북대 등 지방대학도 당당히 10위권에 포함되었다.

〈표〉 30대 대기업 임원 학력(%)

순위	구분	비중	순위	구분	비중	순위	구분	비중
1	해외유학파	18.7	12	인하대	2.3	23	동국대	1.0
2	서울대	12	13	중앙대	2.2	24	아주대	1.0
3	고려대	8.1	14	서강대	2.1	25	전문대졸	0.8
4	연세대	7.4	15	한국외대	2	26	광운대	0.7
5	기타4년제대	6.4	16	울산대	1.7	27	충남대	0.7
6	한양대	5	17	건국대	1.3	28	단국대	0.7
7	성균관대	4.7	18	동아대	1.3	29	조선대	0.7
8	KAIST	3.7	19	경희대	1.2	30	국민대	0.6
9	부산대	3.6	20	숭실대	1.1	31	고졸	0.5
10	경북대	3.3	21	전북대	1.1	전 체		100.0
11	영남대	2.9	22	홍익대	1.1			

자료 : 잡코리아(2009)

이는 아마도 공부를 잘하는 능력이 업무수행에 필요한 능력과 다르기 때문일 것이다. 본질적으로 공부는 혼자서 하는 일이지만, 회사 업무에서는 다른 사람과의 협력, 설득, 의사소통, 인성 등이 더 중시된다. 회사라는 조직을 만드는 가장 큰 이유는 무엇보다 분업과 협업을 통해 생산성을 높일 수 있기 때문이다. 회사는 '1+1=2'가 아니라 '1+1〉2'를 달성하기 위한 조직이다.

공부와 사회생활은 다르다

'덕승재(德勝才)'라는 말이 있다. '덕'이 '재능'을 이긴다는 말이다. 삼국지에서 유비의 재능은 조조에 비할 바 못 되지만, 높은 덕이 있었기 때문에 공명과 같은 뛰어난 책사를 옆에 둘 수 있었다. 그 덕에 천하를 놓고 쟁투를 벌이는 삼국 중의 하나로 우뚝 섰다.

재능은 불이나 칼과도 같다. 용도에 맞게 적절하게 활용하면 사회에 이바지할 수 있지만, 자칫 잘못 사용하면 사회를 파괴하는 독이 될 수도 있다. 재능이 뛰어난 사람은 그 재능을 감쌀 수 있는 덕을 키워야 한다. 다른 사람의 실수나 결점을 너그럽게 포용할 수 있는 넉넉한 그릇을 키워야 한다는 말이다.

"천재는 단명한다."라는 말이 있다. 육체적 수명을 뜻하기도 하겠지만, 조직 속에서 지위나 권력이 짧음을 뜻하는 말이기도 하다. 천재는 왜 단명하는가? 정말 하늘이 재능을 시기해서 일찍 데려가기 때문일까? 나는 천재가 다른 평범한 사람과 좋은 관계를 만드는 데 실패하기 때문에 단명하는 것으로 본다.

주위 사람들이 천재를 이해하지 못하고, 천재도 다른 평범한 사람들의 사고방식을 이해하지 못한다. 천재의 입장에서 보자면, 왜 이렇게 간단한 해답을 사람들이 이해하지 못하는지 답답하다. 처음에는 정성껏 설명하고 이해를 구하지만, 답답함 때문에 자연 짜증이 나고 퉁명스럽게 변한다. 또, 이해관계가 충돌하는 문제가 대부분이기 때문에 평범한 다수를 설득하는데도 한계가 있다.

평범한 사람들은 천재와 사고의 기준이 다르다. 천재가 내놓은 해법은 정답일 수는 있지만 평범한 사람들의 이해관계를 고려하지 못한다. 회사나 국가를 위해서는 최선일 수 있지만, 의사결정에 참여하는 평범한 사람에게는 최악일 수도 있다는 의미다. 예컨대, 평범한 사람들의 사고기준은 이런 것이다. '다른 사람들이 나를 어떻게 바라볼까?', '나에게 어떤 이익이 있을까?'

그러면 어느 순간부터 많은 사람이 천재를 헐뜯기 시작한다. 천재는 자기 생각을 관철하려고 투쟁을 마다하지 않는다. 조직 내에서는 소수 천재와 그를 둘러싼 다수 반대세력간 싸움이 그치질 않는다. 만약 이 공간이 회사라면 사장은 천재를 몰아내고 조직을 단합시켜야겠다고 결단을 내린다. 이것이 천재가 실패하는 전형적인 순서다.

우리 역사에 등장하는 수많은 개혁가는 하나같이 실패를 맛봤다. 고려시대 묘청, 조선시대 정도전, 조광조, 정약용……. 이들이 몰락한 이유는 다양하다. 나는 그중에서도 이들이 동시대를 살았던 다른 사람들과 사고방식이 너무도 달랐고, 또 그들과는 융합될 수 없을 정도로 큰 꿈을 꾸지 않았나 생각해 본다.

다시 본론으로 돌아가자. 21세기에는 다른 사람과의 조화와 협조 능력이 무엇보다 중요하다. 산업화 시대에는 미래가 예측 가능하고 직무가 명확하여 개개인에게 부여된 일만 잘하면 큰 문제가 없었다. 하지만, 오늘날은 직무를 명확하게 정의하기 어렵고 환경변화가 너무 빨라서 미처 예상하지 못한 일들이 수시로 벌어진다. 설명서에 정해진 일만 해서는 다양한 변화에 대처하기 어렵다는 얘기다.

21세기 과학은 1명의 천재에 의지하기보다 수백 수천 명의 과학자가 하나의 프로젝트에 참여하여 서로 협조하는 방식으로 바뀌고 있다. 회사에서도 개개인의 작업단위를 최소화하는 분업화보다 구성원들이 협력하는 팀 작업이 중시되는 방향으로 변화하고 있다. 이는 단순한 문제들이 대부분 컴퓨터, 정보통신기기 등을 통해 손쉽게 해결되는데 기인한다. 즉, 컴퓨터가 해결할 수 없어 인간이 다루어야 하는 문제들은 모두 복잡하고 다학문적 성격을 갖는다. 이에 따라 다양한 전공과 재능을 가진 사람들을 모아 팀을 만들어 해법을 모색하는 것이 일반화되고 있다.

사람을 얻는 자가 천하를 얻는다

심리학자들은 평범한 사람이 일생을 살아가면서 약 5,000명의 사람과 의미 있는 대화나 교류를 하는 것으로 본다. 그리고 한 시점에서 이러한 관계를 유지하는 사람의 수는 250명 정도다. 이것이 의심스러운가? 그러면 여러분의 휴대전화기에 저장된 전화번호의 숫자를 살펴보라. 나에게는 280명이 저장되어 있다. 또, '전체 결과의 80%는 20%의 원인에서 비롯된다.'라는 파레토 법칙도 있다. 구성원의 20%가 80%의 업무를 하고 있으며, 부자 상위 20%가 전체 80%의 부를 축적하고, 상위 20%의 고객이 전체매출의 80%를 올리는 것 등이 이 법칙에 해당한다.

전신애 전 미국 노동부 차관보는 그야말로 입지전적 인물이다. 평범한 주부에서 2001년 미 노동부 사상 최초의 아시아 출신 여성국장, 한국계 여성 최초의 미 연방정부 차관보를 역임했다. 그가 미국 노동부 차관보로 임명될 때 미연방수사국(FBI)에서는 그녀의 주변 사람 50명을 인터뷰했다고 한다.

그럼, 50명은 어떻게 나온 숫자일까? 미연방수사국에서는 검증대상 인물이 현재 의미 있게 교류하는 주변인을 250명으로 본다. 그 이유는 앞서 설명했듯이 250명이 삶의 한 시점에서 교류하는 사람의 수이기 때문이다. 그리고 이 중에서 인터뷰 대상자로 판단할 수 있는 주요 인물은 파레토 법칙에 따라 250명의 20%에 해당하는 50명으로 좁힌다. 따라서, 50명만 인터뷰하면 검증대상 인물을 확인할 수 있게 된다. 전신애 전 차관보는 인터뷰 대상 50명 중에서 단 한 명도 그녀에 대해 부정적인 평가를 하지 않았다고 한다.

현재 내가 교류하는 250명이 누구이고, 이들에게 나는 어떤 사람으로 비치느냐를 생각해보자. 첫째, 현재 교류하는 250명은 누구인가? 내가 교류하는 250명이 내 인생에 도움이 될지, 그렇지 않을지는 알 수 없다. 하지만, 250명 모두를 우연에 맡겨 채우는 것은 바람직하지 않다. 단 몇 명이라도 내가 따라 배우고 싶은 사람, 내게 모범이 될 만한 사람을 의도적으로라도 교류 범위에 넣어야 한다. 둘째, 나는 그들에게 어떤 사람으로 인식되고 있을까? 현재 교류하는 사람 250명은 대개 우연으로 맺어진다. 가족, 친척, 학교 친구, 회사 동료, 교회 교우, 이웃 등등. 그럼, 내가 할 수 있는 일은 무엇인가? 그것은 내가 그들에게 어떤 사람으로 남느냐, 어떤 인상을 심어주느냐이다. 좋은 인상은 얄팍한 매너나 인맥관리로는 생기기 어렵다. 자신이 먼저 바뀌어야 한다. 마음이 따뜻한 사람이 되어야 한다는 말이다.

그럼 이렇게 바뀌려면 무엇을 해야 하는가? 무조건 베풀어라. 내가 가진 것, 돈, 지식, 힘, 물건, 재능 무엇이건 좋으니 베풀어라. 기부라고 해도 좋고 적선이라고 해도 좋다. 곤경에 빠진 사람, 도움이 필요한 사람에게 아낌없이 베풀어라. 먼저 손을 내밀고 친구를 만드는 것이 중요하다.

베푸는 따뜻한 마음만큼 자신을 바꾸고 주변 사람에게 좋은 인상을 주는 것은 없다. 상대방이 곤란에서 벗어날 수 있도록 망설이지 말고 충심으로 도와주자. 설사, 반대급부가 없다고 하더라도 섭섭하게 생각하지 마라. 스스로 갖게 되는 따뜻한 마음은 좋은 운과 일을 불러들이는 씨앗이 된다. 사람을 얻는 자가 천하를 얻는 법이다.

영국의 저명한 경영학자 메러디스 벨빈(Meredith R. Belbin)은 인재만으로 구성된 팀의 전반적인 성과가 별로 좋지 않음을 지적하면서 그 이유를 다음과 같이 분석했다.

1. 성과를 내기에 앞서 사소한 문제를 둘러싸고 논쟁하는데 너무 많은 시간을 허비하여 오히려 의사결정이 지연되고 적기에 대응하는 데 실패함으로써 치르지 말아야 할 비용이 발생하게 하는 경향이 있다.
2. 기존의 지식을 암기하고 관행을 답습하는데 익숙한 모범생 스타일의 인재들만으로 구성된 팀은 급속한 상황변화에 고지식하게 대응하는 경향이 있고, 창의적이고 도전적인 해법을 모색하지 못하기 때문에 난관에 봉착할 수 있다.
3. 팀의 구성원 모두가 지적능력이 크게 요구되는 중요한 일만 맡으려 욕심내고, 반드시 필요하지만 별로 주목받지 못하는 일은 회피하는 경향을 드러내어 적절한 역할분담에 실패하고 최고의 성과를 거두지 못하게 된다.

4. 학교교육 시스템에서 선별된 우수인재란 성적경쟁의 승리자들이기 때문에 협동보다는 경쟁심리가 강하고, 팀 안에서도 2인자를 누르고 항상 1등만 하려 하므로 예리한 지적능력이 오히려 팀워크의 성과를 낮춘다.
5. 우수한 사람이란 대개 분석력과 비판력이 뛰어난 사람인데, 이러한 사람일수록 그가 속한 조직이나 구성원을 부정적인 관점에서 바라보는 경향이 강하고, 격려나 포용보다는 비판과 대결 성향을 갖고 있어 결국 팀의 융화력을 저해하게 된다.

▌대학선택 꼼꼼히 따져봐야!

우리나라에서 고등학교까지의 학교교육은 사실상 대학에 진학하기 위한 중간과정이기 때문에 대단히 획일화되어 있다. 또한, 암기위주의 학습과 점수위주의 치열한 경쟁은 실제 직업세계에서 필요한 다양한 능력을 키우는 데 장애요인이 된다. 학생입장에서는 대학에 진학하고서야 비로소 다양하고 특성화된 교육을 받을 기회가 열리는 셈이다. 결국, 대학에서 학생들에게 직업에 필요한 능력을 키워주지 않는다면 기업의 입장에서 신입직원의 업무능력을 신뢰하기 어렵게 되어 있다. 취업전문기관 잡코리아 조사에서 '어느 대학이 직업에 필요한 능력을 가장 잘 길러주는가?'라는 질문이 있었는데, 역시 서울대가 포함되지 않았다는 사실은 대학이 학생들에게 무엇을 가르쳐야 할 것인가에 대해 중요한 질문을 던진다.

동아일보·잡코리아 공동조사 결과는 평균적인 '취업 스펙(취업에 필요한 자격)'을 보여준다. 2008년 16개 주요 대기업 입사자들의 평균 '취업 스펙'은 토익 846점, 학점 3.7점, SKY대학 출신 비율 23% 등으로 나타났다. 이들의 36%는 인턴을, 65%는 해외연수를 경험했다고 한다. 이 조사에서 주목해야 할 점은 대기업들이 신입사원 전부를 소위 명문대학으로 채우지는 않는다는 사실이다. 출신대학보다는 영어, 학점, 인턴경험이나 외국연수가 중요한 채용기준으로 두드러지고 있다.

이 정보는 대학선택에 대한 중요한 기준을 제공해준다. 우선, 같은 값이라면 영어능력을 배양하고 외국연수 경험을 키울 수 있는 대학이 유리하다. 이를 위해서는 외국 대학과의 교환학생 프로그램, 영어강의 비율, 외국유학기회 제공 정도, 교수들의 박사학위 취득국가 등을 자세히 검토해볼 필요가 있다. 또는 외국인 학생들이 얼마나 많은지도 중요한 변수이다. 구태여 외국에 가지 않더라도 대학의 외국인 친구를 통해 어학을 습득하고 외국문화를 익히는 것이 가능하기 때문이다.

대학 측에서 인턴 기회 확대를 위해 어떤 노력을 하는지도 유심히 관찰해볼 필요가 있다. 요즘 대학들은 특정기업과 산학협력 관계를 돈독히 맺어 우수학생에 대해 취업 시에 특전을 주거나, 인턴학점을 인정해주고, 기업으로부터 강사를 지원받거나, 커리큘럼을 기업과 공동으로 마련하는 등 다양한 활동을 펼치기도 한다. 인턴 기회 역시 대학이 얼마나 기업들과 유대관계를 맺고 있느냐가 중요한 변수이므로 이를 검토해야 한다.

다음으로, 학점은 학생의 전공실력을 보여주는 지표이다. 대학진학단계에서 학점은 중요한 기준이 되기 어렵지만, 철저한 학사관리를 통해 열심히 공부한 학생과 그렇지 않은 학생을 선별해주는 대학이 어디인지 찾아보아야 한다. 요즈음은 학점 인플레가 심하다. 대학들이 학생들의 취업을 도우려고 학점을 후하게 주기 때문에 어느 대학은 평균학점이 'A'에 근접하는 학교도 있다고 한다. 기업들은 이런 학교의 학점을 신뢰하지 않기 때문에 학사관리가 부실한 대학은 피하는 것이 좋다.

서울대에도 한의학과가 있다?

서울 강남에는 서울대 학교마크가 큼지막하게 걸려 있는 어느 한의원이 있었다. 알 만한 사람들은 그 한의원 앞을 지나면서 "서울대에도 한의학과가 있나?"라고 수군거리곤 했다. 실제로 서울대에는 한의학과가 없다.

그런데 어느 날 한의원이 문을 닫고 다른 업소가 들어섰다. 왜 한의원이 문을 닫는지 의문을 가졌던 주민이 부동산 중개업소에 그 이유를 물어봤다. 한의원에서 크게 내건 서울대 학교마크가 역효과를 일으켜 문을 닫게 한 하나의 요인이 되었다고 한다. 한의원 원장은 서울대 인문대학의 ○○학과를 졸업했다. 다른 일을 좀 하다가 한의학에 관심을 두고 뒤늦게 모 지방대학의 한의학과에 진학하여 한의사가 되었다.

서울 강남 요지에 한의원을 개업할 때 그는 마케팅 차원에서 서울대 학교마크를 크게 내걸었다. 한동안 고객이 줄을 잇다가 어느 때부터인가 점차 줄기 시작했다. 한의원 원장은 그 이유를 한동안 모르고 있다가 뒤늦게 한 손님을 통해 이를 알게 되었다. 많은 손님이 서울대 학교마크만 보고 서울대에서 한의학을 공부한 실력 있는 원장이 진료를 해주는 것으로 알고 한의원 문을 밀고 들어섰다고 한다. 그러나 막상 한의원 안에 걸린 졸업장은 ○○지방대학 한의학과이니 고객들은 속았다는 생각을 하게 되었다.

사실 한의원 원장이 졸업한 서울대 인문대학은 진료와 아무런 관련이 없다. 고객에게 중요한 것은 한의사가 어느 대학 한의학과를 졸업

했느냐이지 그 이전에 무엇을 했느냐는 관심사가 아니다. 누가 믿을만
하고 실력 있는 한의사인지 모르는 고객은 한의사의 출신대학을 통해
이를 가늠하려고 한 것인데, 아무런 관련성이 없는 엉뚱한 이력을 내
걸었기 때문에 고객은 배신감을 느꼈고 발길을 돌렸던 것이다.

자신에게 맞는 전공 찾아야

선택하려는 전공의 비전과 졸업 후 진로도 중요한 잣대다. 전공선
택의 기준은 무엇이 되어야 하는가? 무엇보다 자신의 적성에 맞는 전
공을 찾아가는 것이 중요하다. 전공은 직업과 연결되고 직업은 인생
의 동반자나 반려자와 같다는 사실을 잊지 말자.

자신의 적성을 정확히 파악하려면 전문기관에서 검사를 받아보는
것이 좋다. 내가 생각하는 주관적 관심이나 흥미와 객관적인 검사결
과를 종합해서 적성을 파악할 필요가 있다. 그렇게 자신의 적성을 파
악하고 나서 관련 전공을 찾아야 한다. 전공선택은 최대한 신중할 필
요가 있다. 수능시험이 끝나고 해야 할 가장 중요한 일은 어떤 학과
에 진학할 것인가이다. 많은 사람이 대학진학 단계에서 전공선택이라
는 중요한 의사결정을 경솔하게 하고 있다.

대학교육은 4년밖에 받지 않지만 이후 직업생활은 30년~40년 이
상을 해야 한다. 의료기술, 생명공학 기술이 발달하게 되면, 50년 이
상을 일해야 할지도 모른다. 따라서, 전공을 선택할 때는 좀 더 장기
적인 관점을 가져야 한다. 내가 염두에 두는 전공이 과연 대학을 졸
업하고 20년 후의 미래 사회에도 여전히 유용할 것인지, 혹은 다른
분야로 진출하는 데 도움이 될 것인지 등을 검토해 보아야 한다.

최근에 나온 설문조사 결과는 대학과 전공을 신중하게 선택할 필

요성을 보여준다. 취업사이트 파워잡이 직장인 463명을 대상으로 조사한 결과, '대학선택의 기회를 다시 준다면 다른 대학을 선택하겠다.'라는 응답이 57.5%를 차지했다. 반면, 같은 대학을 택하겠다는 응답은 9.7%에 그쳤다. 또한, 다시 전공을 선택할 기회가 있다면 바꾸겠느냐는 질문에 64%가 그렇다고 응답했다.

인생은 짧고 예술은 길다고 한다. 하지만, 청년들에게 인생은 길다. 살아온 날보다 앞으로 살아갈 날이 더 많다. 긴 안목을 가지고 인생을 설계하는 지혜가 필요하며, 대학과 전공선택은 적어도 20년 후까지 자신의 인생에 가장 커다란 영향을 미치는 의사결정임을 명심하자.

입학사정관제, 무엇을 준비해야 하나

이명박 대통령은 임기 말까지 전국의 모든 대학에서 신입생 선발의 방법으로 '입학사정관제'를 도입하겠다고 공언했다. 이것은 입시제도가 크게 변화될 것임을 의미한다. 따라서, 현재 초중고 학생은 앞으로 달라질 입시전형 방식에 현명하게 대처할 필요가 있다.

입학사정관제는 입학사정관을 통해 각 대학의 인재상이나 모집단위 특성에 맞는 신입생을 선발하는 제도로서 내신성적과 수능성적만으로는 평가할 수 없었던 학생의 소질, 경험, 성장환경, 잠재력 등을 종합평가한다. 2009학년도 대입 전형에서 처음 선보이고 시행 대학이 계속 늘어나고 있다. 2009학년도에 40개 대학에서 4,476명을 뽑았고, 2010학년도에는 90개 대학에서 24,240명을 선발했다. 2011학년도에는 107개 대학에서 38,748명을 선발할 예정이다.

입학사정관 전형을 고려한다면, 모든 대학에서 반영하는 공통평가요소에 대해 미리 준비하는 한편, 지망하는 학교에서 특별히 요구하는 사항에 대해서도 주의를 기울일 필요가 있다. 입학사정관제 전형은 '잠재능력 우수자 전형', '농어촌 학생 전형', '리더십 전형', '과학인재 전형', '학생부 우수자 전형', '특기자 전형', '사회봉사 전형', '자기추천자 전형' 등 대학마다 이름도 내용도 다채롭다. 따라서 입학사정관제에 대비하려면 먼저 원하는 전공과 대학을 결정하고 나서 그 대학이 어떤 전형을 시행하고 있는지 알아봐야 한다. 입학사정관제에 대해 좀 더 자세한 정보는 한국대학교육협의회 입학사정관제(http://uao.kcue.or.kr), 한국대학교육협의회 대학진학정보센터(http://univ.kcue.or.kr)을 참고하기 바란다.

〈입학사정관제 공통평가요소〉

요소	주요내용	참고자료
학생의 특성	•사고력, 적성 및 역량, 표현력 등 인지적 특성 •인성, 흥미, 태도 등 정의적 특성 •잠재력, 미래 발전가능성, 전공 적응가능성 등	•수능성적 •학생부(교과·비교과) •대학별 고사 (논술, 면접 등) •자기소개서 •추천서
대학 및 모집전형과의 적합성	•건학이념 및 학과특성에 부합여부 •리더십전형, 사회적 배려전형 등 모집 전형에 적합여부 등	•학생부 비교과 •자기소개서 •추천서
교육환경	•가정환경, 교육여건, 고등학교의 교육과정 특성 등	•자기소개서 •추천서 •학교정보공시자료

입학사정관제를 통해 대학을 가려면 다음과 같은 세 가지 준비가 필요하다.

첫째, 수능성적, 내신성적을 포기해서는 절대 안 된다는 점이다. 입학사정관제는 성적 이외에도 학생 개인의 소질과 적성, 발전가능성 등을 종합적으로 평가하여 선발하는 제도다. 일반전형보다 수능이나 내신의 중요성이 낮다고 하더라도 신입생 선발 시 점수가 무시된다고 착각하지 말자. 학생의 다면적 특성을 종합적으로 고려하기 위한 제도이기는 하지만, 대학에 진학해서 학업을 따라갈 수 있는 최소 요건은 충족해야 하기 때문이다.

따라서, 입학사정관제를 노리더라도 내신 및 수능성적은 철저히 관리할 필요가 있다. 다만, 맹목적으로 전 과목에서 높은 점수를 받겠다는 전략보다는 자신이 진학하고자 하는 학과, 전공과 연관성이 높은 과목에 우선으로 집중하는 것이 현명하다. 물리학과를 지망하는 학생이 입학사정관에게 자신의 흥미, 태도, 잠재력을 입증하기 위해 비교과 활동에 집중하는 방법도 있지만 물리, 수학 등의 교과점수를 관리하는 것은 기본 중의 기본이다.

둘째, 체계적인 관리를 통해 만든 나만의 포트폴리오다. 포트폴리오란 자신의 실력을 보여줄 수 있는 작품이나 관련 내용 등을 집약한 수집철 또는 작품집을 의미한다. 만약 정치인을 꿈꿔 정치학과에 입학하고자 하는 학생이라면 초등학생 때부터 이와 연관된 활동을 하고 이를 학생기록부에 남길 필요가 있다. 웅변대회에 참가하여 상을 받는 것, 리더십을 키우려고 반장이나 학생회장 활동을 하는 것, 연설이나 설득을 잘하려고 과외활동을 하는 것 등이다.

입학사정관 전형에서는 지원분야에 대해서 언제부터, 어느 정도의 노력을 했는지가 주요하게 평가된다. 그래서 초등부터 중등까지 되도록 일관된 포트폴리오를 작성해야 한다. 주말이나 방학에 진로와 관련하여 행한 모든 활동은 기록으로 남겨야 한다. 입학사정관은 기록을 바탕으로 평가하기 때문에 평소 수행한 각종 활동을 그때그때 정리하고 기록하는 습관이 필요하다. 서류평가에서 특히 중요한 것은 자기소개서와 학업계획서다. 자신의 특성과 학과에 대한 열정이 잘 드러나도록 진솔하게 작성하고 이와 관련한 자료를 첨부하면 좋은 평가를 받을 수 있다.

비교과 영역에서는 수상실적도 중요하지만, 출전 자체도 자신의 관심분야에 대해 얼마나 꾸준하게 노력했는지를 평가하는 주요 근거 중 하나가 된다. 그래서 실력이 안 된다 하더라도 꾸준히 경시대회 등 관련대회에 참가하는 것이 좋다. 또한, 단순한 여행이더라도 여행지의 문화유적지, 또는 관심분야 박물관 등을 방문해 사진, 감상문 등의 기록물을 남겨둔다면 자기소개서 등에 유용한 자료로 첨부할 수 있다.

한 가지 주의해야 할 점은 입학사정관 전형에서는 공교육 내에서 할 수 있는 학습 및 체험활동을 중심으로 평가가 이루어진다. 정부에서는 2011학년도부터 입학사정관 전형에 사교육 유발요소를 철저히 배제하겠다는 의지를 밝혔다. 토익, 토플, 텝스 등 어학시험 성적, 수학과 물리 등 교과 관련 올림피아드 입상 성적, 해외봉사 등 사교육기관 의존 가능성이 높은 체험활동, 자기소개서 및 증빙서류를 영어로 기술하게 하는 경우 등은 평가대상에서 배제된다.

입학사정관에게 인상적인 포트폴리오를 만들려면 장기와 단기로 나눠 구체적인 목표를 세우고 하나하나 실천해 가는 것이 중요하다. 모든 학생에게 가장 훌륭한 매니저는 아버지, 어머니다. 자녀의 소질과 능력을 누구보다 잘 알고 자녀의 실천을 지원해줄 수 있기 때문이다. 그러나 모든 부모가 전문적이고 체계적인 자녀 '매니지먼트' 능력을 갖추고 있지는 않다. 자칫 섣부른 판단으로 자녀에게 잘못된 진로 지도를 할 경우 후회하는 일이 생길 수도 있다. 맞벌이가 많은 요즘에는 부모가 자녀의 매니저 역할을 하기가 쉽지 않다.

이처럼 상황이 허락되지 않는다면 저렴한 비용으로 자녀의 진로 전반에 대해 체계적인 관리를 받을 수 있는 교육컨설팅 서비스를 활용하는 것도 방법이다. 교육컨설팅업체의 전문 매니저는 학생 개개인이 꿈을 이룰 수 있도록 장단기 계획을 짜주고 포트폴리오 만드는 법까지 자세하게 설명해준다.

셋째, 자기소개서와 면접의 기초가 되는 논술·구술 실력이다. 논술·구술 실력은 어느 날 갑자기 키우기 어렵다. 일부 논술학원에서 광고하듯이 단기 특강을 들어서는 효과적으로 향상시키기 어렵다. 초등학교 때부터 체계적으로 능력을 배양해 나가야 한다. 다양한 책을 읽고 주변 사람들과 이야기하거나 독후감을 쓰도록 해야 한다. 또한, 신문을 꾸준히 읽는 것은 중요하다. 특히 사설이나 칼럼을 정독하여 시사상식을 넓히고 자신의 논지를 정연하게 펼칠 수 있는 역량을 키워야 한다.

일기를 꾸준히 쓰는 것도 빼놓을 수 없다. 일상적인 사건을 정리하는 수준에서 벗어나, 하루 중 있었던 사건을 매개로 하여 자신의 생각을 정리하는 방식으로 글쓰기를 하는 것이 효과적이다. 즉, 친구와 다툼이 있었다면 그 원인을 짚어보고 어떻게 문제를 해결하는 것이 바람직한 방법인지 생각하고 이를 글로 써 효과적으로 표현하는 능력을 키워야 한다.

중·고등학교 때는 학문적 궁금증이 생길 때마다 관련된 책을 읽어 교과목의 이해를 높이는 교과연계 독서를 하는 것이 효과적이다. 단편적으로 교과서를 암기하기보다는 호기심을 가지고 관련서적을 읽어 배경지식을 늘려가도록 지도하자. 예컨대, 르네상스가 왜 이탈리아에서 비롯되었는지를 더 알고 싶다면, 시오노 나나미의 '로마멸망 이후의 지중해 세계'를 읽는 식이다.

전문가들은 입학사정관제 덕분에 학원 중심의 사교육 시장이 큰 변화를 맞이할 것으로 내다본다. 초등학교부터 자기가 원하는 목표를 세우고 능력을 키우려고 꾸준히 노력해온 과정이 고스란히 입학사정의 기준으로 활용되기 때문이다. 앞으로는 사교육을 통해 좋은 성적을 올리는 경쟁에서 벗어나 진로계획에 입각한 입시전략을 세울 필요가 있다. 자신만의 독특한 포트폴리오를 만들고 논술 및 구술 능력을 키우는 지혜가 필요하다.

4장

직업에 귀천은 없지만 부침은 있다

요즘 대학생이 희망하는 직업

요즘 대학생들은 어떤 직업을 희망할까? 대학 도서관에 가보면 해답이 나온다. 책상 위에 펼쳐진 책들은 학생들이 무엇을 공부하고, 어디에 관심이 있는지를 단번에 드러내기 때문이다. 도서관 책상 위에 펼쳐진 책 중 전공에 관련된 것은 드물고 대개 법률, 영어, 상식 등의 책들이 주를 이룬다. 일부 대학생들은 1학년 때부터 전공보다는 이러한 종류의 책들과 씨름하며 취업준비에 나서기도 한다.

요즘 대학생들을 크게 다섯 부류로 나눌 수 있다. 대기업이나 공기업에 가고 싶어 하는 학생, 고시를 준비하는 학생, 언론인이 되고 싶어하는 학생, 교수나 연구원이 되려고 하는 학생, 그리고 마지막으로 아무 생각이 없는 학생이 그들이다. 아무 생각이 없는 학생이 다수이긴 하지만 말이다.

SKY대학(서울대, 연세대, 고려대)을 졸업해도 원하는 직장에 취업하기가 어렵다는 말이 나온 지 꽤 됐다. 서울대에서 졸업생의 취업을 지원하기 위해 취업박람회를 열었다는 사실이 뉴스로 다뤄졌던 적도 있었지만, 지금은 뉴스로서의 가치마저 상실했다. 서울대 졸업생마저도 취업하기는 쉽지 않기 때문이다. 이에 따라 취업준비 대열에 합류하는 학년은 점차 낮아지고 경쟁의 강도는 높아지고 있다. '고3병'보다 '대4병'이 증세가 더 심각하다는 이야기도 나오는 상황이다.

대학생들이 희망하는 직장으로 대기업은 삼성, 현대, 엘지(LG), 에스케이(SK) 등이 있고, 공기업은 한국은행, 한국전력, 산업은행, 주택공사, 토지공사 등이다. 고시는 공무원 5급, 7급, 9급 시험과 사법고시, 외무고시 등이고, 언론사는 문화방송, 한국방송, 에스비에스, 그리고 조선일보 순이다. 마지막으로 계속 공부해 교수나 연구원을 꿈꾸는 학생도 있다. 물론 아주 가끔은 귀농을 꿈꾸거나, 가수나 개그맨이 되려고 하거나, 창업을 준비하는 학생도 있기는 하지만, 천연기념물 급이다.

변변한 직장 하나 없었던 1960년대 이전을 논외로 한다면 1997년 외환위기 이전까지 우리나라 대학생들에게 취업은 그리 심각한 문제가 아니었다. 대학 졸업장만 따면, 위에서 열거한 직장은 아니더라도 웬만하면 손쉽게 취업할 수 있었다. 1962년 경제개발 5개년 계획이 시작된 이래 한국경제는 매년 10% 가까이 고속으로 성장했고, 덩달아 일자리도 기하급수적으로 늘어났다. 직장을 까다롭게 고르지만 않는다면 대졸자는 누구나 사무직이 될 수 있었다. 물론 당시에는 비정규직이란 단어조차 낯설 정도로 모두 정규직이었다.

1997년 외환위기가 바꾼 취업풍속도

그러나 외환위기를 겪으면서 경제성장세가 5% 이하로 크게 둔화하고 기업들은 인력채용에 소극적으로 바뀌었다. 이에 따라 대학을 갓 졸업한 청년층들이 취업난이라는 직격탄을 맞게 되었다. 반면, 대학 진학률은 80%를 웃돌면서 대졸자 수는 과거보다 대폭 증가했다. 대졸자에 대한 기업의 수요보다 공급이 훨씬 많다 보니 취업난의 악순환이 진행되기에 이르렀다.

'저주받은 학번'으로 불리는 세대는 92학번이다. 남학생은 군대를 다녀오고 나서 졸업했거나 졸업할 무렵인 98년에 외환위기의 폭풍 속에 휘말려 취업의 문이 막혔기 때문이다. 유학을 갔던 이들은 환율 폭등에 학위도 못 받고 중도 귀국한 사례가 많았다. 2002학번도 '저주받은 학번'인 것은 마찬가지다. 이들이 취업을 목전에 둔 2008년 하반기에 벌어진 세계경제 위기로 취업 한파가 몰아닥쳤기 때문이다.

1997년 외환위기를 계기로 대학생의 취업풍속도가 바뀐 것이 있다면 안정적인 직장에 대한 선호가 매우 증가하였다는 점이다. 대표적인 직업이 공무원이다. 각종 공무원 시험을 준비하는 청년층이 한 해에만 약 30만 명에 달하는 것으로 추정된다. 여기에는 대학 재학생, 졸업생 등이 모두 포함되어 있기는 하지만, 한 해 4년제 대졸자 수를 웃도는 숫자다.

1990년대 이전만 하더라도 9급 공무원 시험에는 주로 고졸자가 응시했다. 그러나 지금은 9급 공무원 시험 합격자의 90% 이상이 대졸자이고, 대학생들이 가장 많이 준비하는 시험이 되었다. 사실 9급 공무원 월급은 그리 많지 않고 반복적인 행정업무가 대부분이다. 대표적으로 동사무소에서 주민등록초본과 같은 민원서류 발급업무를 담당한다. 재미있는 일이라고 하기 어렵다. 그럼에도, 많은 대학생이 9

급 공무원이 되려고 애쓰는 이유는 무엇일까?

1997년 외환위기를 겪으면서 많은 기업이 도산했고, 회사원들이 거리로 내몰렸다. 설사 기업이 망하지는 않았다 해도 대대적인 인력조정이 이루어지면서 많은 회사원이 정리해고되었다. 대표적인 경우가 제일은행이었다. 제일은행이 도산하는 과정에서 직원들이 만든 '눈물의 비디오'는 당시 전 국민의 심금을 울리기도 했다. 지금으로부터 약 10여 년 전 있었던 일이니 오늘날의 대학생은 당시 초등학생이거나 중학생이었을 것이다. 가장 감수성이 예민한 시기에 이들의 머릿속에는 일류기업이라도 회사원은 파리 목숨이라는 인식이 자리 잡았다. 당시 제일은행이라면 엘리트 직장이었다.

그럼 외환위기 당시 공무원은 어땠을까? 일부 인력조정은 있었지만, 주로 정년을 몇 년 앞둔 이들을 대상으로 했기 때문에 충격은 그리 크지 않았다. 적어도 30, 40대 가장들이 하루아침에 직장에서 쫓겨나 거리에 내몰리는 일은 없었다. 당시에는 삼성이나 현대도 망할지 모른다는 위기감이 팽배했지만, 공무원에게는 그런 심각한 위기감이 없었다. 월급이 조금 깎인 것 말고는 이렇다 할 큰 감원 태풍은 몰아치지 않았다. 이때부터 많은 사람이 직업으로서 공무원의 매력을 다시 보게 되었다.

1990년대 이전만 하더라도 고시를 제외하면 공무원은 낮은 보수, 반복적인 업무, 보수적이고 진취적이지 못한 직장 분위기, 돈을 크게 벌 수 없는 조건 등으로 그리 인기있는 직장은 못됐다. 그러나 1997년 외환위기를 계기로 이러한 단점들이 장점으로 새롭게 다가왔다. 즉, 특별한 잘못만 저지르지 않으면 60세까지 정년이 보장되고, 은퇴한 이후에는 공무원연금으로 안정적인 생활을 누릴 수 있으며, 남에게 아쉬운 소리 할 필요가 없고, 규칙적인 근무시간으로 여가생활이나 자기계발이 가능하다는 식으로 달리 보게 된 것이다.

직업에도 부침은 있다

이 세상에는 사람이 많은 것만큼이나 직업도 다양하다. 정치인, 교사, 군인 등과 같은 전통적 직업부터 햄퍼(Hamper), 브리더(Breeder), 핸들러(Handler) 등과 같이 새로 부상하는 직업도 있다. 햄퍼는 호텔이나 백화점 등에서 고객에게 알맞은 선물을 제안해서 구성하고 포장, 판매하는 일종의 '선물 도우미'다. 브리더는 개, 고양이 또는 파충류를 키우면서 더 우수한 혈통이나 품종을 만드는 직업이다. 핸들러는 도그쇼, 캣쇼에 개나 고양이를 데리고 대회에 전문적으로 참가하는 사람이며, 미용과 훈련을 직접 시키는 경우가 대부분이다.

이 세상에는 얼마나 많은 직업이 있을까? 직업사전(2001년)에 따르면 우리나라 직업의 총 숫자는 12,306개에 달한다. 미국에는 약 30,000종류, 일본에는 약 25,000종류가 있다고 하니 직업의 세계는 우리가 인식하는 것보다 훨씬 다양하다. 직업의 수가 많은 만큼이나 부침도 크다. 소위 '뜨는 직업'에는 사이클이 있다는 말이다. 국민소득이 높아지고, 산업구조가 변화하고, 사람들의 생활 방식이 달라지면 자연히 '뜨는 직업'과 '지는 직업'이 생겨난다.

외환위기 이후 뜨는 대표적 직업은 공무원이다. 그런데 지금 대학생들 사이에서 이는 공무원 이상열풍은 경제사회구조의 변화보다는 심리적인 요인 탓이 크다. 경제의 불확실성이 높아지면서 안정적 직업을 지나치게 선호하는 사회적 분위기가 공무원이라는 직업의 몸값을 천정부지로 올려놓았다. 하지만, 공무원은 가치를 창조하여 성장을 주도하는 직업이 아니다. 공무원은 사회가 커지는 만큼 성장할 수는 있지만, 그 이상으로 과도하게 클 수는 없다. 한마디로 공무원은 사회의 평균적 수준은 될 수 있을지 몰라도, 그 이상이 되기는 어렵다는 뜻이다. 경제에 거품이 발생하면 언젠가 터지듯이 공무원의 인기거품도 앞으로 얼마나 이어질지는 미지수다.

직업에는 사이클이 있고, 하루 이틀 일하다 그만둘 것이 아니므로 10년 이상의 큰 주기를 바라볼 필요가 있다. 대학교를 갓 졸업하고 입사할 때는 정말 인기가 많은 직업이었으나, 40대를 넘어서면서 지는 직업으로 전락하는 직업도 부지기수다. 어렵게 수백 대 일의 경쟁률을 뚫고 입사했지만, 10년도 못 가서 후회하는 경우가 많음을 의미한다.

사회경제적 여건 변화에 따라 직업의 인기가 어떻게 달라질까? 의료인의 경우를 사례로 살펴보자. 소득이 낮은 인도 같은 국가에서는 일반 근로자와 비교해 의사의 소득은 그리 높지 않다. 국민 대다수가 너무 가난해서 중병에 걸리지 않는 이상 병원을 찾지 않기 때문이다. 그러나 대체로 1인당 국민소득이 6,000달러를 넘으면 감기, 배탈 등 아픈 걸 그냥 참던 사람들이 병원을 찾기 시작한다. 이때부터 의사의 소득은 급증하게 되고 인기도 크게 높아진다.

경제가 성장하여 국민소득이 1만 달러를 넘어서면 사람들은 좀 더 특별한 의료서비스를 찾기 시작한다. 생활이 풍요해지면서 아파야만 병원에 가는 것에서 한 걸음 더 나아가 질병을 사전에 예방하고 건강을 유지, 개선하는데 관심을 두기 때문이다. 예컨대, 보약을 찾는 사람들이 많아지면 한의학이나 대체 의학 관련 직업이 뜨게 된다.

소득이 2만 달러에 육박하면 각종 스트레스에 시달리는 사람들이 많아진다. 사회가 고도로 발전하면서 처리해야 하는 업무의 양이나 복잡성이 폭발적으로 증대하기 때문이다. 정신적인 스트레스가 많아지고 심리적인 안정과 평안을 원하는 사람들이 늘면서 심리치료사가 뜨게 된다. 이처럼 경제성장에 따라 소득수준이 높아지면 사람들의 사고방식과 생활양식이 바뀌고 그것이 직업의 부침과 직결된다.

대학의 인기 학과를 통해서도 '뜨는 직업'을 엿볼 수 있다. 인기학과란 유망 직업과 통하고, 유망 직업은 흔히 1등 배우자를 의미한다. 한국외국어대의 인기 학과 변천사는 우리나라 직업부침의 축소판이다.

베트남 전쟁 특수가 한창이던 1970년대 초반까지 베트남어과의 인기는 영문과에 버금갈 정도로 하늘을 찔렀다. 하지만, 1975년 4월 29일, 사이공의 미 중앙정보국(CIA) 건물 지붕에서 미국인 30여 명이 헬기를 통해 필사적으로 베트남을 탈출하는 장면과 함께 베트남어과의 인기는 바닥으로 추락했다. 70년대 말에는 중동 건설붐이 일면서 아랍어과의 합격선이 치솟아 올랐다. 해외 건설 파견 브로커까지 활개칠 정도로 사우디 건설현장에 취업하는 것은 일생일대의 기회인 시대였다. 1980년대 중반 이후 중동 건설 붐이 내리막길로 접어들자 아랍어과의 인기는 금방 시들해졌다. 노태우 정부가 북방정책을 통해 러시아, 중국 등과의 외교관계를 복원하면서 80년대 말부터는 러시아어과, 중국어과가 떴다. 이후 러시아보다는 중국과의 경제, 무역 관계가 폭발적으로 증대하면서 러시아어과의 인기는 떨어졌지만, 중국어과의 인기는 날로 치솟고 있다.

공대 인기 학과의 부침도 사회변화와 함께 호흡하는 직업세계의 변천을 나타내주는 거울이다. 섬유, 가발 외에 변변한 수출품이 없던 60년대 초만 하더라도 섬유공학과는 서울공대에서 합격선이 가장 높은 인기학과였다. 70년대 대대적인 중화학공업 투자로 화학공학과,

기계공학과가 떴고, 국내외 건설붐이 일면서 토목과, 건축과가 주목을 받았다. 80년대 들어선 반도체산업이 성장세를 보이면서 전자공학과가, 90년대엔 컴퓨터가 대중화되고 정보통신 산업이 급성장하면서 컴퓨터 공학과가 부상했다. 2000년대 들어선 생명공학과가 다른 어떤 공대 학과보다 주목받고 있다.

▎'오라이'에서 '셰셰'까지

교통수단의 변화에 따라 '뜨는 직업'과 '지는 직업'을 살펴보는 것도 사회상을 살펴볼 수 있기 때문에 흥미롭다. 1899년 구한말 음력 4월 초파일, 서울에서는 서울 장안 서대문과 청량리 사이에 전차가 최초로 운행되었다. 고종이 친히 타고 개통식을 했다 하니 당시로써는 일대 사건이었다. 당나귀나 타던 시대에 전차의 등장은 가히 천지개벽과 같았다. 전차에 노부모님을 태우려고 '효도 전차계'까지 생겼다고 하니 그 인기는 실로 대단했다. 전차기사가 최고의 주목받는 직업이었음은 물론이다.

택시는 1896년 미국에서 세계 최초로 등장했다. 우리나라에는 자동차가 들어온 지 9년 만인 1912년에 '포드 T형' 승용차 2대가 도입되어 서울에서 시간제로 임대영업을 시작하면서 택시가 생겨났다. 당시 택시비는 시간당 6원, 서울 장안을 한 바퀴를 도는데 3원을 받았다고 한다. 1920년대 쌀 한 가마의 가격이 6~7원이었던 점을 고려하면 택시를 대절해 서울 시내를 한 시간 동안 도는 운임 6원은 엄청나게 비싼 것이었다. 택시기사 역시 최고의 '뜨는 직업'이었다.

우리나라에서 최초의 시내버스 운행은 서울이 아닌 대구에서 1920년에 시작됐다. 1927년까지만 해도 서울, 부산, 평양 같은 대도시의 대중교통수단은 택시, 전차 등이었다. 서울에서는 이로부터 8년 후인 1928년에 시내버스가 도입됐다. 운행 초기에는 호기심에서 50전을 내고 버스를 타는 사람들이 많아 장사가 잘됐다. 그러나 버스비가 전차보다 20전이나 비싸 손님이 다시 전차로 몰려가게 되자 경성부청에서는 고민이 컸다고 한다.

버스가 대중교통수단으로 인기를 끌게 된 것은 도시화, 산업화가 본격화되기 시작한 60년대부터다. 당시 교통부장관이 1961년 여차장제를 도입하면서 안내양이 본격적으로 등장하였다. 그 이후로 전국 모든 버스의 차장은 여성으로 바뀌었고 변변한 여성 직업이 없던 시절에 안내양은 시골에서 올라온 처녀들이 특별한 기술 없이도 할 수 있는 인기 직업으로 부상했다. 당시에는 버스 1대에 운전기사와 안내양 2명이 손님을 실어 날랐다.

앞에 탄 안내양은 돈을 받고 뒤의 안내양은 손님이 뒤로 타는 것을 감시했다. 행선지를 알리는 것도 이들의 몫이었다. 손님이 모두 타고 내리면 출발해도 좋다는 것을 운전사에게 알리려고 외치던 '오라이' 소리는 안내양의 전매특허였다. 70년대가 되면서 안내양이 한 명으로 줄어들게 되었고, 급기야 80년대에 접어들면서 아예 자취를 감추기 시작했다. 앞문으로 타면서 요금을 내고 뒷문으로 내리도록 한 시민자율버스가 도입되었기 때문이다. 버스기사 앞에 놓인 통에 손님들이 알아서 돈을 내니 굳이 안내양이 필요 없게 되었다. 1989년에는 안내원을 두도록 한 자동차운수사업법 33조가 삭제되면서 안내양도 사라지게 되었다.

1970년 경부고속도로 개통으로 본격적인 고속도로 시대가 열렸다. 고속도로와 더불어 고속버스가 도입되면서, 오늘날의 항공기 승무원처럼 고속버스 안내양은 여성들이 선망하는 인기직업으로 부상했다.

고속버스 안내양은 키도 늘씬하고 미인이어야 했다.

특히, 화장실까지 딸려 있었던 2층 고속버스 그레이하운드는 신기한 구경거리였다. 버스 측면에는 날렵하게 생긴 사냥개가 그려져 있었다. 그러나 80년대 후반 자가용이 대중화되고 고속버스 인기가 하락하면서 고속버스 안내양 역시 사양길로 접어들게 되었다.

1980년대 중반 경제가 비약적으로 성장하면서 1989년에는 해외여행이 자유화되었다. 1989년 해외여행 자유화 이전 불과 연 50만 명 남짓하던 해외관광객은 2007년 1,300만 명을 넘어섰다. 소득증가와 더불어 해외여행이 본격화되면서 뜬 직업은 여승무원인 스튜어디스다. 해외여행에 따라 스튜어디스의 수요가 매우 증가하였고, 여성의 직업 중에 보수도 높을뿐더러 수시로 외국을 드나드는 매력도 있어 인기가 높았다. 항공기 스튜어디스 모집에는 서울의 늘씬한 여대생들이 가슴을 설레며 지원했고, 여자 어린이들의 장래희망 직업목록에도 당당히 올랐다. 미모의 스튜어디스들은 뭇 남성들에게 흠모의 대상이기도 했다.

2004년 4월 초고속 열차인 케이티엑스(KTX)가 개통되었다. 케이티엑스 열차에 타면 세계화된 대한민국의 현실을 반영하여 '셰셰(고맙습니다)'로 마무리하는 중국어 안내방송이 흘러나온다. 케이티엑스 개통과 더불어 화제를 몰고 온 인기직종은 지상의 스튜어디스인 고속철도 여승무원이다. 당시 신문은 350명 모집에 총 4,700명이 지원하여 13대 1의 경쟁률을 기록했다고 전했다. 응시자격은 고졸이상 학력 소지자로 돼 있었지만, 지원자 중에는 대졸 이상의 학력을 가진 사람이 50%를 넘으며 대학원 졸업 이상 학력소지자와 해외 유학파 출신도 2%를 차지하였다. 항공기 스튜어디스 출신도 지원할 정도였으니 인기를 미루어 짐작할 수 있다.

5장

미래의 유망직업이 있다

유망직업에 주목하는 이유

직업에 대해서는 항상 사람들의 관심이 높다. 인간의 삶에서 직업이 차지하는 중요성 때문일 것이다. 요즈음은 특히 유망직업, 뜨는 직업, 차세대 직업 등에 대해 관심이 집중된다. 신문, 방송 가릴 것 없이 직업을 소개하는 기사가 수시로 등장한다.

여기에는 몇 가지 이유가 있다. 청년층 실업이 심각해지면서 초중등 학생을 자녀로 둔 부모들도 자녀의 직업에 대해 걱정이 많다. 또, 현재 실업자이거나, 직장을 다니고 있더라도 새로운 일을 해보고 싶거나, 조기퇴직을 앞두고 있거나, 주부로서 다시 직장을 갖고 싶어서 등의 이유로 무엇이 유망직업인지 궁금해한다. 유망하다는 뜻은 미래 지향적인 의미를 내포하므로 앞으로 어떤 직업이 더 부상할 것인가에 관심을 두고 있다는 말이 된다. 이것은 현재와 비교하여 미래에 직업별 평판이나 매력이 크게 변화하리라는 점을 내포한다.

사람들은 어떤 직업이 현재 더 좋은지는 비교적 잘 알고 있다. 만약, 직업세계에 변동이 없어서 미래에도 현재와 같이 직업인기도가 유지된다면 구태여 유망직업을 궁금해할 필요가 없다. 현재를 통해 미래를 내다볼 수 있기 때문이다. 또 하나 현재는 없지만, 앞으로 새로 생겨날 직업에 대한 궁금증도 있다. 기술이 빠르게 변화하고 사람들의 사고방식이나 생활양식도 달라지면서 예전에는 보지 못했던 새로운 직업들이 속속 생겨나고 있기 때문이다.

유망직업의 조건

그렇다면, 유망직업이란 과연 무엇인가? 유망직업을 선정하는 기준은 어떤 것인가? 유망직업이 경쟁적으로 발표되지만 정작 이 문제에 대해서는 뚜렷한 답이 없는 것이 사실이다.

유망직업의 기준으로 가장 많이 사용되는 것은 '가장 빠르게' 성장하는 직업, '가장 많이' 성장하는 직업이다. 달리 표현하면 종사자 수 증가율이 높은 직업과 종사자 수 그 자체가 가장 많이 증가한 직업이 각각 해당한다. 현재와 비교하여 미래에 일자리가 증가하는 것이 유망직업의 첫 번째 조건이 된다. 두 번째 기준은 '보수'나 '근로환경'을 들 수 있다. 일자리 수가 빠르게 증가하더라도 임금이 낮거나 일하는 환경이 좋지 않으면 유망직업이라고 보기 어렵다. 마지막 기준은 전문성을 갖거나 키울 가능성이다. 전문성이란 무엇인가? 이는 해당 분야에서 남들이 갖지 못한 특별한 능력, 지식, 기술 등으로서 남들로부터 권위를 인정받고 자율성을 확보하는 기초이다. 또한, 전문성은 승진, 전직 등을 쉽게 함으로써 특정한 직장에 얽매이지 않고 활동할 수 있는 자유를 의미한다.

그럼, 이 세 가지 조건은 유망직업을 결정하는 기준으로서 각각 얼마나 중요한가? 이를 알아보고자 직업전문가에게 의견을 물어 종합하였다. 그 결과, 첫 번째 기준인 일자리의 성장 그 자체는 유망직업을 결정하는데 약 20%의 중요성을 갖고 있다. 두 번째 기준인 보수나 근로환경은 약 45%, 세 번째 기준인 전문성은 약 35%의 중요성을 갖고 있다.

〈유망직업의 조건〉

조 건	주요내용	중요도
일자리 성장	일자리 창출, 일자리 성장, 취업경쟁	20
보수 및 근로환경	임금, 복리후생, 정규고용, 고용유지, 근무시간, 근무시간 규칙성, 물리적 환경, 스트레스, 양성평등, 고령자 친화성	45
전문성	자기개발 가능성, 승진 가능성, 직장이동 가능성, 전문지식, 업무자율성, 업무권한, 사회적 평판, 사회봉사, 소명의식	35

자료 : 한국직업능력개발원

이러한 결과는 유망직업으로서 갖춰야 할 가장 중요한 조건이 무엇보다 보수나 근로환경임을 보여준다. 대략 이 기준이 어느 직업이 유망한지를 결정하는 데 있어서 절반 정도를 차지하기 때문이다. 소득수준이 향상하고 학력수준이 높아질수록 사람들은 좋은 직업에 종사하길 원한다. 대학까지 졸업한 사람이 공장에서 기능공으로 일하거나, 건축현장에서 허드렛일을 하길 원치는 않기 때문이다. 집안에 경제적 여유가 있다면, 취업이 어려울 때는 창업에 관심을 두게 된다.

유망직업을 결정하는 데 있어서 35%의 중요성이 있는 전문성 역시 앞의 기준인 보수나 근로환경과 밀접한 관련성을 갖는다. 즉, 보수와 근로환경이 좋은 직업은 대개 전문성이 있고, 전문성이 높은 직업일수록 보수나 근로환경이 좋기 때문이다. 이렇게 보면, 유망직업은 보수와 근로환경이 좋은 전문직종으로 좁힐 수 있게 된다.

제조업 유망직업

한국직업능력개발원에서는 2007년 제조업 각 분야에서 10년 이상 근무한 현업 경력자 등 직업 전문가를 대상으로 10년 후의 유망직업을 전망했다. 조사 결과 현재 시점에서 가장 유망한 제조업종 직업 1위는 정보통신(IT) 컨설턴트로 나왔다.

〈10년 후의 제조업 유망직업〉

순위	직업명	순위	직업명
1	항공기 정비사	11	전기공학기술자(엔지니어)
2	컴퓨터보안전문가	12	식품공학기술자
3	재료공학 기술자(엔지니어)	13	비파괴검사원
4	도시계획가	14	산업안전 및 위험관리원
5	항공기, 선박 조립 및 검사원 (용접원 제외)	15	자동조립라인 및 산업용 로봇조작원
6	IT컨설턴트	16	데이터베이스관리자
7	화학공학기술자(엔지니어)	17	네트워크시스템 분석가 및 개발자
8	환경공학기술자(엔지니어)	18	컴퓨터시스템설계·분석가
9	기계공학기술자(엔지니어)	19	화학제품제조 관련 조작원
10	조경기술자	20	화학물제조 관련 조작원

한국고용정보원에 따르면 2006년 현재 국내에는 2,620명의 정보통신 컨설턴트가 활동하고 있으며, 이들의 월평균 소득은 383만 원으로 집계됐다. 하지만, 2017년에는 항공기 정비사가 정보통신 컨설턴

트를 제치고 1위로 부상할 것으로 예상했다. 이어 컴퓨터보안전문가, 재료공학기술자, 도시계획가 등의 순서로 나타났다.

이하에서는 주요 유망직업을 자세히 소개한다.

항공기 정비사

항공기 정비사는 보상과 고용 안정 측면에서 가장 높은 점수를 받았다. 최근 20년간 국내 항공 수송량이 10배 이상으로 성장한 데다 앞으로 여행객과 화물 수송량의 증가세가 이어질 것으로 예상하기 때문이다.

한국고용정보원에 따르면 2006년 말 현재 항공기 정비사로 분류된 직업을 가진 사람은 4,785명으로 조사됐다. 월평균 급여는 268만 원으로 152개 제조업종 직업 가운데 24위를 차지했다. 평균 연령은 38.6세, 주당 근무시간은 44.2시간이다. 전체 근무자의 86.4%가 대한항공, 아시아나항공 등 대기업에서 일한다.

항공기 정비사는 해외 근무 기회도 많다. 항공기가 취항하는 각국의 공항에 현지 정비를 총괄하는 정비사로 파견되기 때문이다. 이 때문에 항공기 정비사에게 영어 실력은 필수다. 관련 기술 문서나 항공기 정비 이력 문서도 모두 영어로 작성된다.

근로시간은 하루 8시간을 기본으로 일하고, 시간 외 근무 수당이 지급되기 때문에 보수도 좋은 편이다. "항공사가 구조조정에 들어가도 마지막까지 남는 직종 중 하나가 항공기 정비사"라는 말이 나올 정도로 고용 안정성도 높다. 항공기 정비사는 거쳐야 하는 교육 과정이 많고, 자격증도 필요하기 때문에 일찍 목표를 정하고 차근차근 준비할 필요가 있다. 앞으로 수요가 늘어나는 만큼 지원자도 증가할 가능성이 크다. 항공기의 종류가 다양해지고 신기종이 계속 나오므로, 이를 따라가려면 새로운 기술, 지식을 갖추도록 끊임없이 배우고 노력하는 자세가 중요하다.

항공기 정비사가 되려면 2년제 이상 대학에서 항공공학 등의 공학 계열을 졸업하고 항공사 공채시험에 응시하는 방법을 택할 수 있다. 고졸 이상의 일반인도 항공기 정비사에 도전할 수 있다. 항공사 등에서 운영하는 항공정비 관련 직업 훈련원(2년 과정)을 우수한 성적으로 수료하면 항공기정비사로 특별채용될 수 있다. 항공고나 공군항공과학고를 졸업하고 군에서 항공정비 실무를 익히고 나서 취업하는 사례도 있다. 관련 자격증으로는 항공정비기능장, 항공기관정비기능사, 항공장비정비기능사, 항공기체정비기능사, 항공공장정비사, 항공정비사 등이 있다.

▌컴퓨터 보안 전문가

컴퓨터 보안 전문가는 학벌보다 실력으로 승부를 겨루는 직업이다. 정보보호 분야를 전공한 신입사원도 입사 후 6개월은 피나는 훈련을 거쳐야 비로소 제 몫을 할 수 있기 때문이다. 일자리 창출, 보수나 근무환경, 전문성 등이 모두 우수한 것으로 나타나지만, 근무시간이 불특정하고 정신적, 육체적 스트레스가 매우 높은 직업이다.

우리나라는 2009년 7월 디도스 사이버 테러로 말미암아 주요 정부기관의 전산이 마비되고 은행 등 금융시스템에 장애가 발생하는 등 심각한 홍역을 치렀다.

정보통신강국으로서 이만저만 체면을 구긴 것이 아니다. 그러나 이것이 처음 있는 일은 아니다. 지난 1999년 체르노빌(CIH) 바이러스와 2003년 인터넷 대란 당시에도 언론들은 호들갑을 떨었다. 이러한 일들은 주기적으로 벌어지고 있다. 따라서, 컴퓨터 보안 전문가의 중요성은 재삼 강조할 필요가 없다.

컴퓨터 보안 전문가의 활동 영역은 다양하다. 컴퓨터 바이러스 백신 제작 업체, 정보보호 컨설팅회사 등 보안업체나 일반 기업 및 공공기관 정보보호 담당자로 취업할 수도 있다. 한국정보보호진흥원(KISA), 한국전자통신연구원 부설 국가보안기술연구소 등의 연구기관에서 일하는 보안 전문가도 있다.

근무 시간은 맡은 업무에 따라 다르기는 하지만, 일반적으로 개발에 들어가면 며칠씩 밤을 새우는 일도 있다. 특히 바이러스 대응 업무를 맡았을 때에 사고가 발생하면 밤이나 주말에도 근무해야 할 정도로 긴박하게 움직인다.

컴퓨터 보안 분야를 연구하다 보면 바이러스 제작이나 해킹의 유혹에 빠질 수도 있기 때문에 직업윤리가 투철해야 한다. 또한, 컴퓨터와 인터넷 등에 재미를 붙이는 일이 먼저이며, 적성이 매우 중요하다. 악성코드를 분석하는 일은 시간과 인내를 요하기 때문에 열정과 끈기도 중요하며, 프로그래밍 언어 등 기본적인 컴퓨터 지식도 필수적이다.

컴퓨터 보안 전문가가 되려면 네트워크, 하드웨어, 소프트웨어, 데이터베이스 등에 대한 전반적인 지식이 필요하다. 관련 학과를 졸업하고 업계에 진출하는 것이 유리하다. 암호 해독 관련 통계학, 수학 전공자나 산업공학 등 공학계열 출신도 많다. 공인 민간자격으로 한국정보보호진흥원에서 시행하는 정보보호전문가(SIS) 1, 2급이 있다. 국제자격증으로는 국제공인정보시스템 감사사(CISA), 국제공인정보시스템 보안전문가(CISSP) 등이 있다.

정보통신(IT) 컨설턴트

정보통신 컨설턴트는 정보통신분야와 관련된 컨설팅을 전문으로 하는 직종이다. 해당 기업의 제반조건을 분석하고, 최근의 장비 및 소프트웨어, 기업의 기존 정보시스템을 종합적으로 고려하여 최적의 정보시스템 구축을 제안한다. 경영학, 회계학에 대한 지식과 컴퓨터 하드웨어, 소프트웨어에 대한 충분한 이해가 필수적이다. 정보통신 컨설팅은 제안(pre-sales), 요구 사항 정리, 설계, 개발, 테스트 및 오픈 등의 단계를 밟는다.

제안 단계에선 고객사에 필요한 프로젝트를 제안한다. 고객사가 그 제안을 받아들이면 컨설턴트는 고객이 원하는 바를 듣고, 시스템을 구성한다. 주로 사용자 인터페이스(UI)와 데이터베이스(DB)를 설계하는 경우가 많다. 개발 단계에서는 소프트웨어 제작사 등 협력 업체의 역할이 커진다. 정보통신 컨설턴트들은 소프트웨어 개발 일정을 조정하고, 예상치 못한 버그 등 돌발 상황에도 대비해야 한다. 시스템 개발이 완료되면 시험 운영하고 고객사에 운영 방법을 알려주면 끝이다. 전체 과정은 보통 6, 7개월 정도 걸린다.

보이지 않는 문제점을 진단하고 해결책을 내놓는 직업인만큼 스트레스가 많은 편이다. 고객의 요구가 다양하고 협력업체와의 소프트웨어 개발이 원활하지 않을 때는 스트레스가 심하다. 또한, 정해진 일정에 따라 컨설팅을 완료하려면 밤샘을 하는 일도 비교적 많다.

정보통신 컨설턴트는 기업체의 다양한 업무처리과정을 비롯해 경영 전반에 대한 파악이 전제되어야 하기 때문에 전산에 대한 지식과 기술뿐만 아니라 기업경영에 대한 지식이 필요하다. 따라서 4년제 대학교 이상의 전자공학, 컴퓨터공학, 전산학, 정보처리학 등 정보통신 관련 전공뿐만 아니라 경영학, 경영정보학, 회계학 등을 전공하고서 진출하는 것이 유리하다.

특히 경영정보학과에서는 기존 경영학에 대한 이론을 비롯해 컴퓨터시스템을 경영에 응용하는 데 필요한 네트워크, 데이터베이스, 프로그래밍 등 전산 실무교육을 병행한다. 또한, 경영대학원에서 경영정보시스템(MIS)에 대해 전문적인 교육을 받는 것도 도움이 된다. 관련 학과로는 산업공학, 경영학 등이 있으며, 관련자격으로는 국제공인정보시스템 감사사(CISA)가 있으면 유리하다.

도시계획가

우리나라의 주요 도시들은 오랜 역사와 함께 형성되어 계획적으로 개발되지 않았을 뿐더러, 1960년대 이후 급격한 도시화를 겪으면서 기형적으로 성장해왔다. 이에 따라 건물이 난립하고 기반시설도 체계적인 도시계획을 염두에 두고 이루어지지 못했다.

최근 낙후된 도시 주거환경을 개선하고 도시의 경쟁력을 높이고자 서울 등을 위시하여 구도심의 재개발이 본격적으로 추진되고 있다. 소득수준이 향상되고 쾌적한 환경에 대한 시민의 욕구가 증대할수록 기존 도시의 재개발은 더욱 가속화될 전망이다. 또한, 부족한 주택문제, 과밀화에 따른 환경악화 문제를 해결하기 위해 신도시 또한 지속적으로 건설될 전망이다.

이러한 상황들은 도시계획가에 대한 수요증대와 활동영역 확대로 이어진다. 도시계획을 세우려면 기본적으로 도시설계 및 개발에 정통해야 하고 부동산과 금융도 잘 알아야 한다. 이 때문에 도시계획가들은 중앙정부나 지방정부뿐 아니라 공기업, 국토연구원, 교통개발연구원, 민간 건설업체, 시행사 등에 폭넓게 포진해 있다. 여성도 긍정적으로 고려해 볼만하다. 현장근무가 많아 육체적으로 힘든 부분도 있지만, 주민 의견을 청취하고 수렴하는 과정에서 여성의 세심함과 꼼꼼함을 살린다면 남성보다 뛰어날 수 있기 때문이다.

도시계획가가 되려면 대학에서 도시계획 관련 학과를 전공하고 도시계획가로 활동하는 것이 일반적이다. 서울의 중앙대, 단국대와 지방의 동아대, 목포대, 경주대 등에 도시계획학과나 도시지역계획학과 등이 개설돼 있다. 이 외에도 대학에서 건축학이나 조경학, 토목학 등을 전공하고 도시계획 관련 과목을 이수하고 난 뒤 도시계획가로 나서는 사례도 많다. 도시계획기사, 건축기사, 토목기사, 교통기사등 관련 자격증이 있으면 유리하다. 일부 공기업은 관련 자격증을 명시적으로 요구하기도 한다.

환경공학기술자

1990년대 중반만 해도 환경에 대한 기업들의 인식은 낮은 편이었다. 예산 배정도 생산이나 품질 관련 부서보다 많이 뒤처졌다. 하지만, 요즘은 세계적으로 환경의 중요성이 두드러지면서 환경공학 전문가의 몸값도 뛰고 있고, 투자도 눈에 띄게 늘고 있다. 환경공학기술자는 다양한 공학 원리를 활용하여 환경보건에 위험이 되는 것을 예방, 통제하며 개선과 관련된 공학적인 일을 설계하고 계획하거나 수행한다. 폐기물 처리, 현장개선이나 공해방지기술업무를 포함하기도 한다. 환경관련 공무원, 국립연구소, 정부투자기관, 각종 기업체의 연구소, 학교 및 각종 산업체에서 일한다.

환경공학기술자의 가장 큰 장점은 폭넓은 기회이다. 국내의 웬만한 제조업체는 환경공학기술자를 두고 있고, 해외 지사를 낼 때도 환경 전문가를 파견하는 추세다. 특히 선진국일수록 환경 규제가 심해 환경 전문가의 인기가 더욱 높다. 환경공학기술자는 관련 신기술이 끊임없이 개발되고, 국가마다 규제가 다르므로 꾸준히 공부해야 한다. 새로운 설비로 대체될 때마다 운영을 원활히 하려면 설비 기술자 못지않은 기술 능력도 갖춰야 한다. 대학의 환경공학과 또는 환경공학 관련 학과(화학공학과, 화학과 등)를 졸업하는 게 유리하다.

환경공학 관련 연구개발 분야에서 일하려면 일반적으로 석사 이상의 학위가 요구된다. 환경공학과에서는 보통 환경화학, 수질분석 등의 기초 학문뿐 아니라 산업폐수처리공학, 폐기물처리공학, 대기오염방지공학, 환경영향평가 등 환경공학 분야 전반에 걸친 지식과 기술을 습득할 수 있다. 환경공학과를 개설한 대학이 워낙 많아서 대학 학과 졸업만으론 차별성을 가질 수 없다. 대기관리기술사, 수질관리기술사, 화학공학기사, 환경기사 등 관련 자격증을 따 놓는 게 훨씬 유리하다.

조경기술자

한강이 보이느냐에 따라 아파트 가격이 천차만별이다. 2007년 분양된 서울 강동구 암사동 한 아파트의 분양가는 3.3㎡당 1,670만 원에서 2,250만 원으로 책정됐다. 최고가와 최저가 차이가 600만 원 정도. 이는 한강 조망권 가치를 반영했기 때문이다. 30평 아파트 중 한강이 보이지 않는 최저층은 5억 6,200만 원인 반면, 최상층은 7억 4,200만 원이었다. 똑같은 면적에 똑같은 마감재를 쓴 같은 아파트지만, 한강 조망권에 따라 분양가는 1억 8,000만 원의 차이가 벌어졌다.

소득수준이 높아지면서 경관의 아름다움에 대해 사람들이 부여하는 가치가 점차 높아지고 있다. 이에 따라 아파트를 지을 때 나무를 심는 것에서 한 걸음 더 나아가 개울을 만들고, 심지어는 골프코스까지 만들기도 한다. 공간을 아름답게 재창조하는 조경기술자의 역할이 증대하는 것이다. 조경기술자는 아파트 단지, 공원, 관광지 등의 지형과 용도에 맞게 조경을 설계하고, 조경 공사를 관리 감독한다. 완공된 조경 시설물을 유지 관리하는 것도 조경기술자의 몫이다. 역할에 따라 설계, 시공, 관리로 나누는데 대부분 조경기술자는 설계 혹은 시공을 선택해 전문성을 키워나간다.

조경기술자는 현장에 나갈 기회가 많다. 체력은 기본이고 활동적인 성격이 유리하다. 잘 조성된 정원이나 유원지 등을 견학하기 위해 출장도 자주 떠난다. 최근 환경에 대해 관심이 높아지면서 조경기술자 수요도 늘고 있다. 그만큼 조경 관련 전문가를 지망하는 학생 수도 많아졌다. 조경기술자는 팔방미인이 될 필요가 있다. 건축학과 도시설계는 물론 미술까지도 공부해야 한다. 요즘 들어오는 조경기술자들은 정밀화와 데생은 물론 누드화까지 배우고 올 정도로 미적 감각이 중요해졌다.

앞으로는 생태 복원을 다루는 조경기술자가 인기를 끌 것으로 보인다. 한강에서 보듯이 기존의 콘크리트로 뒤덮인 둑을 뜯어내고 친환경 방식으로 하천을 재정비하는 사례가 늘어나고 있어서다. 조경기술자는 형식이 정해진 게 아니어서 창의성을 자유롭게 발휘해야 한다. 물론 조경기술자의 의도에 대해 다른 사람이 공감할 수 있어야 한다. 미인대회 심사위원처럼 다른 사람이 아름답다고 공감할 수 있는 대중적인 안목을 가져야 한다는 뜻이다. 조경기술자가 되려면 대부분

대학에서 조경학과를 전공해야 한다. 업무의 전문성이 높아서 다른 학과를 나온 사람들은 쉽게 도전하기 어렵다. 조경기사 자격증을 따면 입사하는 데 유리하지만, 필수요건은 아니다. 대학을 졸업하면 대체로 건설사의 조경 사업부 혹은 설계와 시공을 전문으로 하는 업체에서 일을 시작한다.

조경기술사 자격증이 있으면 몸값이 확 뛴다. 조경기술사 시험은 실무 경력을 7년 이상 쌓고 나서 응시할 수 있고, 1년에 한 자리 수로 합격자를 뽑기 때문에 가치가 매우 높다. 현재 국내 조경기술사 자격증 소지자는 200명 정도. 이들은 보통 조경업체의 임원으로 일한다.

선진국은 우리나라 직업변화의 나침반이다

직업세계의 공통점과 차이점

세상을 살다 보면 종종 혼자 해결하기 어려운 막막한 문제에 직면하는 때가 있다. 한참을 고민하고 끙끙대도 답이 나오지 않으면 유사한 경험을 가진 친구나 친척에게 물어 경험을 들어보고 해답을 구하는 것이 일반적이다. 이것은 장래 유망직업이라는 다소 막연한 문제에 대한 해답을 구하는데도 마찬가지로 적용될 수 있다. 즉, 우리보다 앞선 선진국의 경험을 보고 미래를 점쳐 보는 것이다.

하지만, 국가마다 경제발전단계와 산업구조가 다르고 사람들의 생활 방식, 가치관이 달라서 유망직업에도 차이가 있으리란 점은 분명하다. 이것은 국가별로 인기직업이 다른 것에서 단적으로 드러난다. 한국과 일본에서는 공무원의 인기가 상한가이지만, 미국에서는 펀드매니저, 증권거래중개인, 부동산거래중개인 등이 인기다. 배관공, 목수 등의 직업은 한국에서 별 인기가 없지만, 미국에서는 사정이 전혀 다르다.

  반면, 일본은 노령화가 심각하기 때문에 이와 관련된 직종이 부상하고 있다. 한국 사회의 고령화 비율(전체인구 중 65세 이상 노인인구의 비중)은 10.7%로 10명 중 1명꼴이다. 이에 비해, 일본은 25% 정도로 전체인구 4명 중 1명꼴에 이르고 있다. 몸이 불편한 노인을 돌보는 직업들인 경로도우미, 물리치료사, 노인전문의사 등이 유망하다. 또한, 은퇴한 노인의 자산관리를 위한 금융컨설턴트, 자산운용가, 유언작성과 사후정리 등을 위한 변호사 등도 인기를 끌고 있다. 일본은 역사적, 문화적 환경이 비슷하기 때문인지 우리나라와 유사한 측면이 전반적으로 많은 편이다.

  이처럼 국가별로 유망직업에 차이가 있는데도 왜 선진국의 유망직업에 관심을 둬야 하는가? 특히 미국과 같이 지구 반대편에 있는 나라고 우리와는 여러 면에서 다른데도 말이다. 이는 무엇보다 국가마다 경제발전의 특수성이 존재하기는 하지만, 대개 선진국의 발전경로를 후발국들이 따라가는 경향이 있기 때문이다. 또, 선진국의 소비행태나 삶의 방식을 모방하고 적극적으로 수용하려는 경향도 존재한다.

  고령화, 환경위기, 여가의 확대와 소득증대, 건강에 대한 높은 관심, 고학력화 등은 선진국이나 우리나라나 똑같이 경험하는 현상이다. 양국에서 나타나는 동일한 환경변화는 직업세계에 유사한 영향을 미치게 된다. 선진국에서는 이러한 변화들이 이미 새로운 직업의 등장으로 이어졌지만, 우리는 아직 시장이 형성되지 않은 경우도 많다. 이것이 선진국의 유망직업에 관심을 둬야 하는 일차적 이유가 된다.

  또 다른 이유도 있다. 미국은 우리보다 소득이 높은 선진국이고, 세계경제를 이끄는 성장의 기관차이기도 하다. 이것은 미국에서 진행되는 변화가 조만간 우리나라에서도 그대로 재현될 가능성이 크다는 의미가 된다. 실제로 미국에서 유행하는 상품이나 문화가 시차를 두고 한국에서 그대로 진행되는 경우가 많다.

스타벅스 커피가 대표적이다. 2009년은 스타벅스가 한국에 진출한 지 꼭 10년째 되는 해다. 한국에 진출한 첫해 매출은 6억에 그쳤으나, 2008년에는 1,710억으로 무려 300배 이상 증가했다. 제임스 볼드윈이 1984년 미국 시애틀에서 창업한 지 불과 20여 년 만의 일이다.

미국의 미래 유망직업

2009년 미국 민주당 리더십 회의(Democratic Leadership Council)에서는 유망직업과 관련하여 중요한 보고서를 발간했다. '학위가 중요하다(A Matter of Degrees)'라는 제하의 보고서에서는 ① 건강 ②교육 ③정보기술 ④신재생에너지 등의 4개 분야가 2016년까지 가장 유망할 것으로 지목됐다.

유망직업을 선정한 기준으로는 두 가지 조건이 적용됐다. 첫째 임금수준이 2006년을 기준으로 평균인 3만 2,000달러보다 높을 것, 둘째 2006~2016년까지 일자리 증가율이 평균인 10%보다 높을 것 등이다. 유망직업을 선정하기 위해 미국 노동부 산하의 노동통계국(Bureau of Labor Statistics) 자료를 활용하였다.

보고서를 보면, 유망직업으로 선정된 직업 대부분이 전문대 졸업만으로도 취업할 수 있는 분야라 눈길을 끈다. 보수와 근로조건이 뛰어난 전문직종은 일자리 수가 크게 증가하는데 한계가 있기 때문에, 이들 직업이 유망직업으로 선정된 것으로 해석된다.

미국에서는 2016년까지 건강관리 관련 분야에서만 약 300만 개의 새로운 일자리가 창출될 것으로 전망된다. 대표적으로 물리치료사, 치위생사, 방사선치료사 등 건강관리 관련 직업이 큰 인기를 끌 것으로 나타났다. 이들 직업 종사자의 연봉은 2008년 현재 평균 3만 2,000달러 정도이지만, 10년 안에 10% 이상 오를 것으로 예측됐다. 미국 경제에서 건강관리 산업은 이미 큰 축을 담당하고 있으며, 건강 관련 직업도 광범위하게 분포하여 성장하고 있다. 고령화가 가속화됨에 따라 보건의료 분야의 일자리는 지속적으로 창출될 전망이다.

특히, 보건의료 분야에서 의사, 간호사에 대한 수요가 빠르게 증가하고, 의료기록사, 건강정보사, 요양보호사, 의료사회복지사 등 건강관리지원 직종도 유망한 것으로 나타났다. 인구고령화에 따라 노인인구가 지속적으로 증가하면서 병원, 가정, 요양원 등에서 노인을 돌보고 치료하는 인력에 대한 수요가 지속적으로 증가할 것으로 예상하였다.

또 다른 유망직종은 녹색성장과 관련된 직업들이다. 환경공학기술자, 환경공학자, 환경전문가, 환경보호사 등이 대표적 직업이다. 이것은 환경문제와 경제성장의 두 마리 토끼를 잡기 위한 녹색성장이 미국의 국가적 의제로 추진되고 있는 상황에 따른 것이다. '친환경'과 '저탄소 녹색성장'을 캐치프레이즈로 내건 미국 오바마 정부는 녹색성장에서 '미국의 희망'을 되찾겠다고 공언한 바 있다. 반도체 혁명의 산실이었던 미국 실리콘 밸리는 지금 차세대 2차 전지, 하이브리드카 등을 연구하는 '그린 밸리'로 발 빠르게 탈바꿈하고 있다.

세계 각국이 녹색성장을 새로운 성장의 패러다임으로 주목하는 가운데, 특히 뜨는 분야는 재생 에너지 관련 직종으로 태양력, 풍력, 바이오연료 등의 분야이다. 태양광발전과 관련해서 유망한 직업으로는 태양광모듈 연구자, 태양전지용 실리콘 연구자, 태양전지 감응형 연구자, 태양광발전시스템 연구자 등이 있다. 풍력발전 분야에서는 풍력발전연구자, 풍력발전시스템 설치기사, 풍력발전시스템 관리자 등이 유망하다. 바이오연료 분야에서는 바이오연료 개발자, 매립가스 포집 및 분석원, 바이오연료 엔진개발자 등이 유망하다.

친환경 산업 종사자를 일컫는 '그린칼라' 신규고용률이 앞으로 10년 안에 약 3배 이상 증가할 것으로 보인다. 풍력 에너지 분야의 인력 수요가 급증하고 있으며, 보고서는 약 28만 5,000개의 직업이 창출될 것으로 예측했다.

〈전문직종 일자리성장률 순위〉

순위	직업명	일자리성장률(%)	2009년 평균연봉(달러)
1위	물리치료보조사	32.4	4만 1360
2위	치위생사	30.1	6만 2800
3위	환경과학자	28	3만 8090
4위	심혈관기사	25.5	4만 2300
5위	직업치료사	25.4	4만 2060
6위	방사선치료사	24.8	6만 6170
6위	환경공학기술자	24.8	4만 560
8위	법원속기사	23.5	4만 5610
9위	간호사	23.5	5만 7280
10위	컴퓨터과학자	15.1	6만 8570

자료: 민주당 리더십 회의 (Democratic Leadership Council, 2009)

교육 분야도 큰 인기를 끌 것으로 전망했다. 기술변화가 빠르게 진전되고 새로운 제품과 서비스가 속속 등장하면서 학교교육은 물론 성인을 대상으로 한 평생교육도 거대 산업화할 가능성이 큰 것으로 예상하였다. 교육 분야는 건강관리 분야와 함께 미국 내 새로 생겨날 직종의 약 30%를 만들어 낼 전망이다.

교육 분야에서 유망한 직종은 지역 전문대학(Community College)과 관련된 직종이다. 과거에는 고등학교 졸업수준의 숙련으로도 노동시장에서 많은 취업기회를 발견할 수 있었지만, 필요숙련이 높아지는 미래사회에서는 적어도 전문대학 정도의 학력은 필수적이다. 보고서를 보면 2006~2016년의 기간 중 전문대학 졸업자의 일자리 증가율은 18.7%로서 전체 일자리 평균증가율 10%의 거의 2배에 달하는 것으로 나타났다. 전문대학 운영을 위한 강사, 교수, 교직원 등은 물론이고 커리큘럼 개발을 위한 교육공학자, 직장인을 위한 훈련교사 등도 유망할 것이다.

현재 고소득자가 포진한 직종은 정보기술 분야다. 현재 이 분야 종사자들은 평균 7만 1,415달러의 연봉을 받고 있는데, 앞으로 컴퓨터화, 자동화가 더욱 진전됨에 따라 관련 직종에 대한 수요가 꾸준히 증가하고 연봉도 지속적으로 높아질 것으로 예상하였다.

정보기술 분야에서 유망한 직종은 전산망 관련 하드웨어와 소프트웨어를 체계적으로 관리 운영하는 네트워크 관리자, 멀티미디어 콘텐츠를 개발하는 멀티미디어 프로그래머, 컴퓨터 공학자, 물리학자, 반도체 설계자, 휴대폰 개발자 등으로 나타났다.

7장

공무원의 시대는 저물고 있다

정부미는 왜 맛이 없을까?

"정부미는 왜 가격과 품질이 떨어질까?" 이 말은 2004년 4월 행정
자치부(지금의 행정안전부) 직원연찬회에서 연사로 나선 현직 공무원
이 던진 쓴소리다. 고시출신의 똑똑한 인재가 관료사회에 들어오고
몇 년 못돼서 정부미로 질이 낮아지지만, 정작 자신들은 민간기업보
다 우수하다고 착각하는 잘못된 현실을 신랄하게 풍자한 말이다.

고시에 한번 합격한 것만으로 공무원들의 우수성이 입증이라도 된
듯이 생각하는 것은 이미 낡은 사고태도이다. 오늘날 지식의 양이나
질은 불과 3년 전, 5년 전과도 비교할 수 없을 정도로 빠르게 바뀐
다. 누가 지속적으로 학습하고 변화를 따라가느냐가 중요한 것이지,
과거에 어떤 시험을 어떤 성적으로 통과했느냐를 따지는 것은 무의미
하다.

사실 국내 대기업들은 외환위기를 겪으면서 고시제도와 비슷했던

획일적인 공채제도를 거의 없었다. 인사팀에서 한꺼번에 뽑아서 계열사에 분배하는 방식으로는 필요한 사람을 제때 뽑을 수 없음을 절감했기 때문이다. 하지만, 정부의 고시제도는 조선시대와 비교해도 본질적으로 바뀐 것이 없다. 고시제도는 자칫 정실에 흐르기 쉬운 인재 선발 제도를 공정하게 만든 공로가 있다. 하지만, 행정안전부가 간부 공무원을 일괄적으로 뽑아 각 부처에 배분하는 방식으로는 복잡해진 현대사회의 행정수요를 충족시키기에 역부족이라 보인다.

한번 고시에 붙은 것으로 '입신양명'하고, 그 후에는 대과가 없는 한 고위직으로 승진하는 방식으로는 공무원의 전문성을 높이는데 한계가 있다. 민간기업 종사자들은 치열한 경쟁 속에서 끊임없는 자기계발을 위해 학습에 몰두하고 있지만, 경쟁이 약한 공직사회 분위기상 공무원들이 얼마나 노력할지는 미지수다.

다산 정약용은 과거제도를 비판한 '거현론(擧賢論)'에서 이렇게 탄식했다. "사람들을 모아 일률적으로 과거라는 격식에 집어넣고는 마구 짓이기고 있으니 서글픈 일이다." 박제가도 "과거에 급제하면 평생 공부해 온 문장을 그날로 팽개쳐버리니 정작 국가가 그 재주를 쓸 곳이 없다."라고 개탄했다. 오늘날의 고시제도가 과연 조선시대 과거제도가 안고 있던 병폐를 얼마나 극복했는지 따져볼 일이다.

| 현고학생부군신위

선진국에서도 한 번의 시험만으로 업무능력에 대한 검증 없이 간부 공무원으로 임용되는 사례는 찾아보기 어렵다. 그리고 우리처럼 인재들이 너도나도 공무원이 되겠다고 몰려드는 현상도 흔치 않다. 미국의 경우, 우수한 학생들은 공무원보다는 금융회사나 대기업을 훨씬 선호한다. 일단 고시만 붙으면 일생이 보장되는 지금과 같은 제도 아래에서는 고시 열풍이 쉽사리 수그러들지 않고, 정부 혁신을 기대하기도 어렵다. 작고 효율적인 정부를 만들려면 공무원 인사제도의 개편이 필요하며, 그 핵심에는 고시제도가 자리 잡고 있다.

2007년 공무원 채용을 담당하는 행정안전부는 공무원 임용시험의 나이제한을 폐지하겠다고 밝혔다. 공무원 나이제한을 둘러싸고 헌법소원이 제기되기도 했고, 연령차별금지법의 제정취지에도 어긋난다는 점에서 거스를 수 없는 시대적 흐름을 반영한 결정이다. 사실 공무원 시험 나이제한은 조선시대와 비교해도 뒤떨어진 것이었다. 조선시대 문과 합격자 1만 5,151명 중에서 최고령 합격자는 정순교로서, 만 85세에 과거에 합격하였다고 한다. 이 밖에도 과거 합격자 중에는 많은 고령자가 포함되어 있었다.

'현고학생부군신위(顯考學生府君神位)'는 제사를 지낼 때 가장 많이 쓰는 지방이다. 지방이란 제사를 모실 때 종이에 지방문을 써서 만든 신주(神主)를 말한다. 지방에서 '학생'은 '벼슬을 하지 않고 평생 배우기만 한 사람'을 뜻한다. 오늘날로 해석하면 공무원이 되어야 비로소 살다간 발자취를 기록할 만하다는 유교적 직업관이 반영된 말이다.

뛰어난 사업가나 기술인들이 존경받지 못하고 공무원을 선망했던 조선시대의 풍조는 오늘날에도 면면히 이어져 오고 있다. 비록, 오늘날 구직자들이 공무원을 선망하는 이유가 과거와 다르기는 하지만 말이다. 사오정, 오륙도 등의 신조어가 말해주듯 민간기업의 높아진 고용불안정성 때문에 공무원 쏠림현상이 심해지고 있다. 이는 공무원을 대상으로 왜 공직을 선택했는지에 관한 조사에서 '공무원에 대한 신분보장 때문에'가 1위를 차지한데서도 확인된다. 입신양명이나 공직의 역할과 사명감이 많이 작용하였던 과거와 확연히 구분되는 현상이다.

이 결과 오늘날 약 30만 명을 웃돌 것으로 추산되는 많은 청년층이 공무원시험 준비에 몰두하고 있다. 중앙인사위원회에서 실시한 2008년도 9급 공무원 시험에는 16만 4천 명이나 응시했다. 경쟁률도 49대 1에 달한다. 2007년 서울시 공무원 시험에는 전국에서 14만 4천여 명이 응시하여 83 대 1의 높은 경쟁률을 보이기도 했다. 이러한 사회 분위기는 꿈의 다양성과 크기를 키워야 할 청소년에게도 영향을 미치고 있다. 한국직업능력개발원에서 2007년 실시한 장래희망직업 조사에서 공무원은 중학생에서 5위, 고등학생에서 3위의 인기직업으로 부상하였다. 부동의 장래직업 1위인 선생님도 공무원이니, 우리 청소년들의 꿈은 공무원이라 해도 지나친 말이 아니다.

우리 사회에서 공무원은 '철밥통'이라는 고정관념이 널리 퍼져 있다. 철밥통은 깨지지 않는 밥그릇을 의미하니, 그만큼 안정된 직업이라는 뜻이다. 그러나 공무원은 사회발전을 위해 직접적으로 가치를 창출하는 것이 아니라 이를 지원하는 직업이다. 사회를 이끄는 주역으로는 부적합한 직업이라는 뜻이다. 이는 공무원에 대한 보수나 대우가 사회의 평균적 수준을 따라갈 수는 있어도 가장 좋을 수는 없음을 의미한다. 관료의 영향력이 가장 크다고 하는 일본조차도 하토야마 민주당 정부가 들어서면서 가장 먼저 개혁의 칼을 댄 부문이 관료사회다. 정책, 예산, 인사에서 관료의 입김을 확 빼겠다는 것이다.

공무원 세계는 변화 중

공무원의 철밥통도 점차 약해지고 있다. 고위공무원단 제도가 도입되면서 3급 이상 고위공무원은 경쟁과 성과에 의해 인사가 이루어지도록 바뀌었다. 또한, 민간인과 공무원의 공개경쟁을 통해 직무수행 요건을 갖춘 가장 적합한 사람을 뽑아 임용하는 '개방형 직위제'에 따라 민간전문가들의 채용도 증가하고 있다. 국장 승진을 하고 나면 정년을 채우지 못하고 50대 초중반에 옷을 벗는 것이 하나의 관행처럼 자리 잡고 있다. 5급 공무원은 공채보다 박사, 자격증 소지자 등을 대상으로 하는 특채에 의해 충원되는 비율이 더 높다. 한마디로 고시에만 붙으면 정년퇴직이 보장되던 시대는 서서히 종말을 고하고 있다. 공직사회에도 경쟁이 강화되고 성과에 의해 평가되는 인사시스템이 정착하는 중이다.

공무원을 그만두고 나서 산하단체나 공기업에 낙하산으로 내려가는 관행에도 점차 제동이 걸리고 있다. 공직자윤리법에서는 공무원이 재직할 때 맡았던 업무와 밀접한 관련이 있는 기업에 퇴임 후 2년간 취업하지 못하도록 막고 있다. 과거 정치권이나 퇴직 관료의 낙하산 보직으로 통하던 공기업 사장도 이제는 민간 기업 출신 최고경영자가 부임하기 시작했다. 또, 공공기관의 경영실태를 평가하여 무능한 기관장을 퇴출하는 등 혁신을 하지 않으면 살아남기 어렵다는 인식이 퍼지고 있다.

일본에서도 공무원의 낙하산을 막으려고 하토야마 유키오 총리가 개혁의 검투사로 나섰다. 기회 있을 때마다 4천 500개 단체에서 2만 5천 명의 낙하산이 투입돼 나라 예산을 좀먹고 있다고 강도 높게 비판한다. 일본 정부는 낙하산 기관의 실태를 파악해 관련 예산을 없애거나 감축하고 인력을 줄이는 방식 등으로 병폐를 바로잡겠다는 방침이다.

과거 경제개발 초기에는 정부가 시장을 이끌었다. 공무원이 계획을 세우고, 기업을 움직여 경제성장을 주도했다. 그러나 1990년대 들어서면서 공무원의 권한과 역할은 과거에 비해 크게 낮아지고 있다. 앞으로 시간이 지날수록 기업과 시민사회가 주역으로 떠오르고 관료의 목소리는 낮아지게 되어 있다. 작은 정부, 규제개혁, 국회의 통제강화 등의 대세가 이를 뒷받침한다.

공무원 준비에 유의할 점

공무원이 되려는 뜻을 둔 학생은 시험 준비에 앞서 다음 세 가지를 명심할 필요가 있다.

첫째, 공무원시험에 탈락하였을 때 치러야 할 비용이다. 시험 준비를 위한 시간과 비용은 둘째로 치더라도 공직을 준비하다가 뜻을 이루지 못하고 민간 기업에 취업하면 어떤 결과가 벌어질까? 자료를 분석한 결과, 공무원시험을 약 11개월 이상 준비하다가 실패하고 민간 기업에 취업하면 곧바로 취업한 청년에 비해 임금수준이 더 낮은 결과가 나타났다. 즉, 공무원시험 준비가 기업에서 필요한 지식과 능력 개발에 오히려 방해되고 사회진출이 늦어지기 때문에 불리하다는 뜻이다. 따라서, 공무원 시험에 응시하고자 하는 사람은 시험에 떨어졌을 때 부담해야 할 취업의 질 저하를 고려해야 한다.

둘째, 공무원의 신분보장이 점차 약해지리라는 점이다. 이미 서울시 등을 비롯하여 여기저기서 공무원 구조조정이 진행되기도 했고 정부가 들어설 때의 주요 공약사항에는 공무원 감축, 작은 정부가 포함되어 있다. 또, 선진국의 예를 보더라도 공무원에 대한 조건 없는 고용보장은 옛이야기가 되었다.

셋째, 시험 이외에 공무원이 되는 방법이 다양해진다는 점이다. 중앙인사위에 따르면 행정고시로 공직에 입문한 5급 공무원 수는 2002년 304명에서 2006년 244명으로 19.7% 감소했지만, 2001년 불과 50명이던 5급 특채인원은 2006년 395명으로 7배 이상 증가했다. 획일적인 공채 중심에서 각 분야 전문 인재를 뽑아 쓰는 특채 위주의 채용 관행은 앞으로 더욱 확대될 것이다. 특히, 공무원 인사시스템에서 승진을 전제로 한 계급제가 약해지고, 맡은 업무의 종류에 따라 직책을 분류하는 직위분류제가 접목되면 민간전문가의 공직진입은 더욱 활발해질 전망이다.

결론적으로 평생직장에서 평생직업 시대로 전환되는 미래사회에서 중요한 것은 직업능력이다. 공무원시험 한 번 통과해서 그것으로 평생 먹고 살겠다는 생각은 너무 구태의연하다. 끊임없는 노력을 통해한 분야에서 최고 전문가가 되지 않으면 공무원뿐만 아니라 그 누구도 안정된 직장과 직업을 보장받을 수 없는 것이 21세기 직업세계의 추세이기 때문이다.

8장

평생직장, 평생직업에서 평생취업으로 바뀐다

영원한 최고 직장은 없다

대한민국 최고의 직장은 어디일까? 참 답하기 곤란한 질문이다. 아마도 답하는 사람마다 생각이 서로 다를 것이다. 언론으로부터 소위 '신이 내린 직장', '신도 모르는 직장'으로 종종 얘기되는 공기업은 인기 직장 후보로 손색이 없다. 월급은 민간기업보다도 더 높고, 신분보장은 공무원보다 더 강하니까. 외환위기 당시를 제외하면 공기업 직원들이 구조조정의 도마 위에 오른 사례는 거의 없었다.

우리나라 최고의 기업으로 치는 삼성전자나 현대차, 혹은 최고의 권력을 가진 검찰이나 국가정보원도 최고 직장의 후보가 될 수 있겠다. 한국방송공사나 문화방송 같은 방송국, 삼성병원, 중앙병원 등도 모두가 선망하는 직장에 속한다. 복잡한 도시를 떠나 자연을 지키고 가꾸는데 관심이 많은 이라면 망설임 없이 국립공원관리공단, 국립수목원, 산림청 등을 꼽을 것이다.

가장 오래된 장수회사라면 믿음직하다고 생각할 수 있다. 뭔가 다른 회사와 남다른 점이 있으니 망하지 않고 오래 살아남았을 테니까. 우리나라 기업의 역사는 기껏해야 100년 남짓이다. 200년이 넘는 기업은 하나도 없고, 100년 이상 된 기업 역시 두산(1896년 설립)과 동화약품공업(1897년 설립) 단 두 곳뿐이다. 그러나 두산이나 동화약품을 이 시대 최고의 직장으로 꼽는 사람은 그리 많지 않을 것 같다.

그럼, 최고의 직장을 꼽는 기준은 무엇인가? 누구나 직장생활을 통해 얻고자 하는 바가 있으며, 그것은 대체로 돈, 명예, 권력 중 하나이기 십상이다. 이러한 것들에 대해 어떤 태도를 보이고, 가치를 부여하느냐에 따라 최고의 직장을 꼽는 기준이 달라진다. 돈을 중시하는 사람은 월급을 많이 주는 직장을 최고로 칠 것이고, 권력을 추구하는 사람은 권력기관을 선망할 것이기 때문이다.

그러면, 최고의 직장은 항상 고정된 것일까? 그렇지 않다. 시대가 바뀌고, 사람들의 사고방식이 변하게 되면 개인이 가진 최고의 직장에 대한 생각도 자연스럽게 바뀌기 마련이다. 사람의 생각이 바뀌기도 하지만, 직장 자체가 사라지는 경우도 많다. 특히, 오늘날과 같이 변화가 극심한 시대에는 직장의 수명이 심각하게 짧아지는 추세에 있다.

세계에서 장수기업이 가장 많은 나라는 어디일까? 산업혁명을 일으킨 영국이 우선 떠오른다. 하지만, 정답은 일본이다. 세계에서 가장 오래된 장수기업을 보유한 나라 역시 일본이다. 더구나 장수기업이라고 해서 조그만 중소기업이 아니라 뛰어난 기술력으로 세계시장을 장악하고 있다. 1590년 창업한 스미토모 금속광산은 액정용 2층 도금기판 분야에서 세계시장의 90%를 점유하고 있고, 1876년 창업한 다이니혼 인쇄는 액정용 반사방지필름 분야에서 세계시장의 70%를 석권하고 있다.

세계에서 가장 오래된 기업은 578년에 백제인 콘고 시게미쓰(한국이름 유중광)가 일본으로 건너가 세운 건축회사 콘고구미(金剛組)다. 지금까지 1430년이 넘게 유지되고 있다. 세계 2위, 3위 장수 기업도 모두 일본 기업이다. 500년 이상 된 기업이 32개, 1000년 이상 된 기업도 7개사나 된다. 이 밖에도 일본에는 100년 이상 된 기업이 5만여 개가 있고, 200년 이상 된 기업도 3,146개사가 있다.

하지만, 일반적으로 기업의 평균수명은 놀랄만한 속도로 줄어들었다. 세계적 경영 컨설팅 회사인 미국의 맥킨지에 따르면, 1935년에 기업의 평균수명은 90년에 달했으나, 1955년에는 45년, 1975년 30년, 1995년 22년, 급기야 2005년에는 평균 15년 수준으로 낮아졌다.

이뿐이 아니다. 1957년 세계 500대 기업 중 지금까지 생존해 있는 기업은 약 3분의 1 정도에 불과하다. 일본과 유럽 기업의 평균수명은 13년에 불과하며, 우리나라는 1965년의 100대 기업 중 2005년까지 16개 기업만이 살아남았다. 기업이 단순히 생존하는 것도 어려운 일이지만 살아남아 번영하는 것은 더욱 어려운 일이다. 비즈니스 위크지가 발표하는 세계 1,000대 기업이 100위권 이내에 머무는 기간은 4.8년에 불과하다.

또한, 1960년도 미국 100대 기업 중에서 1990년까지 계속해서 100대 기업에 남아있는 회사는 20%이다. 아무리 성공한 기업이라도 시장에서 주목할 만한 위치를 몇십 년 동안 유지하는 것은 지극히 드문 경우라고 할 수 있다.

세계 최고의 회사도 망하는 것은 한순간이다. 캐딜락으로 유명한 세계 최대 자동차 업체인 제너럴모터스(GM)는 2009년 6월 파산보호를 신청했다. 2008년 하반기 이후 전 세계 경제를 휩쓴 신용위기가 그 발단이다. 이제 제너럴모터스는 민간기업이 아니라 미국 정부가 주인인 국영기업으로 바뀌었다. 이 회사는 2009년 말까지 근로자 수를 4만 500명 정도로 줄일 방침인데, 이렇게 되면 3년 전 11만 4천 명에서 절반 이상이 감원되는 셈이다. 제너럴모터스가 어떤 회사였는가? 2009년에 회사가 도산하기까지 꼭 101년이 되었으며, 지난 77년간 세계 1위 자동차 기업 자리를 굳건히 지켜왔다.

영원한 최고기업이 없음은 우리가 살면서 지켜보기도 하다. 한 가지 경험을 들어보자. 1985년 대학에 나와 함께 입학한 대학동기들은 소위 3저 호황의 끝물인 88년 말에서 90년대 초반 사이에 취업했다. 당시는 호경기라서 오늘날과는 달리 취업 걱정은 거의 없던 시절이었다.

물론 직장을 골라서 취업했던 당시에도 입사경쟁이 치열한 인기회사는 있었다. 종합금융사, 리스사는 월급이 높고 근무조건도 좋았기 때문에 많은 대학동기가 입사했다. 이들을 부러워하던 것도 잠깐, 1997년 외환위기가 닥치자 종합금융사, 리스사는 대부분 파산, 합병되어 흔적도 없이 사라졌다. 여기에 입사했던 대학동기들이 IMF 외환위기의 직격탄을 맞았음은 물론이다.

직장보다 직업이 중요하다

일등기업만이 누릴 수 있는 수많은 혜택을 고려하면 기업 수명은 참으로 짧다. 과거에는 근로자보다 기업이 더 오래 존속하는 것이 보편적이었다. 그러나 오늘날에는 그 관계가 역전되었다. 영양상태가 좋아지고 의료기술이 발달하면서 근로자는 점점 더 오래 살게 되었지만, 기업의 수명은 기술변화, 경쟁격화 등으로 점차 단축되고 있기 때문이다. 예를 들어, 대학을 갓 졸업한 여대생이 어떤 회사에 올해 입사한다고 가정하자. 그녀가 회사에서 정년을 맞이할 확률보다 회사가 먼저 망할 확률이 더 높다는 얘기다.

근로자의 평균수명이 길지 않았던 과거에는 은퇴연령을 60세로 해도 아무런 문제가 없었다. 근로자 중 상당수가 정년이전에 사망하기 일쑤이고 기업의 성장과 함께 인력수요가 꾸준히 증가했기 때문이다. 회사에서는 자연스럽게 근로자가 다른 회사로 이직하지 않도록 특별히 신경을 썼고, 평생직장, 평생가족 등과 같은 구호를 흔히 사용하였다. '사오정(45세 정년)', '오륙도(56세까지 회사에 다니면 도둑놈)'와 같이 직장을 오래 다니는 것이 부러움의 대상이 되는 현재와는 크게 달랐다.

하지만, 인간의 수명이 90세에 육박하고 기업의 평균수명이 채 20년도 안 되는 21세기에, 평생직장은 극히 예외적인 경우를 제외하고는 불가능하다. 이에 따라 신입사원들도 입사하면서 "이 회사에서 뼈를 묻겠다."라고 더 이상은 이야기하지 않는다. 오히려 평생직장을 운운하면 이상한 눈으로 보는 시대가 되었다. 과거에는 다른 회사로 옮기는 것을 회사에 대한 배신자, 조직에 적응하지 못한 사람 등으로 치부하는 경향이 있었지만, 이제는 자연스러운 단계를 넘어 부러움의 대상마저 되고 있다.

이러한 현상은 평생직장 시대가 막을 내리고, 평생직업 시대가 열린 데 따른 것이다. 평생직장 시대란 문자 그대로 입사한 직장에서 정년퇴직을 맞이하고 직업세계에서 은퇴하는 것을 의미한다. 우리나라는 대략 1997년 외환위기 이전이 평생직장의 시대였다고 볼 수 있다. 이후 기업의 정리해고, 근로자의 자발적 이직 등이 일상화됨으로써 이제는 직장을 옮겨 다니는 것이 더 이상은 낯설지 않게 되었다.

더욱이 현재의 초중고생이 사회활동을 하게 될 미래에는 직장을 옮기는 것에 더하여 직업도 7~8개를 갖게 되는 평생취업 시대가 열릴 전망이다. 일생을 살면서 직장도 여러 번 바꾸고 직업마저도 사회의 인력수요에 따라 바꿔야 한다는 뜻이다.

예를 들어 평생직업 시대에는 중앙 일간지에서 기자를 하다가 중소 규모의 신문사로 옮기는 식으로 직장은 바뀌어도 기자라는 직업은 그대로 이어가는 것이 보통이었다. 그러나 평생취업시대에는 기자를 하다가, 기업의 홍보담당으로, 또 출판사의 편집장으로, 작가로 변신해야 한다는 것이다. 물론 이러한 변화가 경계 없이 무작위로 나타나지는 않을 것이다. 즉 자신의 직업적 능력이나 소양, 인적 네트워크를 무시하고 완전히 새로운 영역에 취업하는 일은 매우 드물 것이다.

전문가의 말에 따르면 현재 청소년의 평균수명은 적어도 100세에 달할 것이라고 한다. 이럴 경우, 현재와 같이 60세 정도에 은퇴한다면 100세 사망 시까지 40년을 놀고먹어야 한다는 뜻이 된다. 하지만, 아마 이때가 되면 적어도 80세까지 일하는 것이 당연시될 수도 있다. 지금도 경로당에서 60대는 노인 측에도 끼지 못한다고 하니 말이다.

젊은 노인과 관련하여 재미있는 일화가 있다. 40대 아들이 소파에서 TV를 보고 있는데, 70세 먹은 어머니가 쾌활하게 콧노래를 부르며 현관문을 열고 들어섰다. 이 모습을 본 아들이

"어머니, 뭐 좋은 일 있으세요?"

"응, 이번에 경로당에서 꽃구경을 가기로 했는데, 노인들은 빼기로 했거든."

"네? 어머니도 노인이시잖아요?"

"아니, 80 넘은 진짜 노인들 말이야. 행동도 굼뜨고, 그 양반들 있으면 편하게 얘기하기가 어려워."

다시 본론으로 돌아가 젊은 노인이 일해야 하는 이유는 또 있다. 사회에서 노인을 부양할 청장년의 수가 적다 보니 80세가 넘은 진짜 노인만 부양하게 될 것이다. 60세부터 무려 40년 동안이나 아무런 일을 하지 않더라도 먹고 살 수 있을 만큼 사회복지 수준을 높이는 것이 아마도 불가능할 것이기 때문이다. 더욱이, 하루 이틀도 아니고 무려 40년씩이나 무료하게 지내는 것은 노인 당사자에게도 엄청난 고통이 아닐 수 없다.

실제 연구에 따르면 직업 없이 백수로 지낸 남성의 평균수명은 60.7세로 일하면서 산 사람보다 14.4년이나 짧다고 한다. 즉, 무의미하게 노는 것은 수명을 단축하는 자살행위나 마찬가지라는 뜻이다. 우리는 흔히 쉬고 싶다는 말을 많이 하지만, 적당한 근로는 삶을 보람있게 만들고 사회와 소통하는 소중한 기회이다.

한 연구에 따르면, 독신 할아버지는 독신 할머니보다 훨씬 일찍 사망한다고 한다. 금실 좋은 노인 부부가 함께 지내다 할머니가 먼저 돌아가시면 할아버지는 평균 6개월 이내에 사망한다. 그러나 할아버지가 먼저 돌아가시면 할머니는 평균 4년 정도 더 산다고 한다. 할머니는 할아버지가 돌아가시더라도 계속해오던 가사활동을 하지만, 독신 할아버지는 할머니가 돌아가시고 나서 아무것도 할 줄 모르는 탓이 크다. 독신 할아버지는 요리를 못 하니 먹는 것도 부실하고, 청소나 빨래도 제대로 못 해 비위생적인 환경에서 생활하기 쉽다. 일하지 않는 편안한 노후보다 적당한 일을 찾는 것이 장수의 비결이다.

평생취업은 능력개발로부터

미국 대학생의 90% 이상은 2개 이상의 전공을 공부한다. 한 분야의 좁은 지식만으로 평생 일하기엔 산업 구조가 너무 빨리 변하기 때문이다. 첨단기술의 발달로 노동 인구의 50%는 신기술 재교육이 수시로 필요하며, 1년 배워 2~3년 일하고 또 1년 배워 1년 일하는 식으로 평생 재교육받는 것이 필수 사항으로 바뀌고 있다. 이는 직업 선택 못지않게 여러 가지 일을 할 줄 아는 멀티 플레이어 능력을 키워야 함을 말한다. 쉽게 말해, 유망 직업이라고 해서 한우물만 파서는 생존할 수 없다는 얘기다.

빠른 사회변화에 능동적으로 적응하려면 자신의 능력을 부단히 개발하는 것이 필수적이다. 기술혁신과 변화의 속도가 더욱 빨라짐에 따라 지식의 수명은 점차 짧아지고 있다. 많은 시간과 시행착오를 통해 점진적으로 축적되어오던 인류의 지식은 이제 눈덩이처럼 급속히 팽창한다. 현재 지식의 수명은 채 15년이 안 되며, 과학적 지식의 양은 8년마다 두 배로 늘어나고, 40만 개가 넘는 학술지에는 새로운 발견들이 끊임없이 발표되고 있다. 이러한 지식은 인터넷과 첨단 통신수단들을 통해 거의 빛의 속도로 유통되고 있다.

또 2050년 쯤이면 지금의 지식은 겨우 1% 정도만이 사용될 것이라고 미래학자들은 전망한다. 나머지 99%의 지식은 잘못된 지식이거나 컴퓨터나 로봇이 인간을 대신할 것이기 때문에 쓸모없어지리라는 것이다. 이것은 새로운 지식을 끊임없이 충전해야 하는 이유가 된다. 고도의 신기술이 속속 등장할 대변혁의 미래시대에 하나의 직업만으로 30세부터 80세까지 50년 동안이나 일하기는 거의 불가능하다. 심지어 의사나 변호사와 같이 인류 역사가 시작된 이래 유구한 역사를 자랑하는 직업도 앞으로 인공지능이나 정보통신 기술의 발전에 따라 소멸할 위기에 처할지도 모를 일이다.

몇 개의 직업을 가져야 하는 미래사회에 대비하려면 좋은 직장에만 집착해온 기존의 고정관념을 버릴 필요가 있다. 그리고 현재 직업이 있다고 하더라도 거기에 안주할 것이 아니라 끊임없이 자신의 능력을 개발하고 향상시키기 위해 학습을 일상화해야 한다. 직무수행과 관련된 자격증을 취득하고, 신기술을 익히는 것은 언제 닥칠지 모를 해고나 구조조정의 시련을 헤쳐나가는 힘이 된다. 또, 언제 다가올지 모를 좋은 기회를 내 것으로 만들려면 학습은 필수적이다.

실제로 이미 직장에 다니면서도 새로운 직업을 준비하는 직장인들도 많이 늘었다. 어학이나 기술, 직무와 관련된 교육훈련, 새로운 전공, 더 높은 학위를 위해 공부하는 경우가 그것이다. 이들을 가리켜 샐러던트(직장인이라는 샐러리맨과 학생이라는 스튜던트의 합성어)라고 일컫기도 한다. 또 '직업+학습'이 아니라 여기서 한 걸음 더 나아가 '직업+직업'을 추구하여 두 가지 일을 병행하는 투잡스(two jobs)족도 심심찮게 눈에 띤다.

▎자기를 고용하자

외환위기 이후 한국에서 반짝 불었던 벤처 창업 붐은 이제 완전히 꺼졌다. 하지만, 미국의 실리콘 밸리는 정보통신에서 신재생에너지 등 녹색산업으로 분야가 확대되고 있다. 미국과의 이러한 차이는 무엇에 기인하는가? 이것은 무엇보다 창업에 대한 시각차이 때문이다. 단적으로 질문을 던져보자. 세계 최고의 명문대학 하버드 법대를 다니던 빌 게이츠와 같은 인물이 한국에 태어났다면 무엇을 했을까? 십중팔

구는 사법고시를 통과하고 법관이 되었거나 검사가 되었을 것이다. 아니면 훌륭한 법률회사에서 변호사가 되었든가.

미국인들의 꿈은 자기 사업을 갖는 것이다. 어렸을 때부터 사업적 관점에서 생각하는 분위기에서 자란다. 미국의 어린이는 초등학생만 되더라도 여름방학이 되면 집 앞에서 간단한 판매대를 차리고 음료수를 만들어 판다. 또, 가정에서도 용돈을 그냥 주는 것이 아니라 가사일과 결부시킨다. 미국 어린이들은 돈이라는 것이 거저 주어지지 않으며 노동의 대가임을 어려서부터 체득하는 것이다. 또한, 이를 통해 어떻게 하면 더 많은 돈을 벌 수 있을지를 자연스럽게 배운다.

반면, 우리는 어떠한가? 누구나 공무원, 판검사, 공기업, 대기업 직원이 되는 것을 최고로 친다. 한마디로 잘 나가는 월급쟁이가 되길 희망한다. 그리고 창업은 위험한 것, 별다른 대안이 없을 때 시도하는 것쯤으로 치부된다. 이런 사회분위기에서 어떻게 창의적인 기업인이 나올 수 있겠는가? 어려서부터 창업을 꿈꾸는 미국인과 경쟁이 될 리 만무하다.

이렇다 보니, 우리나라는 국제적으로도 기업 수가 절대적으로 부족하다. 서울대 경제학과 송병락 교수의 말에 따르면, 한국에서 중소기업은 50만 개가 되지 않으나 일본은 233만 개, 미국은 368만 개 정도라고 한다. 인구를 생각하더라도 한국은 미국이나 일본과 비교하면 월등히 적은 편이다. 2005년 현재 우리나라에서 중소기업은 기업 수의 99%, 고용자는 997만 명으로 전체 고용의 86%를 책임지고 있다. 더 많은 중소기업이 생기지 않고서는 일자리 부족이 해소될 수 없는 구조다. 취업하지 못한 청년들이 전체 일자리의 14%에 불과한 대기업 일자리에 들어가려고 경쟁하는 것은 필연적으로 실패자를 만들 수밖에 없다.

공무원 9급이나 5급 시험에 합격한다고 하더라도 결국은 정부 조직의 하급직 혹은 중간 직에 지나지 않는다. 그 위로 과장−국장−실장−차관보−차관−장관의 지시를 받아야 한다. 한 마디로 남의 밑에서 지시를 받으면서 일하지 않을 수 없다. 하지만, 자기사업은 누구의 지시도 받지 않는다. 자기가 결정하고 모든 책임을 지면 그뿐이다.

자기 사업이 좋은 점은 무엇인가? 첫째, 자기주도적인 삶을 살 수 있다. 남의 지시를 받고 일하는 것은 사람을 수동적으로 만든다. 보람과 성취도 적다. 내가 열심히 일해도 상사가 인정해주지 않으면 물거품이 된다. 하지만, 자기 사업을 하게 되면 스스로 의사결정을 하고 주체적인 삶을 살 수 있다.

둘째, 자기 사업을 하면 사업의 성과를 온전히 자기 것으로 만들 수 있다. 남의 밑에서는 뛰어난 성과를 거둬도 회사의 업적으로 돌아갈 공산이 높다. 하지만, 내가 하는 사업의 성과는 고스란히 나의 몫이 된다.

셋째, 자기 사업은 대물림할 수 있다. 아무리 뛰어난 학자도, 공무원도, 판검사도 자기 직업을 자식에게 직접 물려줄 수는 없다. 자식이 부모의 직업을 이을 수는 있지만, 그것은 자식의 능력에 의해 성취한 것이지 부모가 물려준 것은 아니다. 하지만, 내가 하는 사업은 세금만 내면 합법적으로 자식에게 물려주는 것이 가능하다.

넷째, 자기사업 경험은 취업하기 위한 '스펙쌓기'로서도 유용하다. 창업이라는 남들이 해보지 못한 경험 자체로도 의미가 있을 뿐만 아니라, 비즈니스를 직접 해 본 경력은 업무수행에서도 유용성을 갖는다. 도토리 키재기 식의 그만그만한 구직자 대열에서 창업경험을 가진 것은 분명히 눈에 띄는 경력임이 틀림없다.

다섯째, 폭넓은 네트워크를 구축할 수 있다. 사업이란 자고로 그 종류가 무엇이건 사람을 만나는 것이 기본이다. 업계에 종사하는 사람은 물론 관공서, 언론계, 학계 등 다양한 사람들을 만나 인간관계를 맺고 친분을 쌓는 것이 중요한 일이다. 국제거래나 비즈니스를 할 경우에는 외국에도 이러한 인맥을 쌓을 수 있다.

물론 자기 사업을 하는 것이 좋은 점만 있는 것은 아니다. 사업에는 위험이 따른다. 자칫 사업에 실패하기라도 한다면, 돌이킬 수 없는 인생 막장으로 몰릴 수 있다. 사업을 하다가 취업 적기를 놓치면, 영영 취업하기가 불가능할 수도 있다. 자기 사업을 하려면 남에게 아쉬운 소리도 해야 한다. 자금을 빌려야 할 수도 있고, 매출을 올리려고 구매를 부탁할 수도 있다. 자기사업의 부정적 측면을 극복하려면 철저한 사전준비와 냉철한 판단력이 필요하다. 시장 상황을 검토하여 신중하게 사업을 시작해야 한다. 사업을 무리하게 확장하기보다 차근차근 키우는 자세가 필요하다.

모두가 공무원과 대기업 근로자를 희망해서는 국가의 미래가 없다. 국가가 융성하지 못하면 개인도 그 피해에서 벗어날 수 없다. 이웃이 가난하면, 하나라도 내 물건을 주어야 하는 것이 세상 이치다. 북한이 가난하니 남한에서 매년 쌀이며, 비료며 보내는 것이 그런 것 아닌가? 반면 부자 이웃을 두면 무엇 하나라도 떨어지는 떡고물이 있는 것이 인지상정이다.

또한, 중소기업이 약하면 대기업도 강해질 수 없다. 삼성전자가 세계 최고의 경쟁력을 갖출 수 있는 것은 수많은 부품을 만드는 쟁쟁한 중소기업들이 있기 때문이다. 현대차가 승승장구하는 것도 부품을 만드는 경쟁력 있는 중소기업들 덕분이다. 강한 중소기업이 강한 대기업을 만들고 국가의 번영을 가져올 수 있다.

월급쟁이가 되기보다는 사장이 되는 꿈을 키워야 한다. 지금 당장은 경험을 쌓고 시장 상황을 파악하기 위해 월급쟁이가 된다 하더라도 궁극적인 꿈은 크게 가져야 한다는 말이다. 사장이 되겠다는 포부를 가지고 직장생활 하는 사람과 그렇지 않은 사람은 확연히 다르다. 자기사업을 염두에 두고 회사에 다니는 사람은 비즈니스적 관점에서 일을 배운다. 회사에 다니면서 기회를 포착하고 어떻게 준비해야 하는지를 스스로 학습한다.

창업을 염두에 두고 있다면 중소기업에 취업하는 것도 고려해볼 만하다. 중소기업은 사람이 몇 되지 않기 때문에 인사, 총무, 회계 등의 일을 한꺼번에 담당해야 하는 경우가 많다. 업무를 더 폭넓게 배울 수 있는 이점이 있다. 의사결정에서 부여받는 권한이나 재량권도 대기업보다는 훨씬 넓다.

반면 대기업은 어떤가? 인사부서에 배치받았다 하더라도 급여라든가, 노무관리라든가, 채용이라든가 하는 극히 일부 업무만을 담당할 뿐이다. 나무는 볼 수 있지만, 숲을 볼 기회는 주지 않는다. 주어진 좁은 범위의 업무에는 통달할 수 있겠지만, 인사업무 전반에 대해서는 알기 어렵다. 의사결정 권한도 극히 제한적이다. 과장급 정도가 되기 전까지는 거의 결정권한이 없다고 보아도 좋다.

기업이 원하는 인재가 되자

최근 한국산업인력공단에서 흥미로운 조사결과를 발표했다. 직장인 485명을 대상으로 설문 조사한 결과, 응답자의 96.5%가 매일 한

시간 이상 자기개발에 투자하고 있다는 것이다. 거의 모든 직장인이 일하는 시간과는 별개로 매일 1시간 이상 공부에 열중하였다. 이는 퇴근 후 친구나 직장 동료와 어울리던 낭만의 시대는 가고 '배우는 직장인' 샐러던트(Saladent)가 새로운 직장인의 전형으로 등장하고 있음을 의미한다.

이들이 공부에 매진하는 이유는 대부분 '업무처리능력 향상'이다. 하루가 다르게 신기술이 등장하고 새로운 제품이 쏟아져 나오는 시대에 공부하지 않고서는 업무조차 제대로 처리할 수 없기 때문이다. 예측 불가능한 변화에 적응하여 위기를 기회로 만들려면 업무능력을 향상시키는 것이 더 이상은 선택사항이 아닌 시대가 되었다.

이미 회사에 다니는 직장인이 이러하니, 아직 회사 문턱조차 밟지 못한 학생들은 더더욱 직무능력을 갖추는데 매진해야 한다. 과거에는 기업들이 명문대학 졸업생이라면 실력과 무관하게 무조건 뽑아서 필요한 교육을 시행하고 일을 시켰다. 심지어 졸업도 하기 전에 장학금까지 주면서 입도선매(벼를 논에서 거두지 않은 채로 팔아 버리는 일)하는 일도 다반사였다. 대개 신입사원은 회사에서 1년 정도는 일보다 교육에 더 많은 시간을 보냈다. 이것은 모두 회사사정이 비교적 좋았고, 비용에 대한 개념이 희박했기 때문에 가능한 일들이었다.

하지만, 외환위기를 겪으면서 기업들은 채용기준을 능력중심으로 철저히 바꿨다. 지금 당장 업무에 투입해도 자기 몫을 할 수 있는 사람을 선발기준으로 삼은 것이다. 비록 인사 정책이 외환위기의 원인 전부는 아니었지만, 비용절감을 외면한 방만한 경영 관행 중의 하나로 기존의 인사 정책이 지목되었기 때문이다. 직원채용기준이 출신대학이나, 외형적인 조건보다는 직무수행능력으로 바뀌기 시작했다.

아울러 대기업들을 필두로 신입 사원보다 경력직 사원 채용을 선호하는 경향도 나타났다. 신입직원을 채용하면 회사에서 재교육 부담이 매우 크지만, 경력직 사원은 곧바로 업무에 투입할 수 있기 때문이다. 한국경영자총협회 조사결과에 따르면, 대졸 신입사원을 재교육하는 데 평균 19.5개월이 걸리며, 비용은 1인당 6,000여만 원이 든다고 한다. 사정이 이러니 어느 대기업이 대졸 신입직원을 뽑는데 주저하지 않겠는가. 대학을 갓 졸업한 신입직원들이 선호하는 대기업, 공기업의 입사 문은 개미허리만큼이나 좁아졌다.

취업을 위해 반드시 알아야 할 것은 기업이 원하는 인재상이다. 기업이 선호하는 인재가 무엇인지도 모르고 취업준비를 할 수는 없는 노릇이 아닌가! 이를 구체적으로 살펴보자.

첫째, 회사라는 조직의 일원으로서 협력하여 목표를 달성할 수 있는 역량을 갖춰야 한다. 회사는 학교와 다르다. 학생은 학교에서 고객이지만, 회사에 취업하려면 자신을 마케팅해야 한다. 회사는 이윤추구라는 공동의 목표를 가지고 직원들이 함께 일하는 조직이다. 여기서 '공동의 목표'와 '함께 일한다'에 주목할 필요가 있다. 아무리 능력이 뛰어나고 일을 잘해도 공동의 목표에 반하는 목표를 가졌거나 함께 일하기 껄끄러운 사람이라면 회사에서 품고 가기 어려운 법이다.

둘째, 오늘날의 기업은 누구에게도 지지 않는 독사와 같은 전문성과 거머리 같은 근성을 가진 프로 근로자를 원한다. "대충대충 하려면 차라리 안 하는 게 낫다."라는 자세를 가진 프로가 대접받는 시대다. 승부근성을 갖고 자기 일에 완벽을 기하는 프로의식은 근로자 한 명 한 명이 갖는 중요성이 그 어느 때보다 높아졌기 때문이다. 영국 상업은행의 대명사로 알려진 베어링 그룹이 싱가포르 현지법인 직원 1명의 주문실수 탓에 파산한 사례는 단적인 예이다.

　셋째, 창의성과 속도가 필요하다. 2009년 하버드 비즈니스 리뷰가 뽑은 세계 최고 경영자 100인 중 2위에 뽑힌 삼성전자 윤종용 상임 고문이 밝힌 인재형을 보자. "아날로그 시대에는 성실하고 말 잘 듣고 부지런한 사람이 필요했다. 그러나 지금은 창의성과 속도가 생명이므로 공부만 하는 평범한 '범생이(모범생)'보다 끼와 개성이 있는 '별종'이 낫다." 세계 최고 경영자의 인재 보는 철학이 그렇다 보니 삼성전자에는 소위 명문대 출신 비중이 다른 상장사에 비해 매우 낮다. 임원 중에 서울대 등 3대 명문대 출신은 겨우 20%, 반면 지방대 출신은 30% 선이라고 한다.

　마지막으로 감성과 상상력이 풍부한 인재가 환영받는다. 과거의 인재상이 논리력과 분석력을 갖춘 좌뇌형이었다면, 21세기에는 감성과 직관력을 갖춘 우뇌형이 대우받게 될 것이라고 한다. 좌뇌가 발달하면 언어 구사 능력, 문자나 숫자, 기호의 이해, 조리에 맞는 사고 등 분석적이고 논리적이며 합리적인 능력이 뛰어나다. 반면, 우뇌는 이미지 뇌라고도 하며 그림이나 음악감상, 스포츠 활동 등 단숨에 상황을 파악하는 직관과 같은 감각적인 분야를 담당한다. 또한, 우뇌의 패턴 인식력이란 기억을 이미지화하여 머릿속에 파일 형태로 저장, 필요할 때 꺼내 쓰는 능력을 말한다.

평균연령 100세 시대가 곧 우리의 일상생활로 다가옵니다.

남들과 달라야 최고가 된다

불확실성의 시대

외환위기 이후 우리 사회에는 미래에 대한 불안감이 들어차 있다. 더 나은 내일을 믿고 투자에 열을 올렸던 경제개발시대의 희망과 열정은 시들해지고 그 자리에 위험기피와 보수성향이 자라고 있다. 기업들은 투자보다 현금보유와 경영권에 집착하고, 개인들은 고용불안, 노후불안에 떤다.

미래에 대한 불안감은 안정적인 직업에 대한 선호로 표출되기 마련이다. 2008년 한 결혼정보업체의 조사결과에 따르면 선호하는 배우자의 직업 1순위는 공무원, 공사직원으로 나타났다고 한다. 또한, 2007년 한국직업능력개발원에서 조사한 바로는 공무원 선호도는 중학생을 대상으로 한 조사에서 5위, 고교생에서 3위를 각각 기록했다.

21세기에는 우리의 삶을 둘러싼 불확실성이 더욱 고조될 전망이다. 기술진보가 워낙 빨라서 앞으로 세상이 어떻게 변화될지 예측하기조차 어렵고, 하나로 통합된 세계화 시장에서 새로운 경쟁자가 언제, 어디서 출현할지 알 수 없다. 영국의 경제학자 갈브레이드가 '불확실성의 시대(The age of uncertainty)'를 출간한 때가 1975년이지만, 오늘날과는 비교할 바가 못 된다. 확고한 판단을 내릴 철학적 기반이 없는 것은 그때 당시와 마찬가지다. 그러나 우리의 삶에 가장 큰 영향을 미치는 직업의 미래는 암울하기만 하다.

미국의 시사주간지 타임(Time)에 따르면 사무직종 가운데 90%는 앞으로 10~15년 사이에 사라질 것이라고 한다. 미국정부는 현재 존재하는 직업의 80%가 10년 후에는 소멸할 것으로 보고 대책을 마련하는 중이다. 또한, 지금 청소년들은 앞으로 일생을 살아가면서 5~7개의 직장에 종사해야 하리라는 전망도 있다. 일부 미래학자는 2010년이 지날 때쯤이면 6개월 단위로 직업의 25%가 소멸하고 새로운 직업이 생성될 것이라는 다소 과격한 전망을 하기도 했다. 이러한 직업 전망은 모두 안정을 희구하는 인간의 소박한 기대가 미래사회에서 현실과는 더욱 멀어질 것임을 의미한다.

▌직업세계의 균형

요즈음 지하철에서는 에스컬레이터 두 줄로 타기 운동이 한창이다. 움직이는 에스컬레이터에서 걷거나 뛰는 것이 매우 위험한 탓이다. 또, 한 줄로 타면 한쪽으로만 부하가 쏠려 에스컬레이터가 잦은 고장을 일으키는 데다 자칫 대형 사고로 이어질 수 있다. 배에 짐을 실을 때도 가장 중요한 것은 짐을 배 밑바닥에 단단하게 고정하는 것이다. 항해 중 풍랑을 만나 짐이 한쪽으로 쏠리게 되면 배는 복원력을 잃고 침몰할 수 있기 때문이다.

개인이나 국가도 마찬가지다. 지나치게 머리만 써서 신체가 허약해지면 정신활동 역시 정상적으로 하기 어렵다. 그 역도 마찬가지다. 국가 또한 건강하게 발전하려면 정신문명과 물질문명이 함께 성장해야 하고, 사회 각 분야가 균형을 이뤄야 한다. 직업세계도 그렇다. 제조업은 인력난이 일어날 정도로 바닥을 치고 있는데, 공무원, 공기업에 대한 인기가 하늘을 찌르는 것은 전혀 바람직하지 않다. 30만 명에 달하는 젊은이들이 공무원시험 준비 행렬에 쏠리는 것은 지나치다. 더구나 초, 중, 고등학생까지도 이 대열에 합류하려고 대기하는 것은 누가 봐도 비정상이랄 수밖에 없다. 엄청난 사회적 손실로 나타날 것이다. 또한, 불행히도 앞서 언급한 것처럼 공무원직도 앞으로는 마냥 안정적이기만 하지는 않을 것이다. 게다가 경쟁률이 지나친 만큼 그 자리에 들어가기는 더욱 어려워질 것이다.

그렇다면, 직업을 둘러싼 불확실성의 증대에 대처하는 현명한 방법은 무엇인가? 그건 바로 다양성이라고 말하고 싶다. 그리고 그 다양성은 청소년기의 호연지기(浩然之氣)에서 찾을 수 있다고 본다. 10대와 20대만이 가질 수 있는 호연지기! 늠름한 기상과 원대한 포부에서 그 해답을 찾아야 한다. 일생을 걸고 해야 할 일을 찾고 그것을 달성하는 동력은 꿈의 크기와 자기확신에서 비롯된다. 꿈은 목표를 달성하기 위한 도전과 열정의 원천이자, 나태와 좌절을 사전에 차단하는 예방주사이기도 하다.

저마다 능력과 가치관에 따라 꿈을 꾸면 진로는 자연히 다양할 수밖에 없다. 어느 것도 미래가 보장되지 않는 불확실성의 시대에 맹목적인 '남 따라 하기'는 위험하다. 최고만이 인정받고 살아남을 수 있는 21세기에 '모난 돌이 정 맞는다', '중간만 가라'라는 사고방식은 버려라. 축구선수 박지성은 경기장에 설 때마다 "나는 최고야!"를 되뇐다고 한다. 정상을 향한 꿈과 열정, 자신감은 그가 한국인 최초이자 최고의 프리미어리그 선수가 된 원동력이다.

가지 않은 길은 후회를 남긴다

'장기하 밴드', 영화 '워낭소리'와 '똥파리'의 공통점은 무엇인가? 그것은 '인디 문화'다. 원래 인디(indie)는 인디펜던트(independent)라는 영어 단어의 약자로 독립이라는 뜻을 지닌다. 제작자의 자본이나 지원을 받지 않아 간섭도 받지 않고 상업화에 동조하지 않은 채 자신이 하고 싶은 데로 표현하는 음악이나 영화 등의 문화를 일컫는다. 형식의 틀에 갇혀 자유롭지 못한 제도권에서 벗어나 자유로운 생각을 마음껏 펼치는 참신함과 힘이 있다. 그래서 인디 문화는 젊음의 도전과 패기, 자유로운 상상력, 제약과 구속으로부터의 해방을 상징하는 문화 아이콘이다.

극장용 장편 다큐멘터리 독립영화인 '워낭소리'는 관객 수 290만을 돌파한 화제작이다. 이충렬 감독은 다큐멘터리 제작자가 되려는 꿈을 위해 결혼도 하지 않았다고 한다. 해외영화제에서만 15관왕의 위업을 달성한 '똥파리' 역시 감독의 영화제작에 대한 열정이 없었다면 불가능한 작품이었다. 양익준 감독은 살던 반지하 방의 전세금까지 투자해서 촬영 끄트머리에는 스태프 3명만으로 영화를 완성했다고 한다. 양 감독은 각본에 주인공까지 1인 3역을 맡았으니, 그 고생은 미루어 짐작할 만하다.

이들은 인디 문화를 만드는 수많은 사람 중 성공한 극소수다. 아마도 많은 시도가 실패로 끝날 것이다. 그렇지만, 무모한 도전과 시도는 젊음의 특권이다. 성공하려면 많은 실패가 있어야 하기 때문에 성공하느냐 여부는 둘째 문제다. 시도도 해보지 않고 포기하는 젊음만큼 큰 비극은 없다. 양익준 감독의 말대로 수류탄을 갖고 불안해하기보다 안전핀을 뽑고 일단 던져보는 거다. 왜 무모한 도전과 시도가 젊음의 특권인가? 그 이유는 아직 가진 것이 적고 살아갈 날이 더 많기 때문이다. 40대나 50대의 실패는 만회하기가 어렵다. 가족도 부양해야 하고, 무언가를 시도하기에는 포기해야 할 것들이 너무 많다.

하지만, 20대나 30대는 몸이 가볍다. 자기 한 몸만 건사하면 무엇이든 해볼 수 있다. 또 실패하더라도 언제든지 새로 출발할 수 있다. "내가 지금 잠을 잔다면 꿈을 꿀 수 있지만, 공부에 몰두한다면 꿈을 이룰 수 있다."라는 말은 진리다. 어떤 의사결정이든 오류가 있으며, 오류 때문에 인간은 현 상태에 안주하려는 속성을 갖게 된다.

어떤 선택을 하지 않고 가만히 있는 것 역시 선택이지만, 인간은 능동적인 선택을 두려워한다. 무엇이 되었든, 자신이 주도적으로 선택하는 것 자체를 꺼리는 것이다. 누구에게나 기존 삶의 방식, 패턴에서 벗어나는 것은 두려운 일이다. 익숙함과 멀어지는 것, 낯선 상황을 받아들여야 하는 것, 그것처럼 사람을 불안하게 만드는 것은 없다.

통계학에서는 두 종류의 오류가 있는 것으로 본다. 참인 사실을 거짓이라고 판단할 가능성(1종 오류)과 거짓인 사실을 참이라고 판단할 가능성(2종 오류)이다. 예를 들어서 이런 상황이다. 재판관은 모든 피의자를 무죄인 것으로 가정한다. 그리고 검사가 피의자의 범죄혐의를 입증할만한 확실한 증거를 내놓을 때 비로소 유죄로 판단한다. 왜 그런가? 그것은 오류의 가능성에 대한 두려움 때문이다.

판사는 재판에서 두 가지 오류 가능성에 직면한다. 첫째는 피의자가 무죄임에도 유죄판결을 내릴 가능성이다(1종 오류). 둘째는 피의자가 범법행위를 저질렀음에도 무죄판결을 내릴 가능성이다(2종 오류). 만약 여러분이 판사라면 어떤 상황이 더 두렵겠는가? 답부터 말하면 무죄인 사람에게 유죄판결을 내리는 첫 번째 경우다. 판사인 나 때문에 무죄인 사람이 교도소에 갇혀 고통을 받는 것만큼 끔찍한 일은 없을 테니까 말이다. 사형선고를 했다면 문제는 더더욱 심각하다.

이처럼 보수적인 판단기준을 적용하면, 실제로는 범죄를 저질렀지만, 증거가 불충분해 풀려난 피의자가 또다시 나쁜 짓을 하고 돌아다녀 범죄의 희생자가 늘어나고 모방범죄가 발생하여 사회적 비용이 증가할 수도 있다.

하지만, 검사가 수집한 증거가 불충분해 실제 범죄를 저지른 피의자에게 무죄선고를 내린 판사로서는 피의자가 유죄인지, 무죄인지 확신할 수 없었기 때문에 풀어줬다고 자위할 수 있다. 나중에 범행을 입증할 증거가 추가로 발견되면 그때 처벌해도 늦지 않다. 또, 자신의 잘못된 판단 때문에 어떤 특정인에게 가혹한 부담을 지우지 않았기 때문에 마음이 편할 수도 있다. 석방된 범죄자가 또다시 범죄를 저지를 것이라는 확실한 믿음도 없지 않은가?

심리학에서는 두 종류의 후회가 있다고 한다. 하나는 이미 한 행동에 대한 후회이고, 다른 하나는 하지 않은 행동에 대한 후회다. 그런데 하지 않은 행동에 대한 후회가 이미 한 행동에 대한 후회보다 더 크고 오래간다고 한다. "결혼은 해도 후회하고 안 해도 후회한다. 하고 후회하는 편이 더 낫다."라는 격언은 이를 두고 하는 말이다. 실패할까 두려워 아무것도 하지 않는 것보다는 설사 실패하더라도 행동에 옮기는 편이 정신건강을 위해 더 이롭다는 뜻이다.

그럼, 앞서 예를 든 판사가 보수적으로 의사결정하는 편이 덜 치명적이라는 사실과 저지르고 보자는 결혼의 예는 청년의 꿈과 도전에 어떤 관련성을 갖는가? 언뜻 보면 이 두 가지 진리는 서로 반대되는 말로 느껴진다.

　우선 판사가 보수적으로 판단하는 이유부터 생각해보자. 앞서 설명했듯이 무죄인 사람을 교도소에 집어넣는 최악의 상황을 방지하자는 것이다. 정의를 세우고 범죄자를 응징하는 최선을 추구하는 것이 아니라는 말이다. 그러나 청년층은 최악을 회피하겠다는 보수적인 판단기준을 적용해서는 곤란하다. 왜 그런가? 청년은 무엇이 되었든 목표를 세우고 적극적으로 도전하더라도 앞의 판사처럼 치명적인 결과에 직면하는 경우가 극히 드물기 때문이다. 오히려 젊어서 경험한 실패, 좌절 등의 시련은 이후의 인생을 살아가는 자양분이 되기 때문에 청년이 보수적인 판단기준을 갖는 것은 아무리 봐도 어색하다. 심하게 표현하면, 저지르고 보는 것이 청년의 특권이다.

　청년이란 무엇인가? 청년은 한마디로 말해서, 살아온 날보다 앞으로 살아가야 할 날이 더 많은 사람이다. 청년기에 보수적으로 행동하여 아무것도 도전하지 않으면, 남은 인생에 걸쳐 두고두고 후회할 가능성이 크다. 그것도 아주 크고 깊은 후회로. '그때 공부를 열심히 할걸…', '한번 사업에 도전해보는 건데…', '해외유학을 가볼걸…' 등등 후회는 무수히 많다. 젊어서 시도해보지 못한 것은 남은 인생 내내 자신을 괴롭힐 수도 있다. 그래서 청년기에는 무엇이든 도전해보고 경험해야 한다. '젊어서 고생은 사서도 한다.'라는 말도 있지 않은가!

　프루스트의 〈가지 않은 길〉이란 시의 마지막 구절을 감상해보자.

"훗날에, 훗날에 나는 어디선가 한숨을 쉬며 이야기할 것입니다.

숲 속에 두 갈래 길이 있었다고,

나는 사람이 적게 간 길을 택하였다고.

그리고

그것 때문에 모든 것이 달라졌다고."

최초가 되자

오늘날은 변화의 시대다. 인류가 일찍이 경험하지 못한 급격한 변화가 전방위에 걸쳐 급속도로 진행 중이다. 기술변화는 물론이려니와 기후 변화, 인구구조 변화, 국제질서 변화 등이 한꺼번에 몰려오고 있다. 변화는 새로운 환경에 대한 적응을 요구하기 때문에 언제나 위기가 수반된다. 한자로 위기(危機)는 위험(危)과 기회(機)로 이루어져 있다. 즉, 변화가 몰고 오는 위기는 위험인 동시에 기회를 내포하고 있다는 의미가 된다. 영어로 변화(Change)와 기회(Chance)는 'g'와 'c'의 한 글자 차이밖에 없다. 즉, 변화야말로 기회를 포착할 호기라는 점을 명심할 필요가 있다.

전 세계 수천만 명의 유튜브(Youtube) 시청자들이 조회한 동영상이 있었다. '알고 있었나요?(Did You Know?)'라는 제목이다. 독자 중에도 아마 이 동영상을 본 사람이 있을 것이다. 이 동영상에 따르면, 2010년 최고 유망 직업 1위부터 10위까지는 2004년에는 존재도 하지 않았다. 또한, 새로운 기술 정보의 양은 2년마다 2배로 증가한다. 이는 대학에 입학한 신입생이 1학년 때 배운 지식의 절반이 3학년이 되면 이미 낡은 지식이 되는 것과 같다.

2008년 미국 대통령선거에서 민주당 후보였던 버락 오바마가 승리할 수 있었던 비결은 무엇인가? 여러 가지가 있지만, 그 중 하나는 '마이스페이스(myspace)'나 '페이스북(facebook)' 같은 온라인 네트워크를 활용한 것이었다. 미국 대선에서 인터넷 커뮤니티를 활용한 선거전략은 그때가 처음이었다. 그 이전까지는 그런 커뮤니티가 아예 존재하지도 않았으니까.

마이스페이스는 2003년 말에 처음 등장했고 페이스북은 2004년에 만들어졌다. 현재 두 서비스는 각기 2억 명 이상의 회원을 거느린 거대한 양방향 교류 네트워크로 성장했다. 동영상 '알고 있었나요?'에 따르면, 현재 매월 구글 검색 건수는 310억 건이다. 2006년에는 그 숫자가 27억 건이었다고 한다. 그렇다면, 구글이 개발되기 전까지 우리는 그 많은 질문을 어떻게 해결했을까? '구글 기원전(B.G.)'의 삶이 어땠는지 기억조차 못 할 정도로 변화가 빠르다.

변화에 발 빠르게 적응한 자는 엄청난 기회를 맞는다. 90년대 후반 정보통신 붐이 일던 당시 30대였던 386세대는 호기를 맞았다. 1970년대생은 너무 어렸고, 1950년대생은 컴퓨터를 몰랐기 때문이다. 그러나 1960년대생 중에서도 컴퓨터와 인터넷의 가능성을 간파한 자만이 기회를 잡을 수 있었다.

컴퓨터 바이러스의 안철수(1962년생), 프로그램 혼글을 개발한 이찬진(1965년생), 엔씨소프트의 김택진(1967년생), 포털 네이버의 이해진(1967년생), 다음의 이재웅(1968년생) 등이 한국 IT신화의 개척자들이다. 이들은 모두 해당 분야에서 적어도 한국에서는 최초이었기 때문에 명성과 천문학적인 부를 축적할 수 있었다.

연예계도 마찬가지다. 한국을 이끌어갈 차세대 리더 300인 가운데 연예인 부문 1위는 유재석(1972년생), 2위는 강호동(1970년생)이다.

또한, 인기를 끄는 박수홍, 박명수, 김제동 등은 모두 1970년생이다. 이들은 20대 후반부터 거의 10년간 연예계에 군림하고 있다. 인기가 물거품과 같다는 연예계에서 이들이 장기집권하게 된 배경은 무엇인가? 입담, 순발력, 개인기 등 개인적 능력이 탁월하다는 점을 부인할 수 없지만, 그들의 후배 중에도 이에 필적할 이들은 많다. 단지 후배들에게는 마이크를 잡을 기회를 주지 않은 것뿐이다. 70년대생이 연예계에 장기집권하게 된 데에는 새로운 대중문화를 선도적으로 이끈 공이 컸다. 최초가 누리는 프리미엄이라고 할까?

1970년대생은 그 이전 세대인 386세대와 달리 X세대로 불린다. 부모세대가 이룩한 산업화의 과실을 충분히 누리면서 성장하여 빈곤보다는 소비에 익숙하고 TV, 컴퓨터, 게임 등에 어려서부터 노출되었다. 대학에 다닐 무렵엔 민주화가 이미 이루어졌기 때문에 이념에 무관심하고, 개인주의와 소비주의가 그 자리를 대신했다. 오천 년 역사에서 경제적 풍요, 이념적 자유, 그리고 놀이를 즐긴 첫 번째 세대다.

1990년대 후반으로 접어들면서 대중문화가 이념적 엄숙주의에서 벗어나 즐거움 그 자체를 추구하는 것으로 급격히 변모하였다. 당시 1960년대생은 민주화 이데올로기에 억눌려 말장난이나 게임 등에 서툴렀고 1980년대생은 너무 어렸다. 20대 후반이었던 1970년대생은 누구보다 놀이 그 자체에 익숙했고 순발력 있게 대중의 놀이욕구를 충족시킬 수 있었다. 이들은 말하자면 놀이중심의 대중문화를 이끈 선구자들이기 때문에 연예계에서 누구도 넘보기 어려운 아성을 구축한 것이다.

'2등은 아무도 기억하지 않는다.' 1994년도 삼성그룹의 광고문구다. 최초로 대서양을 횡단한 린드버그와 두 번째로 횡단한 힝클러, 베를

린 올림픽 마라톤 우승자인 손기정과 2등 어니스트 하퍼는 1등이 얼마나 중요한지 보여주는 전형적 사례다. 투명 비닐 테이프의 대명사가 된 '스카치테이프', 4륜 구동차의 보통명사가 된 '지프', 반창고의 대명사 '대일 밴드' 등도 마찬가지다.

직업이라는 관점에서 보자면 새로운 직업에 도전하는 것이 최초가 되는 방법이 될 것이다. 직업의 종류는 우리나라가 12,000여 종, 미국이 30,000여 종이니 적어도 18,000여 종의 직업에서는 우리나라 최초가 될 가능성이 열려 있다. 물론 우리나라에 불필요한 일부 직업도 존재하기는 할 테지만 말이다.

예를 들어보자. 1971년 미국 시애틀에 첫 매장을 연 스타벅스가 한국에 첫 점포를 연 곳은 이화여대 앞이다(1999년 7월). 그전까지 커피 문화는 다방 커피 수준을 벗어나지 못했다. 스타벅스의 등장을 계기로 우리 사회에 고급커피에 대한 관심이 높아지면서 부상한 직업은 바리스타다. 바리스타는 커피의 종류, 품질, 커피콩을 얼마나 구웠는지를 구분하는 로스트 정도, 장비의 관리, 라떼, 아트 등의 커피에 대한 높은 수준의 지식과 경험을 바탕으로 고급 커피를 만들어 내는 직업이다.

바리스타는 문화방송 '커피프린스 1호점'이라는 연속극 주인공의 직업으로 등장하기도 했다. 문화방송 '커피프린스 1호점'이 바리스타에 대한 관심을 증폭시켰다면, 일본 만화 '신의 물방울'은 국내에 와인과 소믈리에라는 직업을 부각시켰다. '신의 물방울'은 국내에서 100만 부 이상 팔릴 정도로 인기를 끌었다. 또한, 와인 특유의 우아한 이미지와 적당히 마시면 건강에도 좋다는 점이 드러나면서 가히 와인 붐이라 할 정도로 그 인기가 높아졌다. 소믈리에는 호텔이나 고급 레스토랑에서 와인을 주문받아 서비스하는 것은 물론 품목 선정과 와인 리스트 작성, 와인의 보관 등을 책임지는 일을 담당한다.

어제까지만 해도 존재하지 않았지만, 내일 우리의 삶을 송두리째 뒤바꿔 놓을 것이 무엇인지 스스로 물어보아야 한다. 우리가 생각지도 못했던 그 무엇이 앞으로 미래를 만들어갈까? 우리는 그것에 대해 미리 눈치라도 챌 수는 있을까? 준비는 되어 있을까?

긍정의 힘을 믿고 도전하라

에디슨이 전구를 발명하기 전까지 얼마나 많은 실험에서 실패했을까? 만 번이라고 한다. 에디슨은 만 번째 성공의 결과만을 강조하는 사람들에게 이렇게 말하곤 했다. "나는 전구가 될 수 없는 9,999가지 방법을 알게 됐다."

프로야구에서 타자가 3할대의 기록을 갖고 있다면 그는 강타자이다. 우리나라 프로야구 최고 타율기록은 백인천 선수가 1982년도에 세운 0.412이고, 미국 메이저 리그에서는 1894년에 휴 더피 선수가 세운 0.440이 최고기록이다. 4할대 타자는 야구 역사상 손에 꼽을 정도로 거의 없다고 보면 된다. 3할대 타자, 즉 10번의 타석 중에서 3번만 안타를 날려도 타자로서는 성공적으로 평가받는다. 이를 거꾸로 보면, 10번의 타석 중 7번은 실패했다는 뜻도 된다.

"달빛에 옥수수가 익는다."라는 인디언 속담이 있다. 한낮 지글거리는 태양에 서 있던 옥수수는, 부드러운 달빛에서 속살을 익혀나간다는 것이다. 실제로, 곡식이 자라는 것은 아침에야 확인할 수 있다. 해질 녘에는 잘 모르는데, 아침에 밭에 가보면 곡식의 키가 부쩍 커져 있다. 어린이도 밤에 키가 자란다고 하지 않는가.

무엇이 되었든 역경과 시련을 극복하고 치열하게 노력하면 자신도 모르는 사이에 어느 경지에 오르게 된다. 한 번 경지에 오르면 그때부터 자신감이 충만하고 희열이 생겨난다. 자신에게는 정말 쉬운 일이지만 남들에게는 감탄과 부러움의 대상이 된다. 이것에 더욱 자극받고 분발하여 실력은 점점 더 향상된다. 이러한 선순환은 인생 그 자체를 풍요롭고 의미 있는 것으로 만드는 원동력이다.

아마 누구나 어렸을 때 눈사람을 만든 기억이 있을 것이다. 처음 눈을 뭉칠 때는 크기가 좀처럼 불어나지 않는다. 낑낑대며 크기를 어느 정도 불리고 나면, 그때부터는 조금만 굴려도 그야말로 눈덩이처럼 불어난다. 공부든, 운동이든, 직장이든 어느 분야를 막론하고 처음 시작은 모두 어렵다. '내가 과연 해낼 수 있을까?' 하는 막막함과 앞서가는 이들의 실력이 태산처럼 높게 다가온다. 도저히 따라잡지 못할 경지에 있는 것처럼 존경스럽기조차 하다. 그러나 초기의 막막함과 시련을 이겨내고 묵묵히 견디다 보면 자신도 모르게 어느 순간엔가 최고의 경지에 다가서 있음을 발견한다.

인간 내면에는 긍정의 힘과 부정의 힘이 상존한다. 어떤 일에 대해서든 잘 될 것이라는 긍정적인 생각과 되지 않을 것이라는 부정적인 생각이 충돌한다. 이중 부정의 힘에 눌리는 사람은 많은 것을 해보지도 않고 포기한다. 반면, 긍정의 힘을 믿는 사람은 인생을 도전적이고 진취적으로 산다.

심리학에서는 간절한 열망이 꿈을 이루게 한다고 하는데, 이런 긍정적 사고가 사람에게 미치는 좋은 영향을 '피그말리온 효과'라고 한다. 자기충족적 예언의 효과를 실험을 통해 입증한 사람은 하버드대학 심리학 교수인 로버트 로젠탈이었다. 1964년 그는 한 초등학교에서 특정 아이들에게 IQ가 높아서 공부를 잘할 것이라는 믿음을 심어주었다. 실제로 실험에 참가한 아이들은 무작위로 선정된 평범한 아이들에 지나지 않았다. 하지만, 학년 말 실제로 이 아이들의 성적은 상위권이었다. 너는 똑똑한 아이라는 믿음이 실제 그 아이를 우등생으로 만든 것이다.

몇 해 전 현대중공업이 '해봤어?'라는 카피의 광고를 해서 화제가 된 적이 있었다. 고 정주영 현대그룹 명예회장이 생전에 직원들에게 자주 했던 말이라고 한다. 정주영 회장은 머뭇거리거나 부정적인 답변을 내놓는 부하 직원에게 이렇게 다그쳤다는 것이다.

"자네, 해보기나 해봤어?"

2002년 월드컵에서 등장한 최고의 카피는 "꿈은 이루어진다."였다. 긍정의 힘을 압축적으로 표현한 말이다. 이 카피 덕분인지 16강에도 한 번 포함된 적이 없는 한국축구가 거침없이 4강 신화를 달성했다. 얼마 전 베스트셀러가 된 론다 번의 『시크릿』이라는 책도 긍정의 힘을 강조한다.

마음속으로 강렬히 원하고 할 수 있다고 생각하면 우주의 광대한 힘이 맞물려 생각대로 된다는 내용이다. 생각을 토대로 행동이 만들어지고 그것이 원하는 미래를 만든다는 것이다. 저자는 '전 세계 인구의 1퍼센트 사람들이 전 세계 돈의 96퍼센트를 벌어들이는 것'은 우연이 아니라고 말한다. 그 사람들의 마음을 지배한 생각은 부였고 이런 생각은 그 사람들에게 부를 가져다주었다.

영화 '쇼생크 탈출' 역시 희망을 잃지 않는 긍정의 힘이 얼마나 위대한지를 보여준다. 주인공 앤디는 억울하게 옥살이를 하고 있지만, 기지를 발휘하여 동료 수감자들에게 시원한 맥주를 제공하고, 교도소에 오페라 '피가로의 결혼'이 울려 퍼지게 해 모두에게 감동을 선사한다. 동료가 좋아하는 모습을 보면서 미소 짓던 앤디의 모습은 이 영화의 압권이다. 영화포스터의 주된 홍보문구인 '두려움은 당신을 가두지만, 희망은 당신을 자유롭게 한다(Fear can hold you prisoner, hope can set you free)'는 긍정의 힘을 단적으로 드러낸 것이다.

흔히 아리스토텔레스를 목적론자라고 한다. 모든 사물에는 목적이 있고 목적이 그 사물을 그렇게 움직이게 한다는 것이다. 시계의 목적은 시간을 알려주는 것이다. 그 목적에 맞게 톱니바퀴가 움직이고 바늘이 작동하는 것이다. 사람도 마찬가지다. 대학에 가고자 하는 목적이 분명한 학생은 열심히 공부하기 마련이다.

삶의 목적은 자신을 믿는 긍정적인 생각이 있을 때 더 선명해지고 가치있게 된다. 내가 왜 대학에 가려고 하는지, 어떤 삶을 살아갈 것인지를 분명히 밝히자. 삶의 목적은 이를 달성하기 위한 도전정신을 만들고, 인내와 열정을 이끌어내는 엔진이다. 튼튼한 엔진은 지치지 않고 목적지를 향해 끊임없이 달리게 하는 힘의 원천이 된다.

성공방정식, 성공=능력×열정×사고방식

방정식이 단지 곱셈인 이유는?

이 성공방정식은 존경받는 경영자이자 '경영의 신'으로 불리는 교세라 그룹의 이나모리 가즈오 명예회장이 만들었다. 그는 마쓰시타 고노스케, 혼다 쇼이치로와 함께 일본에서 가장 존경받는 3대 경영인으로 추앙받는 인물이다. 27세였던 1959년에 기술력 하나만으로 세라믹 부품회사 교세라를 창업해 오늘날 세계 세라믹 시장의 70퍼센트를 점유할 정도의 세계 초일류 기업으로 성장했다.

성공방정식은 수치로 측정할 수 없는 성공을 수학적으로 표현한 데 기발함이 있고, 시각적으로 도식화하였다는 점에서 탁월하다. 이 방정식에는 성공을 위해 열정, 능력, 사고방식이 무엇보다 중요하다는 의미가 담겨 있다. 그런데 공식을 보노라면 하나의 의문점이 있다. 왜 덧셈이 아니라 곱셈으로 표현되었을까 하는 점이다.

여기에는 몇 가지 해석이 가능하다. 첫째, 성공을 위한 세 가지 요소 중 하나라도 없다면, 즉 '0'이라면 성공은 불가능하다는 의미가 담겨 있다. 예를 들어, 능력, 사고방식은 아주 탁월하지만, 노력이라는 열정이 제로라면 아무런 성과를 거둘 수 없다는 의미가 된다.

둘째, 세 가지 요소 중 하나가 다소 부족하더라도 나머지 요소로 보완하면 된다는 적극적 의미도 담겨 있다. 나의 능력이 남들보다 다소 부족하면 2배, 3배의 열정으로 이를 극복하면 되는 것이다. 성공은 유능한 자의 전유물이 아니라 우직하게 남들보다 몇 배 더 노력하는 자에게도 찾아온다.

셋째, 세 가지 요소 중 사고방식이 가장 중요하다는 뜻도 있다. 능력이나 열정은 아무리 무능하거나 게을러도 '없다', 즉 '0'이 최악일 것이다. 하지만, 사고방식은 마이너스(−)가 가능하다. 동쪽으로 가야 하는데, 서쪽으로 방향을 잡으면 열정과 능력을 발휘할수록 목표와는 더 멀어진다. 건전한 사고방식이 성공의 핵심적 열쇠가 된다.

▌한민족의 키워드, 열정과 우수한 능력

우리 민족을 대표하는 키워드는 무엇보다 열정이다. 한국인은 신명이 나면 누구도 막을 수 없는 특유의 응집력과 폭발력 유전자를 갖고 있다. 불과 반세기 만에, 세계가 경탄과 찬사를 아끼지 않는 고도성장을 이룬 밑바탕에는 바로 이러한 우리 민족의 열정적 성격이 자리 잡고 있다.

아시아 특파원으로 파견된 서방 외신기자들을 만나보면 흥미로운 이야기를 종종 듣는다. 그중의 하나는 한국과 일본만큼 지리적으로 인접하였으면서도 극단적으로 다른 나라도 없다는 것이다. 겉보기에는 인종, 자연환경, 기후, 식습관, 문자 등 공통점이 무척이나 많은 두 나라다. 하지만, 외신기자에게는 천국과 지옥만큼이나 차이가 크다고 한다. 한국은 정신을 못 차릴 정도로 온갖 사건 사고가 꼬리에 꼬리를 물고 터져 기삿거리가 넘치지만, 일본은 너무도 평온하고 평범한 일상의 연속이라 기사작성에 애를 먹기 때문이란다.

사실 전 세계 어느 민족과 비교하더라도 한국인만큼 활동적이고, 성격이 급하며, 열정적인 민족도 드물다. 2002년 한일월드컵 당시 전 세계를 놀라게 한 붉은 악마의 열정적인 응원, 냄비처럼 달아올랐다가도 언제 그랬느냐는 듯이 평온해지는 여론, 사생결단을 낼 것처럼 격렬한 노사분규 등이 단적인 예이다. 남북관계 역시 금방 전쟁이라도 터질 것처럼 격렬하다가도 언제 그랬느냐는 듯이 평온해지곤 했던 것이 그간의 경험이다.

열정 하면 떠오르는 것이 사랑이다. 열정적 사랑의 비밀은 바로 '도파민'이라는 호르몬이라고 한다. 도파민 수치가 증가하면 눈은 반짝이고 입술에는 미소가 그득하며 뺨은 홍조로 붉어진다. 그래서 사랑에 빠진 사람은 예뻐 보인다. 그러나 열정적 사랑의 유효 기간, 즉 도파민의 작용 기간은 평균 18개월에서 길어야 30개월 정도다. 사랑의 감정은 속성상 지속될 수 없다.

열정도 마찬가지다. 냄비처럼 끓어오르는 열정은 쉽게 식기 마련이다. 그럼, 열정을 지속시키는 에너지는 무엇인가? 그것은 뚜렷한 목표의식이다. 내가 가야 할 곳, 지향하는 바에 대해 원칙이 선 사람은 어떤 시련이 닥쳐도 결국 제자리로 돌아오는 복원력을 갖는다. 설사 일시적으로 인생항로를 이탈했다 하더라도 목표의식은 이를 다시 정상궤도로 복원시키는 힘으로 작용한다.

한국인 한 사람 한 사람은 그야말로 넘치는 에너지 덩어리이다. 이

것이 때로 규칙을 무시하고 조직문화를 저해하는 부정적 요인으로 작용하기도 하지만, 활용하기에 따라서는 엄청난 자원이 된다. 이것은 마치 핵에너지를 한꺼번에 분출시키면 원자폭탄이 되어 재앙으로 돌아오지만, 적절히 조절하여 반응속도를 늦추면 전기를 만드는 핵발전소가 되는 것과 같은 이치이다.

또한, 우리 민족의 우수성은 세계적으로 입증되어 있다. 영국의 리처드 린이라는 학자가 조사한 바로는 한국인의 평균지능지수(IQ)는 106으로 홍콩의 107 다음으로 높은 세계 2위라고 한다. 홍콩을 국가라고 볼 수 없으니, 국가단위로는 한국인의 지능지수가 세계에서 가장 높은 셈이다. 매년 세계의 중고생들이 모여 과학 경연을 펼치는 국제과학올림피아드 성적도 탁월하다. 과학올림피아드에는 세계 각국의 영재가 참가한다. 우리나라는 1988년 호주 수학올림피아드에 처음 출전한 이래 분야별로 14번이나 우승했으며, 2009년에는 물리·정보 올림피아드 각각 종합 2위, 수학·화학 각각 4위, 생물 6위의 성적을 올렸다.

영재들뿐만 아니라 평균적인 학생들의 학력도 뛰어나다. 2007년 경제협력개발기구가 세계 고1 학생 40만 명을 비교한 국제학업성취도평가(PISA)가 그 근거다. 우리 학생의 과학 점수는 522점, 수학은 547점으로 개발기구 회원국 평균보다 각각 22점과 49점 높았다. 우리나라 만 15세 학생(고등학교 1학년)의 읽기 능력은 회원국가 중 1위, 수학은 1~2위, 과학은 5~9위로서 경제협력개발기구 회원국 중에서 최상위 수준이다.

한국인은 머리가 좋을 뿐만 아니라 손재주도 뛰어나다. 1967년 16회 스페인 대회를 시작으로 모두 25차례 출전한 국제기능올림픽에서 2009년 16번째 패권을 거머쥐었다. 일본이 우승을 위해 국가적 차원에서 지원하였음에도 우리가 우승한 것은 세계 최고의 기능강국 면모를 드러낸 것이라 할 수 있다. 한국인은 체력적으로도 강인하다. 올림픽의 꽃이라 불리는 마라톤에서 세계를 두 번씩이나 제패한 나라는 아시아에서 우리밖에 없고, 올림픽에 버금가는 월드컵축구에서 세계 4강에 오른 것도 아시아에서는 우리가 유일하다.

▌삶의 북극성을 찾아라

문제는 사고방식이다. 우리 젊은이들은 열정도 넘치고 능력도 있지만, 사고방식은 이에 미치지 못한다. 사고방식은 왜 중요한가? 사고방식은 인생의 큰 방향을 설정하는 능력이기 때문에 중요하다. 열정과 능력이 인생의 엔진과 연료에 해당한다면 사고방식은 운전대와 같다. 대양을 항해하는 배가 방향을 잘못 잡으면 전속력으로 달려가더라도 목적지와 멀어지게 된다.

역주행은 더욱 치명적이다. 자신은 온갖 노력을 쏟아 붓지만, 성과는 없고 오히려 사회에 해악을 끼치기 때문이다. 예를 들어, 개화기에 유교적 관념에 사로잡혀 근대화를 거부하고 유교경전에 집착했던 유생이 여기에 해당할 것이다. 또는 이미 세계사적으로 검증이 끝났다고 할 수 있는 사회주의적 이념에 사로잡혀 고립의 길을 걷는 북한사회도 이에 해당할 것이다.

아폴로 우주선을 달에 착륙시키기 전 미우주항공국(NASA)에서 한 가지 묘한 실험을 했다. 우주선이 달까지 도착하는 전 과정을 자세히 추정하고 계산하여 과연 달에 무사히 착륙할 수 있는가를 정교하게 계산하는 실험이었다. 실험결과 놀라운 사실이 발견되었다

몇 수십만 분의 일이라는 오차만 있어도 달 착륙은 고사하고 우주

선은 영원히 우주의 미아가 되어 떠돌게 될 것이라는 사실이었다. 달과 지구의 거리는 대략 38만 킬로미터라고 한다. 우리가 사는 지구를 한 바퀴 도는 거리가 4만 킬로미터이니 9번 돌고도 남는 거리가 되는 셈이다. 지구와 달 사이의 거리가 이렇게 머니 우주선의 방향이 조금만 틀어져도 달에는 영영 도착하지 못하고 우주의 미아가 된다.

인생도 마찬가지다. 한번 방향을 잘못 잡게 되면 원하는 목표에 어쩌면 영원히 도달하지 못하게 된다. 특히 중고등학교에서 대학을 졸업하기까지 자신의 가치관과 사고방식을 명확히 정립해야 한다. 사회의 변화방향, 자신의 적성이나 특기, 가정환경 등을 종합하여 어떤 인생을 살 것인지, 무엇을 추구할 것인지, 어떤 직업을 가질 것인지 명확한 목표설정이 필요하다. 목표가 있는 삶은 표류하지 않는다.

예로부터 선원이 망망대해에서 방향을 잡으려고 살펴본 것은 북극성이다. 바다 위 어디 위치에 있든지 북쪽을 알려주는 것은 북극성이고, 이를 통해 동서남북 방향을 알 수 있기 때문이다. 인생도 마찬가지다. 자신의 삶의 기준, 좌표가 분명해야 잠시 항로에서 벗어나더라도 다시 원위치로 돌아갈 수 있다. 내 삶의 북극성은 무엇인가? 어디에 있는가? ■

통념을 벗어나서 사고할 수 있는 다양성과 긍정의 힘으로
삶의 목표를 세우는 것이 진로설계의 바탕입니다.

주인과 머슴의 차이

 1. 주인은 스스로 일하고, **머슴**은 누가 봐야 일한다.
 2. 주인은 미래를 보고, **머슴**은 오늘 하루를 본다.
 3. 주인은 힘든 일을 즐겁게 하고, **머슴**은 즐거운 일도 힘들게 한다.
 4. 주인은 내일을 위해 오늘의 고통을 참고, **머슴**은 내일을 위해 오늘의 고통을 피한다.
 5. 주인은 소신 있게 일을 하고, **머슴**은 남의 눈치만 본다.
 6. 주인은 스스로 움직이고, **머슴**은 주인에 의해 움직인다.
 7. 주인은 자신이 책임을 지고, **머슴**은 주인이 책임을 진다.
 8. 주인은 알고 행동을 하고, **머슴**은 모르고 행동한다.
 9. 주인은 일 할 시간을 따지고, **머슴**은 쉬는 시간을 따진다.
10. 주인은 되는 방법을 찾고, **머슴**은 안 되는 핑계를 찾는다.

실천하는 교사,
깨어 있는 시민을 위한 교육사유
우리 교육의 문제,
깊게 파헤치고 따뜻하게 쓰다듬기

– 함영기 지음

통하는 학교 통하는 교실을 위한
교사 리더십
가르치는 모든 이들을 위한 이시대
최고의 리더십 입문서!

– 함영기 지음

대한민국 교육혁명 학교 선택권
스웨덴의 자유학교,
미국의 차터스쿨이
우리 공교육에 던지는 화두!

– 오호영 지음

세상을 바꾸는 상상력!

**– 이정우, 김윤상, 김유선, 김수행
장상환, 이병천** 지음

다문화 가정을 위한 한국요리 시리즈
베트남 새댁 한국밥상 차리기

– 한국다문화 가정연대 지음

재활의학의 새지평을 열어낸
임상미술치료 입문서!
특수아동과 함께하는 모든 이들의
필독 참고서

– 김선현 전세일 지음